张 跃 著

CREDIT AS CAPITAL
Equity and Personal Credit in Modern China

点石成金

私人信用下的
中国近代企业资本

社会科学文献出版社
SOCIAL SCIENCES ACADEMIC PRESS (CHINA)

目　录

第一章　缺乏原始积累的近代工业化　／001
　　一　负债：近代企业资本组织的无奈选择　／002
　　二　信用：近代企业"主动负债"的支撑　／007

第二章　民族企业在资本市场的缺席　／016
　　一　中国证券市场与产业发展的疏离　／016
　　二　借贷市场对民族企业发展的漠视　／037
　　三　小结　／057

第三章　高利下的"主动负债"　／060
　　一　商号和企业吸收存款的传统与普遍性　／060
　　二　近代企业吸收存款的新变化　／079
　　三　企业吸收存款的高利率　／089
　　四　企业开办职工储蓄业务　／100
　　五　存款泛滥的典型案例：日夜银行破产　／109
　　六　南京国民政府的存款禁令　／124
　　七　小结　／139

第四章　吸收存款的长期资本化　／141
　　一　近代中国企业的组织形式　／141

二　存款在企业资本中的重要地位　／ 149

三　企业吸收存款的长期资本化　／ 174

四　小结　／ 197

第五章　私人信用的存款号召力　／ 199

一　对信用的解读　／ 199

二　中国社会的"私人信用"信任传统　／ 207

三　私人信用对企业吸收存款的助力　／ 223

四　小结　／ 229

第六章　无限责任的存款保障性　／ 231

一　有限责任在近代中国的信任危机　／ 231

二　中国社会对无限责任的崇尚　／ 240

三　无限责任对企业吸收存款的助力　／ 248

四　小结　／ 260

第七章　企业资本积累的历史惯性　／ 262

一　储户对企业违约存款的追讨　／ 263

二　"中人"对企业和储户的制衡　／ 271

三　传统经济因素的优势基因　／ 281

四　企业资本组织的历史惯性与发展　／ 289

参考文献　／ 298

第一章　缺乏原始积累的近代工业化

经济的增长与人均资本的增加是密切联系的。正如英国著名经济学家阿瑟·刘易斯所言，它与其他许多问题，如激发人们努力工作的制度、重视经济效率的态度和日益增加的技术知识等也是有联系的。[①] 资本虽然不是经济增长的唯一要素，却是经济增长的必要条件。这是因为经济增长需要投资的拉动，而投资所需的资本有很大部分是由一个社会的存款提供的。换句话说，一个国家或地区要想实现经济增长这一重要目标，需要大量的社会存款，并且要有能力和通过合适的途径将存款投资到生产领域之中，这一点对经济起飞前的国家尤为重要。因资本不足而无法实现经济起飞与发展的国家，在当今世界仍普遍存在。

近代可以认为是中国现代经济起飞前的准备阶段，然而当时国人储蓄观念淡薄、信用制度不发达、储蓄机关不完备，因而储蓄事业很不发达。同时，由于资本市场不发达，储蓄无法转化为企业投资所需的资本，以致资本市场对企业发展的资金支持非常有限。如何将民间资本聚集起来并转化为投资资本与营运资金，成为普遍缺乏资本的近代中国企业不得不面对和加以解决的难题之一。

---

① 〔英〕阿瑟·刘易斯：《经济增长理论》，周师铭、沈丙杰、沈伯根译，商务印书馆 1999 年版，第 244 页。

一 负债：近代企业资本组织的无奈选择

由于社会历史因素的种种制约，近代中国企业普遍面临着资本不足的硬约束。尽管如此，历史向我们表明，近代中国企业还是取得了一定程度的发展。很自然，我们有以下几个疑问：近代中国企业发展所需的资本和运营资金是通过怎样的途径来筹措的？筹措资本的途径与方式有怎样的特点？研究表明，"负债经营"是近代中国企业解决资金不足的重要方式，并且成为一种普遍的历史现象。

（一）近代企业"负债经营"的普遍性

针对近代企业"负债经营"的普遍性，朱荫贵教授在《论近代中国企业的"负债经营"》一文中有很好的总结，"在研究近代中国企业的发展过程中，我们可以注意到其中有一个突出现象：就是近代中国企业存在大量借款，并依靠这种借贷资金进行正常的经营活动。而且，这种'负债营业'现象不是企业在经营过程中遭遇突发事件或资金周转不开时，向金融机构借贷以渡过难关的临时性措施，而是将外借资金充作流通资本，并理所当然地通过这种方式进行企业经营。这种'负债经营'的借贷资金比例一般都不会少，大体能够占到自有资本金的40%以上，且这种现象一直持续存在于整个企业的存续期，因而可以说是一种较为独特的'负债经营'现象（或称'负债经营'模式）"。①

---

① 朱荫贵：《论近代中国企业的"负债经营"》，《安徽史学》2020 年第 3 期，第 5 页。

对近代中国企业"负债经营"的普遍现象，时人同样有所关注。汪叔梅认为资本不足是根本原因，"我国事业家往往经营一种事业之前，只顾目前缔造上之勉可成立。决不计及日后之如何维持久远。其初创也，筹备需费、建筑需费、机器需费以及其他种种，无一不均需费，而凑集之全部资金，已于此时消耗殆尽。换言之，即其资金于开始之时，即全部用于固定之土地、房屋、生财、机器，以及其他设备项下。其上焉者，初初收买原料，尚可量力自给，其后则左支右绌，周转维艰，非所望于扩展，亦难于相当之维持。等而下之，则开门见山，不但原料无资承购，甚至日用一切，无由开支，势非出于立筹借款不可"。①

除了缺乏资本这个主要原因之外，近代中国企业普遍"负债经营"也与人们经营观念的转变有很大关系。新式资本主义工商业在近代中国兴起以后，随着经营规模的扩大，资金需要亦扩大，人们利用资金的观念也发生了重要转变，即由"负债经营"有损企业信用向"负债经营"能够彰显企业信用的认知转变。对此，民国时期著名的公司理财专家黄组方有较深入的认识，"往昔，一般人士对于仰助外资（外借资金）以经营业务之企业，咸目其信用地位有欠稳固，但在今日，则此种观念已为识者所不取。现代之人，无不承认凡能利用外资愈多者，必为信用地位最好之企业。据一般情形而言，企业举债之数额，在营业清淡或意外事故发生之时往往不若营业兴旺、处境坦泰之日为多。此种事实，常人似难洞悉，其缘由盖以企业之经营，既极兴旺又无意外事故之遭遇，则何

① 汪叔梅：《我国银行业当前之危机》，《银行周报》第19卷第18期，1935年，第3页。

以反须举借债款？然其理由固甚简单，一言以蔽，企业之所以利用外资者，无非欲使资主之利润借之而得增益是耳"。[①]

关于"负债经营"对近代中国企业经营的重要性，我们通过时人的调查分析，可见一斑。在民国时期公司理财专家王宗培调查的100家华资企业的数据之中，"负债经营"的负债资金的规模及其与自有资金的比例都非常可观，大体能够占到自有资本的40%以上。[②] 其中，在近代中国企业的负债资金之中，35%以上是来自企业吸收的社会存款，而来自金融机构的借款不足65%。[③] 近代中国资本市场的不发达以及货币市场的信用制度不完善也是出现这种情况的重要原因之一。

近代中国处于"转型"与"分割"的状态，"转型"与"分割"带来的严重不确定性，使资本市场难有发展，特别是股票市场与公司债市场的不发达，使华资企业难以在资本市场这个公共平台筹集到它们发展所需的长期资本。[④] 证券市场仅成为政府发行公债的"财政市场"。另外，受制于经营制度与方针，如放款业务以抵押放款为主，新式金融机构——银行为中国近代工业发展所能提供的资金支持是较为有限的。由于资力有限、组织结构简单等，钱庄在资本市场上只能充当配角。在上述社会历史背景下，中国近代企业在

---

① 黄组方：《工商业收受存款之检讨》，《信托季刊》第 6 卷第 1—2 期，1941 年，第 93 页。

② 王宗培：《中国公司企业资本之构造》，《金融知识》第 1 卷第 3 期，1942 年。

③ 荀如：《一百家中国公司底资本结构之分析（中）》，《银行周报汇编》第 26 卷第 19—20 期，1942 年，第 6 页。

④ 杜恂诚：《近代中国金融业发展模式与社会转型》，《中国经济史研究》2015 年第 3 期。

发展过程中所需的巨量资金，主要是向民间资本进行融资来筹集的。[①] 其中，充分利用颇具中国特色的历史传统——吸收社会存款——是重要的途径之一，"我国公司企业之资本构造，亦与欧美先进国家彼此互异"，其中"普通公司之自行吸收存款，以为资金之筹措，可谓我国公司理财政策上之一大特色"。[②]

（二）近代企业吸收社会存款的研究价值

关于近代中国企业吸收社会存款这一大特色，目前还有许多重要问题没有得到解答。例如，吸收社会存款的现象是否普遍存在于近代中国企业？或者是偶尔出现在某一时段、某些企业或某些行业？如果是普遍存在的话，促使这种现象出现的历史原因是什么？这种现象的出现与近代中国的资本市场与货币市场之间又有怎样的关系？近代中国企业通过怎样的方式吸收社会存款？这种融资方式有怎样的特点和性质？私人信用、无限责任制等传统因素在企业吸收存款活动中有着怎样的作用？吸收的存款在企业发展过程中有怎样的地位和作用？近代中国企业在吸收存款、调拨资金和配置金融资源方面具有怎样的匹配模式和特点？企业在破产时，社会存款的偿还问题如何解决？当债务人无力偿还所有负债时，债权人的让利减免体现出中国怎样的社会关系？等等。

毫无疑问，对上述问题进行深入研究，不仅有重要的学术价值，还有极大的现实意义。较为遗憾的是，对于如此重

---

① 朱荫贵：《论研究中国近代资本市场的必要性》，《中国经济史研究》2010年第1期。

② 荀如：《一百家中国公司底资本结构之分析（上）》，《银行周报汇编》第26卷第17—18期，1942年，第5页。

要的关于近代中国资本市场的问题，一直未引起学术界的足够重视。迄今为止，对于近代中国企业吸收社会存款的问题缺乏系统性研究，专题性研究成果为数亦不多，这对于中国近代经济史和企业史研究来说，不能不说是一种遗憾。有必要指出的是，研究近代中国企业吸收社会存款的相关问题，有必要从资本市场的角度进行考察。从这一角度进行研究，无论是对中国近代经济史研究还是对当今资本市场的建设，所具有的学术价值和现实意义都是不容忽视的。

首先，从学科属性来看，本书的主要内容与研究对象属于理论经济学科中的经济史领域，具有商业文化传承和理论创新的双重意义与使命。企业吸收存款属于近代中国资本市场的范畴，是债权融资的一种独特模式，具有特定历史时期资本市场发展的独特之处，也充分反映了近代中国转型社会的历史文化、经营精神和价值观念，并表现出独特的运行机制。特别是，本书对私人信用、无限责任等传统信用制度在近代中国企业筹集资本过程中所具有的号召力、取信于人、物质担保等特殊作用及其作用机制的深入研究，自然有传承、弘扬中华诚信观念、信用制度、商业文化以及理论创新的双重意义。

其次，在没有经过原始资本积累的历史背景下，中国企业通过吸收社会存款并将其转化为投资资本和运行资金，为近代中国工业化提供了巨大动力。面对积贫积弱的中国和工业化的艰巨任务，近代企业广泛动员社会金融资源，为工业化和经济发展提供巨大动力，充分体现了中华民族的传统文化和商业智慧，是中国特色市场经济的重要历史源泉。本书在此方面的深入探讨，不仅能够推进近代中国资本市场发展研究的新突破，还对当前探索具有中国特色的资本市场发展运行的基本规律和机制具有重要的借鉴意义。

最后，关于现代企业融资理论体系的研究，要么不涉及历史实践的具体内容，要么完全以西方发达国家的资本市场发展为标准案例，对中国企业融资的历程、内容与独特之处的关注明显不足。这样的研究方式与研究视角，对企业融资的理论探讨与历史认知是十分不利的。本书对近代中国企业吸收社会存款这一与欧美国家迥异而颇具特色的融资方式进行深入研究，希望能够推动具有中国特色和中国元素的企业融资理论的发展和创新。

二　信用：近代企业"主动负债"的支撑

信用，特别是它的社会化的具体表现——"信任"，是一个社会系统的重要润滑剂，对任何经济而言都是十分关键的资产，因为它会引导人们进行合作，使人们相互产生比纯粹自利行为更善良的行为。当对其他人的话产生相当程度的信赖时，可以省去大量麻烦，并大大提高效率。[①] 相反，当一个社会充满不信任，很多合作将难以实现。一个社会的信用水平的高低，是由该社会的结构、经济、制度、文化等很多因素共同决定的。近代中国企业之所以能够大规模吸收社会存款，并将之运用到它们的发展之中，与中国传统信用制度的功能延续有很大的关系。为此，有必要明确近代中国的信用状况。

---

① 〔美〕马克·格兰诺维特：《社会与经济：信任、权力与制度》，王水雄、罗家德译，中信出版社 2019 年版，第 91 页。

（一）近代中国的信用状况

传统中国具有历史悠久的信用文明，特别是建立在稳定的小农经济、封闭的关系网络基础上的诚信观念深入人心，声誉机制、连带责任机制与中人参与机制在中国传统信用治理中发挥着重要的作用。① 然而，步入近代以后，中国传统信用的社会基础发生了重大变化：小农经济开始逐渐解体，一部分农业生产开始以市场为导向，产品逐渐商品化。关系网络也由封闭性的熟人社会向陌生人社会转变。这些重大转变给政府的社会治理带来了前所未有的挑战，维系社会关系的信用制度也不再像从前那样富有成效。

一方面，传统中国法律以及移植而来的西方法律，均不能很好地适应新式经济发展的需要。另一方面，随着交易范围的扩大，人与人之间的市场关系，逐渐由熟人社会扩展至陌生人社会。受制于诸多因素，适应新式经济需要的市场信用制度，如储蓄保障制度、企业监察人制度、信用调查与评估制度等难有发展，或难以一蹴而就，以致社会信用日薄。正如著名银行家陈光甫所言："近来旧式商业道德，渐渐破坏，新式商业道德，尚在演进中。旧法律既不适用，新法律又苦于不周密，从前穷人尚以借债不还为耻，现在席丰履厚的人反以借款不还为荣。一遇事变，更觉振振有词，信用两字，大不如前。"②

尽管对市场行为主体加以约束的正式信用制度尚未建

---

① 汪火根：《中国传统信用治理何以可能——从社会基础与治理机制两个维度解读》，《长江论坛》2016 年第 4 期。

② 中国人民银行上海市分行金融研究所编《上海商业储蓄银行史料》，上海人民出版社 1990 年版，第 411 页。

立，但市场又不能不运行，因此必须构建网络，企业也必须进行人力治理。为了减小相互欺骗的概率，为了增进信用度而降低交易成本，人们缩小了搜寻范围，先是血缘性的家庭、家族，后来扩大到地缘性的同乡。① 总之，人们最大限度地将经济交往限定在一个熟人社会之中，而作为黏合剂的私人信用这一传统信用制度仍发挥着重要作用。在熟人社会里，人们知道谁比较重视信用，谁的口碑与品格是值得信赖的，谁没有拖欠债务的习惯，且未来具有偿还债务的实力与能力。这些信息都是在长期交往中获取的。同时，一旦某人违约失信，会受到很多让他难以承担的惩罚。例如，他身边的"闲言碎语"给其造成的巨大舆论压力，或者给家人、家族乃至同乡带来的耻辱感，或者来自家人、家族对其实行的"家法"，或者同乡组织给予的一些惩罚，或者是兼而有之。

正因为熟人社会具有信息优势与自我治理的功能，所以私人信用、无限责任等传统信用制度在近代中国经济运行中依然发挥着重要作用。例如，求职者在企业或商号谋求职位时需要有担保人为之担保，有时甚至还要有铺保。担保的顺序首先是同族，然后是同乡。买办的家族性和同乡帮别特别能说明这一问题。由于优先为家庭成员担保，有的洋行的买办出现了世袭的情况，在有的城市则所有外资银行买办几乎由同一家族的人担任。异乡人之间则是互不信任的。② 例如，1851 年宁波商人杨坊在谈判出任怡和洋行的上海买办时，就

---

① 杜恂诚：《近代中国金融业发展模式与社会转型》，《中国经济史研究》2015 年第 3 期。

② 杜恂诚：《近代中国金融业发展模式与社会转型》，《中国经济史研究》2015 年第 3 期。

拒绝怡和洋行任命一个广东人做他的副手。福建人柴星南在香港当买办很不成功，因为香港商人大部分是广东人，柴星南做不了多少生意，最终被逼将他的职位让给广东人何东。[①]

在企业融资方面也是如此，即比较看重熟人之间的私人信用。建立在熟人社会基础上的债务人的良好的私人信用具有较强的号召力。例如，只有与钱庄的股东、经理和重要职员相熟悉的人才能将钱款存进去。"钱庄则必相知有素之人，或经熟人介绍，方接受存款或存入款项……存入钱庄者，易于破案也。"[②] 在一些企业打广告以事招揽存款之前，企业吸收存款也是如此。"我国商家如银楼、绸庄、粮铺、典当等等，向多吸纳社会存款，以资营业上之运用周转，然都不公开招揽，系由相识戚友辗转介绍而来。"[③] 1928 年，荣家企业决定开办储蓄部，吸收社会存款，为了取信于储户，荣宗敬亲自兼任储蓄部经理，次子荣鸿三为储蓄部主任。[④]

在近代中国企业吸收社会存款的过程中，除了私人信用起着重要作用之外，另一种中国传统信用制度——无限责任——也起着重要的作用。因为无限责任本质上是一种财产抵押机制，它为社会存款提供了一种物质层面的保障。无限责任是与有限责任相对应的一个概念。在偿还企业债务方面，无限责任企业相较有限责任企业而言，企业的股东责任较重。当企业产生债务时，有限责任公司的股东，除了对个

---

① 杜恂诚：《近代中国金融业发展模式与社会转型》，《中国经济史研究》2015 年第 3 期。

② 佚名：《速评：银行钱庄收受存款方法不同之证明》，《钱业月报》第 11 卷第 9 期，1931 年，第 4 页。

③ 王志莘编《中国之储蓄银行史》，新华信托储蓄银行 1934 年 9 月发行。

④ 上海社会科学院经济研究所编《荣家企业史料》（上册），上海人民出版社 1980 年版，第 276 页。

人所出的股本金额负责外，无论公司亏欠多少，不再负其他任何责任。无限责任公司则不然，企业的股东对其所负债务（按出资比例）要负无限偿还责任。"除了把公司一切财产还清债务以外，如果还不够，那不足的数就归各股东公摊出来，或是少数股东独任下来。有限公司的股东，是以所投股本为限，无限公司是除了股本之外，还要负所做买卖的完全责任。"[1]

在缺少防范风险的公共机构的历史条件下，有限责任企业制度难以为人们所信任。相比而言，无限责任企业具有内部消化风险的机制，例如当某家企业的资金周转出现问题时，负有无限责任的股东们有义务按照出资比例从自己的家产中调动资金予以垫付；当某家企业搁浅清理时，股东们同样有义务拿出钱来填补资产与负债的缺口。因此，无限责任企业在当时颇受信任。无限责任企业更易于吸收社会资金，这也是无限责任企业在近代中国盛行不衰的重要原因之一。正如时人所言，"晚近以来，公司之设立较多，然与合伙企业相比，则犹瞠乎在后，而合伙事业，之所以骎盛不替，可以窥探合伙组织，亦有不可磨灭之优点。其契约订定合伙员间之权利义务，恒以盈则按股分利，亏则按股分担，无南北地域之别，而习惯则一。无异昭告于大众矣。是则合伙企业之股东，原有按股负无限责任之意义"。[2]

（二）传统信用制度研究的价值与意义

如上所述，私人信用、无限责任等传统信用制度在近代

---

① 佚名：《谈话：什么是无限责任》，《农赈月刊》1934 年第 5 期，第 2—3 页。

② 胡叔仁：《速评：对于股份无限公司之意见》，《钱业月报》第 8 卷第 10 期，1928 年，第 2 页。

中国社会经济运行中依然发挥着重要作用。对它们的积极因素进行深入研究与总结，不仅具有较高的学术价值，而且有助于当前中国信用体系的建设，颇具现实意义。

第一，信用制度研究颇有学术价值。信用制度是任何一个近现代国家市场经济运行的基础，中国近现代社会自然也不例外。在中国近代，信用制度首先体现在市场的交易制度之中，如服务于中外贸易的买办制度，即外国洋行利用中国买办的信用同中国人做生意。以买办的籍贯划分商帮，比如广东帮、宁波帮等，交易首先在同乡群体中进行，这给市场信用制度披上了儒家伦理的外衣。[①] 当然，信用在企业融资中更是起着重要作用。

企业在向银行、钱庄等金融机构借款时，以它们的信用度为主要依据，不同的信用度决定了不同的借款条件。同样，企业吸收社会存款也是凭借它们的信用度。企业的信用度不仅包含物质层面的信用度，如企业的经营业绩、抵押品的市场价值，还包含经营者本人的以社会影响力与声誉为主要内容的信用度。无限责任是中国传统商号的重要组织形式，同时也是取信于市场的一种信用制度安排。例如，在企业吸收社会存款过程中，它们不仅以主要股东或经理的私人信用为号召力，而且对外宣称企业的股东对存款负无限责任，即它们不但以企业的全部资产为存款保障，还会以股东的全部家产为保证。

由上可见，不论是市场交易还是企业融资乃至企业制度的选择，信用制度在近代中国社会中都发挥着重要作用。但

① 杜恂诚：《二十世纪二三十年代中国信用制度的演进》，《中国社会科学》2002 年第 4 期。

是，信用制度研究恰是中国近代经济史研究中一个较为薄弱的环节。至目前为止，仅有为数不多的论著有所探讨。如郝延平在《十九世纪的买办：东西间桥梁》讲到了外商利用中国买办的信用与中国人交易、买办担保的家族性和商帮的地域性等问题。[①] 杜恂诚在《二十世纪二三十年代中国信用制度的演进》一文中对 20 世纪 20 年代末至 1935 年间中国信用制度的重要变化，特别是具有公共物品性质的信用制度的演进及其赖以保障的要素做了深入分析。[②] 孙文娜、胡继成在《中国近代征信业研究》一书中，对近代中国信用状况以及银行业所做的征信调查的努力及其困境做了较为详尽的研究。[③]

已有文献对近代中国信用制度的研究，做了重要的探讨，并有了一定的前期积累与铺垫。但是总的来看，这方面的研究还是比较薄弱的，潜在的研究空间还十分广阔。当然，信用及其制度所包含的内涵十分丰富，同时有关信用的许多信息属于"软信息"（主要指那些不可证实、难以量化的非结构信息。如企业主的声誉和关系网络等方面的信息，这些信息需要金融机构与借款者长期合作并进行仔细观察才能获取），往往不被人们所记载，这给研究的深入带来了很多困难。因此，对信用制度的研究很难面面俱到。为了对信用制度进行深入研究，本书以传统信用制度在近代中国企业吸收社会存款过程中的历史作用与作用机制为例，深入考察

---

①　〔美〕郝延平：《十九世纪的中国买办：东西间桥梁》，李荣昌、沈祖炜、杜恂诚译，上海社会科学院出版社 1988 年版。

②　杜恂诚：《二十世纪二三十年代中国信用制度的演进》，《中国社会科学》2002 年第 4 期。

③　孙文娜、胡继成：《中国近代征信业研究》，人民出版社 2018 年版。

私人信用、无限责任等传统信用制度的内涵、功能、作用机制与相关问题。

例如，在近代中国企业吸收社会存款的过程中，私人信用与无限责任具有怎样的制度内涵？企业的重要股东、经理及其职员具有怎样的人格、能力与资本才能获得储户的信任？衡量某人具有良好人格的标准是什么？负责招揽社会存款的人们以怎样的物质基础对储户的存款给予保证？这种保证的形式、内在机制及其维护机制是什么？对私人信用、无限责任等传统信用制度进行研究，可为当前中国构建信用社会提供怎样的帮助？等等。对这些问题进行深入研究，本身就具有重要的学术价值。期望通过对上述问题的考察，总结信用制度内涵与治理机制，丰富近代中国市场制度的相关研究，争取为中国信用制度研究做出一定贡献。

第二，可为当前信用治理提供历史启示。市场经济的本质可以说是信用经济，正如中国古语所言，"市有信则立，市无信则废"。随着我国市场化的不断推进与深入，法律制度也在不断的完善之中。但是，由于法律制度建设具有一定的滞后性、行业规则不规范与治理措施缺失，一些市场行为主体为了追求利益的最大化，会做出各种不讲信用的行为。例如，商业欺诈、网络诈骗、制假、学术造假与剽窃等失信行为严重恶化了社会环境，干扰了市场秩序。如何有效地治理市场失信行为与各种欺诈行为，是我国当前亟须解决的一个重要问题。其中，借鉴传统信用制度的积极一面，无疑是十分有益的。

中国传统信用是由几千年积淀的文化、价值观念与治理机制决定的，特别是私人的诚信观念是通过诚信文化培育的，并辅以声誉、连带责任与中人参与等机制。在这样的文化氛围与治理机制中，人们的诚信行为得到鼓励并给其带来面子、社会声望以及直接或间接的社会与经济好处，而失信行为则会得到相应的惩罚。[①] 对中国信用文化与治理机制进行深入研究，有助于为当前中国信用制度的构建提供历史经验与反思。因为中国几千年传承的信用传统和价值观念，决定了"中国人的思维方式、社会组织方式和行动逻辑等，不会在短期内消失而具有一定的历史惯性。中国现代社会信用建设必须考虑它对历史惯性所具有的路径依赖效应"。[②]

需要强调的是，本书所研究的私人信用，特别是中国传统信用中精神层面的核心要素——仁、义、礼、智、信——依然是当前中国社会需要大力传承与发扬的民族文化与商业智慧。无限责任企业具有内部消化风险的机制，这些机制不仅可以在一定程度上降低企业的经营风险，还对企业所欠债务的偿还有一定的保障。对无限责任企业制度消化经营风险与债务风险的内在机制进行深入研究，有助于为企业消化经营风险和解决借贷市场上的债务纠纷提供经验借鉴与历史启示。

---

① 汪火根：《传统信用的运行基础与现代信用制度的重建》，《求实》2012 年第 12 期。

② 汪火根：《中国传统信用治理何以可能——从社会基础与治理机制两个维度解读》，《长江论坛》2016 年第 4 期。

第二章　民族企业在资本市场的缺席

　　在近代中国社会，企业吸收社会存款是一个非常普遍的历史现象。这一种现象在世界其他国家中都是没有的，是近代"我国独一之特色"。① 人们不禁要问，为什么近代中国社会有这个特殊的历史现象呢？研究表明，这主要是由近代中国资本市场与产业发展相疏离的历史条件决定的，同时也是深受历史传统影响的结果，带有明显的中国传统经济因素的痕迹。要很好地理解近代中国企业吸收社会存款长期兴盛而又屡禁不止的深层次原因，我们有必要对近代中国的资本市场与企业融资之间的关系做一番深入考察。对近代中国资本市场与产业发展相疏离的历史原因的深入分析，有助于我们理解近代中国企业融资的历史困境，有利于我们在后续章节中考察企业融资的途径与方式，有助于我们深入把握近代中国资本市场与企业融资之间的关系。

一　中国证券市场与产业发展的疏离

（一）近代企业的资本

　　近代中国在遭到外来资本主义列强的冲击与历经"数千年未有之变局"以后，在"自强"与"求富"的口号下，开启了艰难的近代化历程。19 世纪下半叶，"中国社会经济

① 黄组方：《工商业收受存款之检讨》，《信托季刊》第 6 卷第 1—2 期，1941 年。

领域中突显出来的最大变化之一，是西方股份制企业资本组织形式的引进，及其在社会生活中发挥越来越重要的作用。1872 年轮船招商局诞生，标志着股份制这种从西方引进的新型企业资本组织形式开始在中国社会中出现"。[①] 相较于传统商号的组织形式合伙制而言，公司股份制的资本组织形式具有集资广泛、迅速、成本低、流动方便等特点，同时有限责任使数以千计的人只需对其投资金额负责，这种企业组织形式不断成长壮大。据统计，截至 1928 年，全国注册登记的公司不过 716 家，注册资本 4.63 亿元。到 1935 年 6 月，仅股份有限公司注册数量就为 1384 家，占注册企业总数的 70.4%，注册资本为 5.29 亿元，占注册企业资本总额的 94.4%。[②]

如果我们将其他组织形式的企业一起统计进去，近代中国的企业数量和资本规模更为可观。从 1840 年到 1911 年的 72 年中，中国开设的资本额在 1 万元以上的工矿企业总数为 953 家，创办资本总额计 2.04 亿元，而从 1912 年到 1927 年的 16 年中，中国所设的资本额在 1 万元以上的工矿企业总数达到 1984 家（尚有 263 家设立情况不详的企业未统计在内），创办资本总额约为 4.56 亿元。[③] 从 1928 年到 1937 年这 10 年中新设的资本额在 1 万元以上的工矿企业（不包括交通运输业）共有 1460 家，资本总额 3.5 亿元。[④]

[①]　朱荫贵：《论研究中国近代资本市场的必要性》，《中国经济史研究》2010 年第 1 期。
[②]　陈真编《中国近代工业史资料》第四辑，生活·读书·新知三联书店 1961 年版，第 59 页 "表 3"。
[③]　杜恂诚：《民族资本主义与旧中国政府（1840—1937）》，上海人民出版社 2014 年版，第 94 页。
[④]　杜恂诚：《中国的民族资本主义：1927—1937》，上海财经大学出版社 2019 年版，第 9 页。

通过上述数字可见，在近代中国新式工商企业组织中，股份制已逐步发展成为占据统治地位的资本组织形式。与股份制的组织形式诞生和发展相适应，股票、债券、银行、证券交易所等资本市场的元素也纷纷登场，成为中国近代社会经济生活中不可或缺的要素。但是，历史给我们留下这样一种困惑，近代中国产业的发展与资本市场没有紧密联系、互相推动，而是相当疏离。据吴承明先生的估算，1936 年中国新式工业资本在不计算外国在华资本和东北地区资本的情况下，达到 19.90 亿元，其中官僚资本 3.40 亿元，民族资本 14.50 亿元。[①]

那么，这样一笔新式工业的产业资本是如何筹集的呢？既然新式工业企业的组织形式多为股份制，其融资的主要途径本应该是通过资本市场。然而，历史向我们表明，近代中国企业的资本绝大部分并非通过资本市场筹集的。换句话说，近代中国资本市场与产业发展是严重疏离的。那么，近代中国企业的资本是如何筹措而来的呢？在分析这个问题之前，我们先对近代中国企业在资本市场融资的历史困境做一番深入分析。

（二）近代中国的证券市场

自 1872 年轮船招商局发行股票面向社会招股，至 1880 年前后，先后有近 40 家华资企业在市场上发行股票，共筹

---

① 吴承明：《中国近代资本集成和工农业及交通运输业产值的估计》，《中国经济史研究》1991 年第 4 期。注：产业资本的估值，尽可能以实物为主，如纱锭数、电厂设备容量等，其估值并未全依重置价。

集资金 1000 万两。① 在此过程中，曾催生出一家具有证券交易所雏形，专门代客买卖各家公司股票的民间私营股份制企业"上海平准股票公司"。1905 年，外商在上海成立了一家证券交易公司——众业公所（俗称"掮客总会"）。在 1932 年以前，众业公所仅经营外资企业的股票与公司债券，品种一度达到 155 种。在 1932 年至 1934 年 6 月底的两年半时间里，众业公所一共开拍 18 种证券，除去上海市政公债和工部局市政公债 1650 万元外，共发行公司股票与公司债券近 1 亿元，"而所卖买的证券，竟没有一种是中国公司所发行的"。② 反观中国民族证券市场，自成立之时就是为了政府财政需要而设，并非为了企业融资服务的。

1. 北洋政府与公债市场

中国的证券交易所成立较晚。直到 1914 年北洋政府才正式颁布《交易所法》。又过了几年，直到 1918 年，北京证券交易所、上海证券物品交易所和上海华商证券交易所先后获批成立。从历史的角度来看，上述几家证券交易所从成立开始至全面抗战爆发的 1937 年，并没有对中国经济和企业的发展做出多大的历史贡献，反而成为政府发行公债的"财政市场"。

应该说，这种证券交易所自诞生之时起就是为政府财政服务的，我们从北京证券交易所发起人给农商部的呈文说辞中，可见一斑。"近数年来，实业日就发达，所有公债及一切有价证券之买卖，渐见增多，但无统一机关为之评定，价

---

① 朱荫贵：《近代中国的资本市场：生成与演变》，复旦大学出版社 2021 年版，第 176 页。

② 章乃器：《上海底两个证券市场》，《社会经济月刊》第 1 卷第 7 期，1934 年，第 74 页。

值涨落，毫无一定标准，且乏稳固机关为之担保，故买卖通常只可为现宗买卖，而不能为定期买卖，以是关于证券之流转，不无窒滞之处。"在报道北京证券交易所筹设的新闻中，记者还特意提到开设北京证券交易所的资本大多与对北洋政府财政有重大影响的梁士诒（字燕荪）有关，"北京证券交易所股本额定三十万元，闻其股本大都与梁燕荪不无关系"。①

北洋政府几乎全靠举债过日，除了大举外债，还大举内债。"自1912年至1926年，北洋政府总共发行了27种内债，发行总额达876792228元"，"其中绝大多数是在1914年以后发行的"。②北洋政府发行的内债，大多由全国银行承销，但是公债的流通需要证券市场，只有建立证券交易所才有可能使人们对政府发行的公债产生兴趣。1916年5月北洋政府颁布中、交两行钞票停兑令，以致两行钞票信用大减，"票价日落，至六折左右"。1917年底，中、交两行为了恢复钞票价格，于是向北洋政府财政部索还欠款9300万元，"两行又恐政局变动，政府或再移挪他用，故复商诸财政部改发短期公债，指定延期赔款，为偿还公债本息之资，由税务司签字担保"。③

为了偿还中国、交通两家银行的大量借款，北洋政府最终决定发行政府公债。1918年1月15日，大总统冯国璋签发同意发行短期公债（4800万元）和长期公债（4500万元）

---

① 佚名：《纪事：北京筹设证券交易所》，《银行周报》第2卷第11期，1918年，第211页。
② 千家驹编《旧中国公债史资料》，财政经济出版社1955年版，第10、11页。
③ 祚：《七年公债与中交京钞》，《银行周报》第2卷第18期，1918年，第11页。

的命令。① 为了引起投资者购买政府公债的兴趣，北洋政府农商部于该年 3 月催促虞洽卿等人及早开设证券交易所，以使政府公债能有开拍与交易的场所。"近省接准部咨，饬令按照规定章程，赶速筹办。"② 在上述背景下，北京证券交易所从 1918 年 3 月申请设立，至该年 6 月 5 日开张。自成立之时，北京证券交易所就开始履行为政府财政服务的功能。在开业的头 6 个月，北京证券交易所以六折的价格自行购买 10 余万元政府公债，中外银行券交易量达 2047 万元，公债交易量达到 48.4 万元，而公司股票交易量仅为 14.48 万余元。③

北京证券交易所的成立，使北洋政府内债的发行日益增多，其中以 1918 年、1919 年、1920 年和 1921 年为多，这四年发行内债依次为 1.39 亿元、2.94 亿元、1.22 亿元和 1.15 亿元，共占北洋政府发行内债总额 8.77 亿元的 76.40%。④由此可见，"政府公债和国库券发行最多、最滥的时期，便是北京证券交易所最繁荣、最兴旺的时期"。⑤ 华商证券交易所也因北洋政府公债而得以维持。正如时人所言，北洋政府公债的发行，使华商证券交易所得以存活。"本所股停拍了，其他股票交易甚少，那时华商证券交易所却得了意外的救星，就是袁世凯时期所发的六厘公债，及北洋军阀政府发行的各种公债。那时，战争时起，市场波动，公债成为一种投机品，买

---

① 祚：《七年公债与中交京钞》，《银行周报》第 2 卷第 18 期，1918 年，第 11 页。

② 佚名：《纪事：农部催办证券交易所》，《银行周报》第 2 卷第 9 期，1918 年，第 17 页。

③ 佚名：《北京证券交易所第一届营业决策报告》，《银行周报》第 3 卷第 10 期，1919 年，第 27 页。

④ 王承志：《中国金融资本论》，光明书局 1936 年版，第 28 页。

⑤ 中国人民银行总行金融研究所金融历史研究室编《近代中国的金融市场》，中国金融出版社 1989 年版，第 166 页。

卖频繁，居然维持了所用。"[1]

2. 南京国民政府与公债市场

南京国民政府成立以后，为了应付大量的军政开支而大发政府公债，使华商证券交易所的公债交易兴盛起来。1927—1937 年，南京国民政府只于 1933 年向美国政府借到了棉麦借款 2900 余万元，另有 26.5 万美元和 200 万法郎的小额借款。[2] 为了应付庞大的军政费用、国债本息和其他开支，南京国民政府在其统治的前十年，一共发行 25.88 亿元的内债（1927 年至 1933 年，发行国库券 9.03 亿元和内国公债 3.41 亿元；1934 年至 1937 年 6 月底，共发内债 19 次，合计为 11 亿余元；1936 年统一公债中有 2.44 亿元转化为新内债）。[3]

政府公债的大量发行，导致证券市场上的政府债券交易进一步兴旺。正如时人所评论的那样，"民十六后，国民政府北伐成功，发行公债愈多，证券交易所成了政府推销公债的大市场。靠了公债，华商颇有蓬勃的气象"。[4] 证券市场成为政府财政融资的重要场所，该所（上海华商证券交易所）交易对象，"在三十二年复业以前，均为政府公债，产业股票交易，殊不多观。故考其机能，仅为政府之财政市场，而不能谓为民族产业之资本市场也"。[5] 1926—1937 年政府公

---

① 俞寰澄：《民元来我国之证券交易》，《银行周报》第 31 卷第 2—3 期，1947 年，第 14 页。

② 邹志陶：《民元来我国之公债政策》，《银行周报》第 31 卷第 1 期，1947 年，第 23 页。

③ 邹志陶：《民元来我国之公债政策》，《银行周报》第 31 卷第 1 期，1947 年，第 24 页。

④ 俞寰澄：《民元来我国之证券交易》，《银行周报》第 31 卷第 2—3 期，1947 年，第 14 页。

⑤ 怀方：《吾国证券交易所之简史与股票市场之演进》，《中国工业杂志》第 1 卷第 10 期，1943 年，第 7 页。

债、股票与公司债的交易量与指数如表 2 - 1 所示。

表 2 - 1　1926—1937 年政府公债、股票与公司债的交易量与指数

时间	公债指数	交易所公债交易量（万元）	股票指数	股票交易量（万股）	公司债交易量（万元）
1926 年	—	45073.8	—	—	—
1927 年	—	23816.9	—	—	—
1928 年	—	37048.7	—	—	—
1929 年	—	141825.8	—	—	—
1930 年	—	243243.5	—	—	—
1931 年	85.62	391756.2	99.76	726.9	—
1932 年	60.68	120564.9	80.28	433.8	2029.9
1933 年	—	—	71.36	853.4	5142.2
1934 年	78.48	341277.5	65.29	1845.3	4405.9
1935 年	97.94	477341.0	57.11	89.8	1243.7
1936 年	98.25	490998.0	57.66	968.5	1641.3
1937 年 1 月	93.94	14636.5	48.30	313.5	106.8
1937 年 2 月	94.91	11836.0	46.72	368.4	195.6
1937 年 3 月	97.28	19760.0	48.50	427.1	96.5
1937 年 4 月	102.12	29603.5	48.60	369.2	104.5
1937 年 5 月	103.02	23132.5	47.10	122.9	149.3
1937 年 6 月	110.35	48581.5	46.67	138.9	223.5
1927 年 7 月	106.91	60426.0	46.22	54.2	216.7
1937 年 8 月	101.73	32820.1	44.33	17.7	18.1

注：1. "交易所公债交易量"栏目中，1926—1928 年的数字是上海华商证券交易所的交易量，1929—1934 年的数字是上海华商证券交易所与上海证券物品交易所的交易量之和，1935—1937 年 8 月的数字是两所合并后的数字；2. 公债指数与股票指数均以 1931 年 7 月的市价为 100；3. 1931 年的公债指数与股票指数是下半年的平均数；4. 1932 年的公债指数与股票指数是 1 月和 4—12 月的平均数。

资料来源："振兴调查资料第二十八号"，《上海华商证券业务概况》，中支那振兴株式会社调查课编，昭和 16 年（1941 年）版，第 12—13 页，转引自朱荫贵《论研究中国近代资本市场的必要性》，《中国经济史研究》2010 年第 1 期；《上海各交易所之成交业务额》，《经济统计月志》第 4 卷第 11—12 期，1937 年。

由表 2-1 我们可知以下几个重要信息。一是在样本期内政府公债的指数总的趋势是上升的，而股票指数则是走低，且后者的跌幅较大。二是相较股票与公司债而言，政府公债的交易规模可谓十分巨大，华商证券交易所业务数量，"在九一八以前最发达时代，每日曾达六千万元左右，以后恒在一千万元以上，而每日交割实数，平均亦不下一千万元"。① 而股票和公司债不仅交易量小，而且波动十分巨大。1934 年是股票交易量的最高峰年份，全年只不过是 1845.3 万股，而 1935 年仅有 89.8 万股。公司债 1933 年尚有 5142.2 万元的交易，1935 年仅有 1243.7 万元，仅是政府公债不到一天的交易规模而已。以上数据充分反映了政府公债市场的红火与股票市场的低迷。

3. 公司证券市场的低落

与红火的政府公债市场相比，股票与公司债市场则是相当的低落与冷清。需要特别指出的是，表 2-1 中的股票与公司债交易数量与实际交易情况是脱节的，仅是一种"挂牌市价"的交易量，与实际交易情况有相当大的差距。此时的证券市场，"自民十六年至二十六年抗战发生，证券交易所差不多全部分是公债，股票不过应应卯，拍拍空板而已"。② 在"有行无市"的境况下，大多数已经拍板上市的公司，"宁愿其股票有行无市"。例如，"某商业银行股票，只能卖给六七折左右，该行以信誉攸关，颇不愿其股票有行市也。中国银行，从北平搬来，当国民政府初立时，其股票行市低

---

① 怀方：《吾国证券交易所之简史与股票市场之演进》，《中国工业杂志》第 1 卷第 10 期，1943 年，第 7 页。
② 俞寰澄：《民元来我国之证券交易》，《银行周报》第 31 卷第 2—3 期，1947 年，第 14 页。

至四十元，今则信用大佳，故又回涨，但亦不过六七折。当此市面不景气之秋，公司股票总是跌多涨少，故有行市，反不如无行市之为愈也。一二八前，商务印书馆股票，涨至一百六十元，结果亦等于有行无市，此因股票太好，无人肯卖故也"。[1]

股票流动困难，进一步导致发行市场难有作为。自 1935年起，上海证券交易所开拍了包括金融业、交易所业和工商企业的部分股票。开拍股票的几乎全部是当时中国最有实力的公司，例如中国、交通、金城等银行，金业、面粉及华商证券等交易所，闸北水电、华商电气、商务印书馆、中华书局等工商企业。尽管如此，仍然得不到社会的信赖。正如当时的社会评论所言，"但以各方不感兴趣，成交量之少，几不及当时公债成交数之千分之一，不但证券业视公债为利薮，即银行业投资项目中，亦以公债为首位，而经济学者，则称证交为公债交易所。要之，在此阶段，形成公债独占证券市场之局面，中国股票之冷落，恰与公债成为对照"。[2]

和股票市场一样，公司债市场同样难有发展。早在 1911年 5 月宁波和丰纺织股份有限公司就有发行公司债券之举，当然大多数为该公司股东购买。[3] 这比学界普遍认为我国公司债肇始于 1914 年的天津启新洋灰公司还要早三年。[4] 此后，华商公司渐有公司债发行之尝试。20 世纪 20 年代，通

---

① 马寅初：《上海证券交易所有开拍产业证券行市之可能乎》，《东方杂志》第 33 卷第 1 期，1936 年，第 44 页。

② 吴毅堂编《中国股票年鉴》，中国股票年鉴社 1947 年版，第 3 页。

③ 佚名：《宁波和丰纺织股份有限公司招集公司债券章程》，《申报》1911 年5 月 4 日。

④ 万立明：《试论近代中国华商公司债的主要特点》，《中国经济史研究》2012 年第 4 期。

泰盐垦公司、天津华新卫辉纱厂、山东中兴煤矿、北京电车等公司先后发行公司债；在 20 世纪 30 年代，更有一个公司债发行的小高潮，六河沟煤矿、茂昌蛋品、闸北水电、启新洋灰、江南铁路、民生实业、大通煤矿、永安纺织、江南水泥、永利制碱等公司纷纷委托银行团发行公司债。据统计，1929 年至 1937 年，至少 14 家公司发行了 16 次公司债，发行规模在 4400 万元以上。其中，永利制碱公司发行最多，一次就发行 1000 万元。[①]

20 世纪 30 年代的小高潮，并不是债券市场发展的结果，而是银企双方的无奈之举。受世界经济大危机的冲击，很多华资企业处境艰难，而融资渠道更加狭窄。这一时期的大多数公司发行公司债不是为了扩大生产而是为了偿还各种旧欠，且是在银行不愿展期或续贷以及筹措无门的前提下。"主张公司债券开拍行市者，未尝不知过去之种种困难。但谓现在融通资金，实无别法可想，银行既不肯放款，土地流通券又不能发行，至此山穷水尽之秋，惟有以此为最后办法。银行何以不肯放款？平情而论，银行实有其不得已之苦衷。查《中国银行二十三年度营业报告》，工业放款有五千四五百万之多，为商业放款之半，其扶助工业，亦不能谓为不力。现在此五千四五百万之放款，不幸均告冻结。倘再继续放款，则愈积愈厚，行将无从自拔。"[②]

就发行市场来看，公司债难为近代中国社会所接受。例如，1929 年永利公司的 200 万元公司债，仅由浙江兴业银行

---

① 《中国公司债券章程汇编》，《立信会计季刊》1941 年第 14 期；佚名：《新亚化学制药股份有限公司发行公司债章程》，《申报》1942 年 4 月 1 日。

② 马寅初：《上海证券交易所有开拍产业证券行市之可能乎》，《东方杂志》第 33 卷第 1 期，1936 年，第 41 页。

售出 7000 元。"不得已卒变方针"，由永利公司的主要债权人金城银行与久大精盐公司各认购 50 万元，用以抵偿旧欠，"化整为零，稍纾逋索之烦"。[①] 久大公司认购的 50 万元债票，后有 1 万元售与上海盐业银行某职员，4 万元售与青岛某熟识之人。连同久大公司转售的，永利的 200 万元公司债仅销售 5.7 万元，聊胜于无。永利公司将剩下的 90 万元公司债作为抵押品向银行借贷，"零星作抵，以济目前之急"。永利公司 200 万元公司债发行章程中第十条规定："此项债券以公司全部房地产、机器、原料出品及附属财产为担保品。"[②] 公司债的性质最终演变成有抵押的银行贷款。

1936 年大通煤矿发行的 70 万元公司债券，仅有 3750 元的债券为朱德四、何质夫、仲光俊等个人购买，仅占该公司债券发行总额的 0.54%，其余均被承销银行所购买。[③] 即使销售最好的闸北水电公司第二期债券，也仅有 33.5 万元是由市场投资者购买的，只占发行总额的 27.57%，其余由承销银行团购买。[④] 1936 年茂昌公司"为补助充足流动资金起见，拟续发公司债 80 万元。经推销预约券，实觉事实困难，募集预约券极微。议决所有此项计划作为取消，已销

① 《永利制碱公司扩大营业范围添收股本创办氮气工业缘起》，1934 年 3 月 5 日，转引自赵津、李健英《资本技术双密集型产业融资方式的探索：以范旭东企业集团为例》，《中国经济史研究》2009 年第 2 期。

② 《永利制碱公司发行公司债章程》，1930 年，转引自赵津、李健英《资本技术双密集型产业融资方式的探索：以范旭东企业集团为例》，《中国经济史研究》2009 年第 2 期。

③ 《交通银行业务部同上海金城银行等九行联合认购并代理发行大通煤矿公司债结束事项的往来文书》，1942—1945 年，上海市档案馆藏，档案号：Q55-2-698。

④ 《交通银行业务部、各同业关于上海闸北水电公司借款及发行公司债有关函件》，1933—1936 年，上海市档案馆藏，档案号：Q55-2-699。

之第二次公司预约券，俟陆续收回注销，以清手续"。[1] 其他公司债券销售的情况也基本如此。总之，"银行承受公司所发债券以后，大多全部自行购入"。[2]

（三）社会转型与市场分割

人们常将近代中国资本市场难有发展的原因归于缺乏公开市场。应该说，公开市场的缺乏是近代中国社会历史禀赋决定的。换句话说，近代中国社会历史禀赋决定了资本市场的弱小与难以发展。近代中国的社会历史禀赋，可以用"转型"与"分割"概括。所谓的"转型"，是指由传统农业社会向近代工商业社会转变的过程。"转型"是个很大的概念，它表示一个传统社会向近现代社会的转变过程，既包括经济方面，也包括社会、意识形态、政治等方面。艰难的转型给证券市场的发展带来了严重的负向影响。

1. 社会转型带来严重不确定性

近代中国社会的转型过程是漫长而艰辛的，其中有很多变数，即社会转型带来的严重不确定性表现在利率、汇率、通货膨胀、社会动荡引致的经济剧烈波动。[3] 这些因素叠加在一起对证券市场发展造成巨大的伤害。下面我们从几个指标分别论述。

（1）利率与汇率

所谓利率的不确定性是指不能预期的非正常波动。这种

---

① 《茂昌股份有限公司董事会会议决议录》，1935—1939 年，上海市档案馆藏，档案号：Q229 - 1 - 187。

② 《交通银行公司债发行手续说明及实例》，1936 年，上海市档案馆藏，档案号：Q55 - 2 - 237。

③ 杜恂诚：《近代中国金融业发展模式与社会转型》，《中国经济史研究》2015 年第 3 期。

非正常波动既有可能是由国内因素引起的，也可能是由国际因素引起的；国内政局的经常性动荡常会引起突发性的资金紧缺和利率上升，国际因素则与汇率或金银比价相关联。中国的汇率受制于西方国家，西方国家在遇到经济危机时，往往通过汇率通道向外转嫁危机，这导致汇率异常波动，利率也常随之异常波动。① 例如，1927 年以后的几年，银价惨落，大批白银流入，于是暂时造成一种通货膨胀的现象。1934 年美国的白银收购法案使"银价急腾，吾国白银乃大规模流出，使以前繁荣整个破灭，造成通货收缩，于是金融恐慌出现，利率乃大变动，几乎使上海金融市场崩溃结果，有这次新货币政策（法币改革）的实行"。② 1932—1937 年上海银拆率的最高值与最低值如表 2-2 所示。

表 2-2 1932—1937 年上海银拆率的最高值与最低值

	1932 年	1933 年	1934 年	1935 年	1936 年	1937 年
最高值	0.70	0.20	0.60	0.55	0.10	0.20
最低值	0.00	0.00	0.00	0.02	0.05	0.05

注：1934 年之前单位用两（每千两），1934 年及之后用元（每千元）。

资料来源：《上海银钱业拆息与贴现率行市表》，《中央银行月报》第 7 卷第 6 期，1938 年。

由表 2-2 可见，1932—1937 年，每年上海市面上的银拆率差异很大。除了季节性的原因之外，西方国家对我国的汇率操纵也是银拆率高低悬殊的重要原因。西方国家对我国的汇率操纵，使我国利率变动至为激烈，大涨大落，令人捉

① 杜恂诚：《近代中国金融业发展模式与社会转型》，《中国经济史研究》2015 年第 3 期。

② 赵懿翔：《利率与国民经济》，《社会经济月报》第 3 卷第 4 期，1936 年，第 41 页。

摸不定。"近三四年来为什么'拆息'这样大涨大落使金融界银根奇紧，产业界濒于破产？……但最要的在于国际的影响，换句话说白银的流入流出有决定上海利率水准的作用。吾国信用制度幼稚资金大部尚靠硬币的供求，所以银币、元宝、银块等的流出流入与金融的紧弛有过于密切的关系。"①

利率的异常变动，使社会资金不敢也不愿做长期投资，因为不仅要承受利率非正常波动引致的巨大风险，而且股票回报率也不高。翻看近代中国企业招股广告，大多数公司的票息为 8 厘左右，这样的利率水平不足以吸引人们投资，"我国市场利率向属高昂，私人借贷、商业往来，在战前即在一分以上，但股票合息，不过二三厘，社会资金既有其他出路，自属舍此就彼"。②

股票与公司债的票息一般不能任意调整，在通货膨胀严重的时候，将会导致它们的真实收益率大幅度降低，投资者有亏损的风险。这点在华商偿还公司债时有充分的体现。1942 年民生公司、1945 年闸北水电公司趁通货膨胀严重之时，主动向银行团申请提前还清所有公司债，"胜利以后，闸北水电公司接收复业，所有未还本金及愆期利息订于 1945 年 12 月 31 日全部清偿，每千元券应付还本付息 1700 元"。③

（2）政府财税政策的变动

在社会转型时期，不断变动的国家经济与财税政策也是阻碍证券市场发展的重要原因之一。例如，1937 年上半年，

---

① 赵懿翔：《利率与国民经济》，《社会经济月报》第 3 卷第 4 期，1936 年，第 41 页。
② 吴毅堂编《中国股票年鉴》，中国股票年鉴社 1947 年版，第 5 页。
③ 《交通银行关于闸北水电公司清偿公司债与有关方面来去函》，1945—1946年，上海市档案馆藏，档案号：Q55‐2‐1287。

南京国民政府开征所得税，使投资者的收益减少。为此，民生公司债券持有人代表会议议决："公司债章程中原定年息一分，现在扣缴所得税后，利率已不足一分，此项税款应由民生公司负担，俾符契约定年息一分之原则。"民生公司对此坚决反对，声称"政府颁布所得税法征收各项所得税，纯系课之于收益人，当与公司债原定利息显为两回事，所嘱第一次公司债利息应扣所得税款，由敝公司负担一节，碍难应命"。①

社会转型也深刻体现在政府财政方面的不安定，这给证券市场发展带来了严重阻碍，这点在南京国民政府时期表现得尤其显著。1935 年法币改革后，南京国民政府财政收入不再受制于金属货币，征收铸币税成为其财政收入的主要来源之一，这引发了通货膨胀，尽管在法币改革的最初两年，表现得并不是那么显著，但是，"抗战以还，情形益艰，致演成通货膨胀。此时既有币值日低之不安，复有物价日高之引诱，欲期人们放胆投资，扩张产业实为极端难能之事。良以此种情形下，投资即是一种冒险，期限愈长，危险愈大，因此愈长期之产业，益无人敢出而经营，社会资金不敢投放于长期产业，而且变态，又必为短期之投机活动。故建立证券市场，必须有基础健全之财政设施，而后产业始能繁荣，证券市场乃能顺利"。②

（3）社会动荡不安

社会动荡对证券市场的影响更为直接而显著。正如当时学者俞寰澄所指出的，有证券交易所，恐怕还不行，"理由

---

① 《交通银行经理民生实业公司债的往来文书》，1937 年 7 月 28 日，上海市档案馆藏，档案号：Q55 - 2 - 1334。

② 连超民：《战时设立产业证券市场问题之综合研究》，《贵州企业季刊》第 2 卷第 1 期，1944 年，第 78 页。

很简单，假如我们证交本身已很健全，但社会不宁、交通阻滞、原料缺乏、捐税重叠、工潮迭起、外资倾销、币制紊乱，种种不利生产事业。证券无非是工商等事业的股票、公司债票。工商事业根本萎缩，证交会有什么办法？"[1] 政局不稳，使投资者不敢投资长期金融产品，"我国近数十年来，政治不良，国家多难，往往有成绩优良之公司，骤因时局变迁，横遭摧残，间接使投资人蒙受意外损失。故政局不稳，企业即无保障，而使投资者渐具戒心，裹足不前"。[2]

2. **市场分割制约证券市场的发展**

市场分割同样是阻碍近代中国证券市场发展的重要原因。所谓的"分割"，不仅包括市场价格与技术上的分割，而且在生产要素与信息流动方面也是分割的。在近代中国社会中，这种分割是以血缘、地缘与行业为标准的。[3] 这样的社会历史禀赋决定了它不能为证券市场发展提供基本条件。换句话说，历史现实中的种种因素制约了近代中国证券市场的发展。

（1）信息不公开

信息的公开、透明与真实对金融工具价格的合理形成至关重要，有助于市场主体降低参与成本、做出理性决策，推动市场朝着更加有效的方向发展。相反，如果信息透明度不足，则可能影响市场的价格信号机制的正常发挥，损害投资者合法权益，破坏公开、公正、公平的市场秩序。然而，在

---

① 杨荫薄、俞寰澄、王志莘：《关于上海证券市场》，《中国建设月刊》第3卷第3期，1946年，第10页。
② 吴毅堂编《中国股票年鉴》，中国股票年鉴社1947年版，第4页。
③ 杜恂诚：《近代中国金融业发展模式与社会转型》，《中国经济史研究》2015年第3期。

近代中国，信息仅在小范围内（如家族中、同业公会内部）流动传播，不允许流出这个小范围。这种传播，可以称为有限传播。人们不愿意公开自己的商业秘密，存在封锁信息的心态与做法，这严重阻碍了资本市场的发展。

股票开拍和公司债发行的一个重要前提，就是要将公司信息公开，"如各种财产之分析，公司组织与管理营业状况、大股东及董事姓名等，做成详细报告，并说明还本付息法，而后交易所肯予登记拍板，否则不肯，因其负介绍人之责，不能掩饰投资人"。但是，近代中国公司多不愿意公开自己的信息。

1936 年，上海证券交易所发出公函 150 件，向各公司征求开拍股票行市的意见，只有 24 家表示愿意并将已经印成的书面报告送交易所备查。"但交易所不能专凭书面报告，即开拍行市，必须另派会计师赴各公司调查内容，方可着手。但各公司对于派会计师调查一层，不肯赞同，此议作罢，足见交易所不开拍股票行市者，仍须归咎于各公司本身也。"信息不公开，致使投资者不愿意对股票进行投资，"现在中国所有公司，从未依法公布报告，外界不明其中内容为何如。在此种情形下，即使交易所为之开市，恐亦无人来买"。①

同样，公司也不愿意公开自己的信息，致使公司债难以发行，"我国经济落后，人民向无投资证券之习惯，厂方则习于保守，不愿将产业实况向外公布，因此公司债券之发行亦感困难"。② 发债公司不愿公布经营信息，使投资者不敢投

---

① 马寅初：《上海证券交易所有开拍产业证券行市之可能乎》，《东方杂志》第 33 卷第 1 期，1936 年，第 42—44 页。
② 佚名：《我国目前发行公司债券问题》，《金融周报》第 4 卷第 28 期，1943 年，第 4 页。

资公司债，"希望公司债能在市场流通一层，一时亦不易达到目的，这不能不归根于公司组织不健全。因为一般股份公司，每年公布资产负债状况的，为数本来不多。即使公布，其内容是否确实可靠，也是问题。于是许多投资者都不敢问津，股票的公开流通自然不可能了"。①

鉴别类的信用中介是独立的专业信用评估单位，它从专业的角度对企业想要发布的经营信息进行审核，使企业股东和社会公众了解企业的真实情况并形成监督，以规范企业的行为并提升社会公信力。然而，在近代中国社会历史条件下，人们不愿泄露商业信息，致使信用调查异常困难。正如上海会计师公会会员吴应图所说，"我国商家习惯，会计情形，素不肯轻示外人，而于业务情形，秘密尤甚"，对于公共注册会计师的查账"恐未必乐于推广，以自曝其公司之秘密"。②

另外，人们保守秘密致使信用调查成本较为高昂，"调查研究，范围广大，头绪万端，一机关单独进行，每感心有余而力不足，非用人用钱多，不易办好"。③ 加上各种条件的制约，如注册会计师、征信所等信用中介，很难迅速发展壮大起来。④ 总的来说，由于各种原因，近代中国的信用调查基本没有什么成效。信息不公开还严重制约了第三方信用评级机构的发展，而这反过来又制约了证券市场的发展。

为什么人们不愿意公开信息呢？这是近代中国社会历史禀赋决定的。社会转型带来的严重不确定性，使人们对未来

---

① 佚名：《民生公司发行债票》，《华年》第 4 卷第 25 期，1935 年，第 482 页。

② 吴应图：《提议请愿修改监察人制度案》，1925 年 3 月 23 日，上海市档案馆藏，档案号：S447-2-34。

③ 朱彬元：《银行经济研究及信用调查之我见》，《中国工业杂志》第 1 卷第 1 期，1943 年，第 67 页。

④ 杜恂诚：《近代中国的注册会计师》，《史林》2008 年第 2 期。

无法形成稳定的预期，导致人们比较看重短期收益。例如，近代中国股份公司的股票发行，有公开与不公开两种。不公开的公司股票完全由发起人认定，非至万不得已时，才吸收与公司素无关系的外人入股。对此，时人有着清晰的认识。

> 公开发行的股东，对于公司事业的发展与否，公司寿命的永久与否，漠不关心。其心目中所注意者，厥为目前公司之红利。设某公司岁杪结帐，纯益一百万，当开股东会时，倘董事经理将公司情形完全具实报告，而主张以纯益十分之四分派股东，作为红利，十分之六存于公司作为公积，股东必竭力反对，结果非将纯益一百万元尽数分配于股东不可。盖因公开公司之股票可以自由转让。今年之纯益，则股票确在彼等手中，明年亏本，或许股票已转让于他人，与彼完全无关也。为经理者，为顾全公司之基础起见，不得不将公司之真实情形隐匿一部。……公司既如上述有不得不守秘密之苦衷，则局外人对公司之营业情形，完全不明真相，于是裹足不前，不敢冒昧投资。①

（2）生产要素难以流动

企业要获得发展，需要将资本、技术与人力等经济要素进行有效配置，因此需要一个能够实现要素自由流动的市场。在近代中国，"由于利益共同体和信仰共同体的阙如，中国的社会结构缺少凝聚力，但市场又必须要构建网络，企

---

① 邹宗伊：《通货膨胀与我国战时财政问题》，《东方杂志》第 33 卷第 13 期，1936 年，第 86—87 页。

业也需要进行人力治理。为了减少相互欺骗的概率而降低交易成本，人们缩小了搜寻范围，先是血缘性的家庭、家族，后来扩大到地缘性的同乡"。①

一般来说，企业的股东多为同族或同乡，广东人一般不投资给宁波人办的企业，反之亦然。人才的流动也是非常困难的，这里的人才主要是指管理人员与技术人员。"由于信息不完全，上海近代人力资本盛行雇佣担保制度，个人求职强烈依赖介绍，这一特征加上传统同乡同源观念的影响，导致各行各业任人唯亲现象大行其道，因而行业企业内行帮分割现象十分普遍。"②

非同族或非同乡互不投资，导致公司股票只能停留在同族、同乡的小圈子里。由于大家身处"同一个圈子"，对企业信息的掌握并没有显著性差异，往往形成同时看涨或看跌的局面。换句话说，信息不对称使市场交易机制无法发挥。因此股票只能在小圈子中流动，而这种流动还只是在某一股东急需用钱的情况下。中国股票"其交易之形成，大致卖者需要现款，愿将股票脱手，买者则多属与公司直接间接有关系之人物，熟稔公司内容，获知公司有发息分红消息，从事搜罗。故交易之发生，往往在公司决算以后，开股东会分红派息以前，较为活动也"。③

社会转型与市场分割使公司当局不愿其股票流通。换句话说，人们普遍认为，股票流动将会导致公司商业秘密的泄

---

① 杜恂诚：《近代中国金融业发展模式与社会转型》，《中国经济史研究》2015 年第 3 期。

② 曾凡：《近代上海人力资本市场的分割与流动》，《经济研究导刊》2013 年第 30 期。

③ 吴毅堂编《中国股票年鉴》，中国股票年鉴社 1947 年版，第 3 页。

露，很多权益将会遭受损失，并且股票价格的剧烈波动有可能会影响公司声誉。"多数人对于本身股票流通，颇持异议，其所执理由：一为股票流通引起社会人士对公司内容的注意，势将一切秘密公开；二为股票流通以后，变动性甚大，对于人事上增加麻烦，公司团结力容易弛懈，而董监地位，容易动摇；三为倘公司营业发达，股票流通后，利益易为外人侵夺；四为股票市价，涨落不定，影响公司对外信誉。"[①]

总之，近代中国的社会历史禀赋，特别是社会转型带来的严重不确定性使人们不敢、不愿进行长期投资。同时，严重的市场分割使资本、劳动力等生产要素无法通过市场进行有效流动，这些都使资本市场发展所需的基本条件，如信息披露机制、生产要素有效配置机制等无法形成，严重制约了资本市场的发展，也致使中国产业与资本市场严重疏离。很自然，产业发展所需的资本无法通过资本市场来筹集。

二　借贷市场对民族企业发展的漠视

中长期借贷市场是资本市场的重要组成部分，对企业而言是至关重要的，因为它是企业获取长期资本的重要途径之一。中长期借贷市场要发挥辅助产业发展的功能，需要健全的银行制度和抵押品拍卖市场。在抵押品拍卖市场上，企业将其机器、厂房等固定资产抵押给银行等金融机构，并且在借款到期时，可以根据企业还款情况决定抵押品的处置办法。如果企业无法按时归还借款，收受抵押品的金融机构就可将抵押品在拍卖市场上进行拍卖。这样就可以使固定资产

---

① 吴毅堂编《中国股票年鉴》，中国股票年鉴社1947年版，第4页。

流动起来，以实现资金、资源的有效配置。和资本市场一样，受种种历史因素的影响，近代中国借贷市场也难有发展。很自然，近代中国借贷市场对企业的长期资本支持也是非常有限的。

（一）银行和钱庄对企业的放款有限

1. 银行的工业放款

中国最早的银行是 1897 年设立的中国通商银行，清末的绝大多数中国银行是在 1905 年以后才设立的。这些银行主要是效力于政府财政的，很少同资本主义工商业联系。至北洋政府和南京国民政府前期，全国银行仍以政府放款与销售政府公债为主，对工业企业放款数量不多。方显廷于 1938 年指出："银行对于工业之投资向不重视，北洋政府时代，大小银行几竟以政治借款之投机为要务。近年来，识见较远大之银行，对于工业投资虽渐加注意，然为量尚甚有限。"[①] 对于全国银行业对工业放款不重视，我们从其工业放款在银行总放款中的比例中可见一斑。

1921 年，全国银行业各项放款的总额仅为 5.15 亿余元。此后的十几年间，随着银行业的迅速发展，银行放款的总额有了较快增长。如果以 1921 年放款指数为 100，1936 年的放款指数则为 673，增长了 5.73 倍。[②] 由此可见，银行业放款业务的增速不可谓不快。然而，总体而言，银行业对工业企业的支持依然是非常有限的。

在银行业的各项放款业务中，工业放款比例不高。例如，

---

① 方显廷：《中国工业资本问题》，商务印书馆 1938 年版，第 56 页。
② 中国银行总管理处经济研究室编辑《全国银行年鉴（1934）》，中国银行总管理处经济研究室 1934 年版，第 27 页。

"就中国银行放款之性质言，民十九至二十一、二十三年中，工业放款占放款总额仅为 6.57%、10.14% 及 11.46%。我国银行之业务范围，以中国银行为最广，而该行对于工业之放款，已如此甚微，其他殆不难想象而知。新进活跃如上海银行民二十、二十一两年之工业放款亦只及全行抵押放款总额之 34.30% 及 41.44%。交通银行系政府特许之实业银行，但该行民二十一年所有'货物抵押及其他工商业投资'之数额，亦仅约占 9%。银行业与工业之关系之浅，概可想见"。[1] 我们从 1930—1933 年中国银行与全国银行业各项放款比例中，可见一斑（见表 2-3）。

表 2-3　1930—1933 年中国银行与全国银行业各项放款比例

单位：%

类别	中国银行			全国银行平均	
	1930 年	1931 年	1932 年	1932 年	1933 年
商业	20.14	21.79	22.38	27.02	29.77
工业	6.57	10.14	11.46	12.08	13.25
机关	48.93	47.19	42.61	43.90	41.91
其他	24.36	20.88	23.55	17.00	15.07

注：其他包括同业、团体、个人、交通、农业、公用事业等放款。

资料来源：中国银行的数据，引吴承禧《中国的银行》，商务印书馆 1935 年版，第 54 页；全国银行平均数据，引王承志《中国金融资本论》，光明书局 1936 年版，第 44、45 页。

由表 2-3 可见，中国银行的工业放款占其放款总额比例甚小，1931 年和 1932 年分别为 10.14% 和 11.46% 而已。在全国银行业的各项放款中，占最大比例者为机关放款，其

---

[1]　方显廷：《中国工业资本问题》，商务印书馆 1938 年版，第 57 页。

次为商业放款，1932 年、1933 年全国银行平均工业放款仅为 12.08%、13.25%。全国银行业的工业放款规模，向无具体数据记载。下面我们依据 1932—1936 年全国银行业各项放款总额（见表 2 - 4），辅以工业放款在总放款中的比例，我们可以大致估算出全国银行业的工业放款规模。

表 2 - 4　1932—1936 年全国银行资产负债统计

单位：元

类别	1932 年	1933 年	1934 年	1935 年	1936 年
一、资产总额	3144861608	3696560814	4322365515	5441184698	7275890751
有价证券	231927553	261325180	469751665	593882595	501007136
各项放款	1946864137	2365693006	2623932279	3195598763	3466120307
其他资产	966069918	1069542628	1228681571	1651703340	3308763308
二、负债总额	3144861608	3696560814	4322365515	5441184698	7275890751
实收资本	235316109	260846332	342855736	369619229	402695909
各项存款	2183759957	2625149040	2997762407	3789377605	4551268962
（储蓄存款）	180070205	251483060	304865317	336750403	416197572
其他负债	725785542	810565442	981747372	1282187864	2321925880

注：资料来源中并没有其他资产、其他负债数据，根据资产—负债平衡原则，其他资产 = 资产总额 - 有价证券 - 各项放款，其他负债 = 负债总额 - 实收资本 - 各项存款；另：储蓄存款包含在各项存款中。

资料来源：1932—1933 年数据参见中国银行总管理处经济研究室编辑《全国银行年鉴（1935）》，中国银行总管理处经济研究室 1935 年版，第 52、53 页；1934—1936 年数据参见中国银行总管理处经济研究室编辑《全国银行年鉴（1937）》，中国银行总管理处经济研究室 1937 年版，第 53 页。

如果我们按照最高比率 13.25% 乘以每年各项放款总数，1932—1936 年全国银行的工业放款依次为：2.58 亿元、3.13 亿元、3.48 亿元、4.23 亿元、4.59 亿元。由此可见，全国银行业的工业放款规模实属不大。另外，全国银行业对工业各部门的放款也极不均衡。"吾国银行对于工业之投资，不但为量太少，其分布于各业亦极不均匀。"① 我们以 1932 年中国银行与上海银行的工业放款比例为例说明之（见表 2-5）。

表 2-5 1932 年中国银行与上海银行工业放款比例

单位：元，%

类别	中国银行		上海银行	
	数额	占比	数额	占比
纱厂	23791527	61.90	19978634	57.80
面粉厂	4573815	11.90	8341462	24.13
丝厂绸厂	2113948	5.50	535345	1.55
染织厂	153742	0.40	1382672	4.00
烟厂	576531	1.50	1169667	3.38
其他	7225860	18.80	3154839	9.13
合计	38435423	100.00	34562619	100.00

资料来源：中国银行总管理处经济研究室编辑《全国银行年鉴（1934）》，中国银行总管理处经济研究室 1934 年版，第 27 页；吴承禧：《中国的银行》，商务印书馆 1935 年版，第 56 页。

由表 2-5 可见，纱厂和面粉厂是中国银行放款的主要对象。统计数据表明，"以全国工业论，自以纱厂和面粉业为最大"。② 1932 年，纱厂和面粉厂工业获得的贷款，在中国银行的工业放款中占了 73.80%，合为 2840 万元。上海银行 1932 年的工业放款总计为 3456 万元，其中 2832 万元，即放款总额之 81.93%，亦为纱厂及面粉厂工业所占。

与纱厂和面粉厂相比，其他众多工业部门占比微乎其微。如 1932 年中国银行的放款中，除了表 2-5 中所列之外，

① 方显廷：《中国工业资本问题》，商务印书馆 1938 年版，第 57、58 页。
② 中国银行总管理处经济研究室编辑《全国银行年鉴（1934）》，中国银行总管理处经济研究室 1934 年版，第 27 页；

还包括蛋厂 4.9%、饮食厂 4.0%、化学工厂 2.6%、建筑材料厂 1.1%、手工业 1.0%、火柴厂 0.7%、衣服厂 0.5%、布厂 0.5%、铁工厂 0.3%、橡胶厂 0.2%、纸厂 0.1%、其他 2.8%。[①] 无论从工业放款占银行业总放款比例，还是工业放款的总规模与分布中，均可见全国银行业对工业放款是不重视的。

2. 钱庄的工业放款

钱庄有悠久的历史，组织结构简单，多为合伙或独资经营，除大钱庄外，一般没有分号。钱庄资本薄弱，"在清朝末叶，一般钱庄平均资本额只有 2 万两至 4 万两，存款多者百余万两，少者数十万两"。每年度分红一次，不留公积金，不面向社会吸收个人存款，"存款需要熟人介绍，不是尽量开放"。营运资金不足，则向外国银行拆借，"外国银行拆给钱庄的款项总数有一千几百万两，每庄拆进之款，最多者达到七八十万两，钱庄资金因此充裕"。[②] 民国时期钱庄资本有所增加，规模较大者也达几十万两，但仅是个别地区的少数现象。以钱庄业最发达的上海为例，1926 年是钱庄业资本额最高的年份，资本总额为 1875.7 万元，每家平均资本为 21.56 万元。在社会不断呼吁钱庄增加资本的背景下，1936 年上海钱庄业资本总额达 1800 万元，每家平均资本为 37.5 万元。[③]

在近代中国企业兴起的过程中，钱庄往往以"群狼战术"为企业发展提供数量可观的资金支持，例如轮船招商

---

① 方显廷：《中国工业资本问题》，商务印书馆 1938 年版，第 57、58 页。

② 中国人民银行上海分行编《上海钱庄史料》，上海人民出版社 1960 年版，序言，第 9 页。

③ 王业键：《中国近代货币与银行的演进》，台北，1981 年版；转引自朱荫贵《论研究中国近代资本市场的必要性》，《中国经济史研究》2010 年第 1 期。

局、汉冶萍、大生纺织等公司都向钱庄借用过大量运行资金。上海钱庄甚至为上海华商水泥厂、大生三厂等公司的成立提供过较大金额的资金支持。[①] 但是，由于组织结构简单、资力有限和经营传统，钱庄在近代中国资本市场上发挥的作用都是十分有限的。

有关钱庄工业放款的统计数据同样稀缺，以致我们对钱庄的工矿企业放款难有准确数据，我们只能从有限的资料中得到有限的信息。在《上海钱庄史料》一书中，载有福康、福源、顺康、恒通四家钱庄部分年份的工业放款数据。笔者整理了福康、福源两家大钱庄 1925—1937 年的工业放款情况，试图通过工业放款占放款总额之比，估算出上海钱庄业每年大致的放款规模（见表 2 - 6）。

表 2 - 6　1925—1937 年福康与福源钱庄的工业放款

单位：银两（银元、法币），%

年份	福康钱庄			福源钱庄		
	工业放款	放款总额	占比	工业放款	放款总额	占比
1925	358606	2608029	13.75	472962	2749091	17.20
1926	416836	4297559	9.70	498807	2827389	17.64
1927	722148	2697341	26.77	1226237	3335513	36.76
1928	1233695	4008146	30.78	616094	3351992	18.38
1929	584976	4480597	13.06	599779	3740335	16.04
1930	1221993	5132372	23.81	868199	3887802	22.33
1931	954408	4017973	23.75	0	0	0
1932	579193	2751677	21.05	1112058	4057238	27.41

[①] 朱荫贵：《论钱庄在近代中国资本市场上的地位与作用》，《社会科学》2011 年第 8 期。

续表

年份	福康钱庄			福源钱庄		
	工业放款	放款总额	占比	工业放款	放款总额	占比
总额 1	6071855	29993694	20.24	5394136	23949360	22.52
1933	672071	4266775	15.75	3106364	7377124	42.11
1934	210851	6019068	3.50	0	0	0
总额 2	882922	10285843	8.58	3106364	7377124	42.11
1935	672540	4343647	15.48	312010	5172979	6.03
1936	233458	3572212	6.54	965556	6177881	15.63
1937	392657	1779488	22.07	1094781	4846911	22.59
总额 3	1298655	9695347	13.39	2372347	16197771	14.65

注：放款单位：1925—1932 年为银两，1933—1934 年为银元，1935—1937 年为法币。

资料来源：中国人民银行上海分行编《上海钱庄史料》，上海人民出版社 1960 年版，第 780—787、800—805 页。

由表 2 - 6 可见，在福康、福源两家钱庄的放款中，工业放款在总放款规模中所占比例较低，在 1925—1932 年，工业放款只占到福康钱庄总放款额的 20.24%，在 1933—1937 年这一比率由于世界经济危机的影响还有所下降。在 1925—1932 年，工业放款占福源钱庄总放款的 22.52%。1933—1934 年比率一度达到 42.11%，这是因为 1933 年该庄向鸿章纱厂抵押放款 237 万元，这只是个别例子。①

在 1925 年至 1932 年，福康钱庄的资本总额为 39.6 万两，年均工业放款近 75.90 万两，年均工业放款是其总股本的 1.92 倍；福源钱庄的资本总额为 30 万两，年均工业放款

---

① 中国人民银行上海分行编《上海钱庄史料》，上海人民出版社 1960 年版，第 774 页。

77 万余两，年均工业放款是其总股本的 2.57 倍。二者的年平均工业放款是总股本的两倍多。如果我们按照这个比例估算，在上海钱庄业资本最高的 1926 年，资本总额为 1875.7 万元，该年工业放款也仅为 4000 多万元。由此可见，最具实力的上海钱庄对工业企业发展的扶持，也是十分有限的，"钱庄的放款绝大多数是通过帮别、家族和亲友等人事关系来进行的。它的往来对象以商业为主，对工业放款比例很小"。① 钱庄对工业企业发展的扶持作用有限，主要有两个方面的原因。

一方面，钱庄组织结构简单与资本规模不大，决定了其资金更多投向流通速度较快的商业领域，对流通速度相对较慢的工业放款则不多。因此，钱庄放款周期很短，三个月或六个月已经算是长期放款了。放款周期短，是钱庄提高资本运行效率的重要手段，也是钱庄每年以几万元之资本经营几十万元甚至上百万元业务的主要原因，但是这非常不利于工矿企业的长期发展，特别是不利于企业的长期投资。正如当时公司财务专家黄组方所言，"照理财学之原则，及稳值之立场言之，企业如因扩充生产设备而须筹集资金者，则其举债营业所可采用之办法，唯有举借'长期'借款之一法。盖唯有举借长期债款，企业始能避免债务之高压迫……举借短期债款或利用商业信用以增置生产设备，或以支付营业上之各种成本及费用，在授受信用之双方皆属犯忌之事"。② 因此，钱庄放款的短期化非常不利于企业的长期发展。

<hr />

① 中国人民银行上海分行编《上海钱庄史料》，上海人民出版社 1960 年版，序言，第 10 页。
② 黄组方：《工商业收受存款之检讨》，《信托季刊》第 6 卷第 1—2 期，1941 年，第 95—96 页。

另一方面，与其放款方式与传统有关。信用放款是钱庄的优势，这是一种基于"人格信用"的放款制度，不需要抵押品，仅凭个人或企业信用，即可获取贷款。但是，为了规避风险，钱庄的信用放款额度不大，"类皆为数不巨，其额度大抵在数千元至三四万元之间，零星而普遍"。[①] 如此零星的放款，只能应对工矿企业暂时性资金短缺而已，对工矿企业长期投资的帮助十分有限。

至于抵押放款，由于数额巨大，出于降低风险的需要，钱庄也要求企业必须提供抵押品。和银行对工业企业放款一样，在钱庄对工业企业的放款中，抵押放款比例较大。福源钱庄在1926—1935年十年中工业抵押放款为信用放款的三四倍，1935年最高，在10倍以上。[②] 总之，受制于钱庄自身组织结构简单、资力有限和经营传统，钱庄业在近代中国资本市场上发挥的作用也是十分有限的，只能成为配角。

（二）银钱业工业放款少的原因

由前文所论可见，近代中国银钱业对工业企业的放款是十分有限的。为什么会出现这样的历史局面呢？换句话说，是由哪些深层次的历史原因决定的呢？梳理相关史料，笔者认为主要有以下几个方面的原因。

1. 政府财政的挤出效应

无论是北洋政府还是南京国民政府，其财政收入很大一部分是通过发行政府公债来筹集的。为了能够吸引投资者，

---

① 穆深思：《信用放款问题之检讨》，《银行周报》第22卷第23期，1938年，第3页。

② 中国人民银行上海分行编《上海钱庄史料》，上海人民出版社1960年版，第805页。

政府公债的票息不仅十分可观，而且发行价格折扣也较多。政府公债的高回报，使政府公债多集中于银行之手，这也是政府公债市场红火的主要原因。

例如，1918 年北洋政府发行的短期公债和长期公债，可以用已经贬价的中国、交通两家银行的钞票购买，"购买长短期公债各五十元，均仅需本金三十二元五角，至本年六月末，短期公债到期，即收回本利合计五十元七角五分，计获利十八元二角五分。至民国十七年（1928 年）六月末，长期公债到期又收回本利合计八十元七角五分，计获利益金四十八元二角五分。统观以上各项计算，投资于七年公债所获利益之优厚实为其他事业所未有，即投机事业而获胜利者，亦不过如是"。[1] 相较于北洋政府公债的高回报，南京国民政府公债有过之而无不及。

南京国民政府公债收益十分可观，年收益率有时在 20%以上（见表 2-7）。正如时人所言，"试问这种利得，贴现能致之乎？放款能致之乎？抑或于公司债票能致之乎？当然是不可能的"。[2] 政府公债的高回报，正是全国银行业购买政府公债的主要原因。

表 2-7 南京国民政府部分公债的收益率

单位：%

公债名称	1932 年 9 月 24 日	1933 年 2 月 25 日	1933 年 8 月 26 日
18 年关税库券	月利 2.13	月利 1.78	月利 1.32
18 年编遣库券	月利 2.27	月利 1.87	月利 1.20

---

① 祚：《七年公债与中交京钞（续）》，《银行周报》第 2 卷第 19 期，1918 年，第 11—12 页。

② 吴承禧：《中国的银行》，商务印书馆 1935 年版，第 79 页。

续表

公债名称	1932 年 9 月 24 日	1933 年 2 月 25 日	1933 年 8 月 26 日
19 年善后库券	月利 2.08	月利 1.88	月利 1.18
19 年关税库券	月利 2.14	月利 1.88	月利 1.30
20 年关税库券	月利 2.11	月利 1.85	月利 1.16
20 年卷烟库券	月利 2.13	月利 1.88	月利 1.15
20 年盐税库券	月利 2.08	月利 1.81	月利 1.18
20 年统税库券	月利 2.05	月利 1.79	月利 1.15
18 年裁兵公债	年利 24.94	年利 22.19	年利 14.26
整理 6 年公债	年利 33.00	年利 28.29	年利 15.08

资料来源：吴承禧：《中国的银行》，商务印书馆 1935 年版，第 79 页。

正如时论所言，"第一，一般证券在发行或抵借的时候，往往按六七折计算，而且还本付息则照票面十足计算，所以尽管发行条例上所规定的利率是六厘或八厘，实际在二三分以上，这是使唯利是图的银行家乐于投机了。第二，一般的发行钞票的银行，按条例皆须十足的准备，其中之四五可以债券充当，这样债券就随着银行的膨胀而大量的积蓄在银行的准备库里了"。① 这一点，我们从 1921—1931 年银行持有的有价证券金额中可见一斑（见表 2 - 8）。

表 2 - 8   1921—1931 年银行所持有价证券总额

单位：元，%

年份	兑换券保证准备额	有价证券总额	占银行总资产之比
1921	36762052	91073183	11.99
1922	43587167	99466776	12.13

---

① 王承志：《中国金融资本论》，光明书局 1936 年版，第 31 页。

续表

年份	兑换券保证准备额	有价证券总额	占银行总资产之比
1923	52227457	103574902	11. 79
1924	58876515	118923797	12. 22
1925	78797168	143527396	11. 94
1926	87789289	177847424	12. 78
1927	99480378	203804595	13. 94
1928	117834415	234056188	14. 37
1929	134403751	276297503	14. 23
1930	159505496	381816685	16. 43
1931	154318486	393545460	15. 32

注：兑换券保证准备额均为政府公债。

资料来源：王承志：《中国金融资本论》，光明书局 1936 年版，第 24 页。

由表 2 - 8 可见，1931 年全国银行业持有有价证券将近 3.94 亿元，"在有价证券中，包含公债、公司股票、道契等，其中百分之七十以上为政府公债，又以中央政府公债为最多。公债的利息，全为银行独占了。银行投资公债，每有一分以上甚至二三分的厚利"。[①] 即使在 1933 年和 1934 年中国经济最为困难的时期，全国银行业不仅没有减少对政府公债的购买，反而增加了持有量。据统计，1933 年全国最重要的 32 家银行持有 2.65 亿余元的有价证券（70% 为政府公债），1934 年则增至 3.80 亿余元。[②]

除了政府公债利息丰厚的原因之外，大部分政府公债"有关余为担保的，有基金保管委员会，由银行及投资者代表参加，故信用较前大佳"。同时，公债票可以作为银行发

① 王承志：《中国金融资本论》，光明书局 1936 年版，第 25 页。

② 王承志：《中国金融资本论》，光明书局 1936 年版，第 26、31 页。

行钞票的准备，因此有较大规模的交易需求，交易数量极为可观，不容易被多头势力所垄断。① 这也是银行投资政府公债的重要原因之一。银行发行钞票的准备，"60% 为现金准备，40% 为保证准备，保证准备中，以内国公债为最"。② 我们从表 2 - 8 中可见，在 1921 年中国银行业为了钞票发行而买入的政府公债有 3676 万余元，至 1931 年即增长至 1.54 亿余元。十余年时间，增长近 3.2 倍。

总之，不论是出于对政府公债高回报率的追求，还是出于为发行钞票做准备，全国银行业将大量资金用于购买政府公债。我们从下面的数字，可窥一斑。"1932 年，中国银行业保有债票约为 4.18 亿元（保守估计），这是政府内国公债负债余额 8.6 亿元的 48.62%。换言之，即在 1932 年底内国公债负债余额总数中，有一半至少是握在内国银行业手里——我们对于债券押款的数字，还不曾予以计算在内。内国银行与政府财政关系之密切，于此可见。"③ 无疑，银行业将大量资金用于购买政府公债，大大制约了银行业对工商业放款的能力。换句话说，大量购买政府公债对银行业的其他放款产生了很大的挤出效应。

政府财政对银行业的工业企业放款的挤出效应，还表现在政府的高利率借款。"政府借款，高至二三分"，这正是在银行业的各类放款之中，政府借款占 40% 以上的重要原因。这一点，我们从政府在银行的借款规模中，可见一斑（见表 2 - 9）。

---

① 马寅初：《上海证券交易所有开拍产业证券行市之可能乎》，《东方杂志》第 33 卷第 1 期，1936 年。

② 吴承禧：《中国的银行》，商务印书馆 1935 年版，第 72 页。

③ 吴承禧：《中国的银行》，商务印书馆 1935 年版，第 73 页。

表 2 - 9 1928—1932 年南京国民政府的银行借款

单位：元

年度	借款		透支
	借入	未还额	
1928—1929	—	28077995.45	3511648.66
1929—1930	111695663.70	5107832.15	8965665.81
1930—1931	185458199.27	32863569.74	90691.40
1931—1932	108111322.52	3126434.86	1432343.44

资料来源：吴承禧：《中国的银行》，商务印书馆 1935 年版，第 53 页。

由于政府借款利息丰厚，同时大多数又能归还，银行也乐意对其放款。从表 2 - 9 中可见，1929 年至 1932 年，南京国民政府从银行的借款，每年都在 1 亿元之上。1930—1931年度甚至达到 1.85 亿元，足见政府借款规模之可观。然而，银行业大量借款给政府，造成银行业对产业界放款不足。"银行业者，既为其自身之利益所限制，当然不肯把他们那宝贵的资金断送于那脆弱的民族工业之手。所以与产业的关系，即在今日，仍然是非常隔膜，非常淡薄的。"[1]

2. 缺乏抵押品变现的环境

在资金借贷市场上，银行的放款有抵押放款和信用放款之别，其中以抵押放款为主。抵押放款的关键在于抵押品，"押品的有无，决定了银行放款的多寡；押品的优劣，决定了银行放款的安危。银行授予社会信用之健全与否，且可于押品的性质窥其端倪。押品的分析探讨，在这讨论放款史，实在是一个不可忽略的问题"[2]。

---

[1] 吴承禧：《中国的银行》，商务印书馆 1935 年版，第 54 页。
[2] 吴承禧：《中国的银行》，商务印书馆 1935 年版，第 43 页。

从理论上讲，银行放款的抵押品，一般应具有以下几个条件："（一）价格须极少变动，（二）随时可以卖出，（三）易于保管，（四）无须专门知识即可识别判断者。合乎上列几个条件的抵押品，自以贵金属为第一，证券、票据次之，商品又次之；至于土地房屋，则变卖不易，以之为抵押品放款，最不适宜，商业银行尤不应该多做。"[①] 但是，近代中国银行业抵押放款的抵押品，最多的是商品，次之是地产证券，正好与西方银行业抵押放款的抵押品次序相反。我们以 1931 年底的上海商业储蓄银行的各类抵押品为例（见表 2 – 10）。

表 2 – 10　1931 年底上海商业储蓄银行抵押放款各类
抵押品数额与占比

单位：元，%

类目	商品	厂基	证券	房地产	存单	其他	合计
金额	21004300	10291208	7632412	7160412	3028342	1722325	50838999
占比	41.32	20.24	15.01	14.08	5.95	3.40	100.00

资料来源：吴承禧：《中国的银行》，商务印书馆 1935 年版，第 44 页。

由表 2 – 10 可见，上海商业储蓄银行抵押放款之抵押品，以商品为最多，次之为厂基，再次之为证券、房地产等。这与理论中的抵押品次序几乎完全相反。这种情况的出现，与近代中国缺乏抵押品变现的有利条件有关。刘易斯指出："刺激放款的一个重要条件，放款人应该能够很容易地收回他的资金，办法是或者出卖他的清偿权，或者如果借款人丧失清偿能力，则出售借款人的资产。前者主要是一个是否有适当的方便条件

---

① 吴承禧：《中国的银行》，商务印书馆 1935 年版，第 43 页。

来销售债券、股票、抵押品和汇票的问题。这样一种市场的存在自然需要有人或机构愿意经营信贷业务，这样，希望收回资金的放款人就可以收回，不会因为要求立即偿还而使借款人难堪。"① 下面，我们从中国银行业从事抵押放款的难处出发，来分析银行不愿对工业企业放款的缘由。

首先，股票与公司债券。正如前论所言，在近代中国证券市场上，证券买卖以政府公债为主，银行的证券抵押放款同样以政府公债为多。"若论抵押品中为银行认为最稳实可靠者，厥惟各种有价证券，而有价证券之中，尤以公债票为主。"②"实际上，谁都知道，殷实可靠的股票，在中国实寥若晨星，而公司债票的发行，则尤少见，证券的实体，除掉内国公债而外，可谓别无他物。证券押款，实即公债押款之另一别名而已。"③ 与政府公债相比，公司股票与债券交易则难成市面，交易异常不易。"此时中国情况，已开倒车数十年，每日成交，不过一二笔，甚至数日方始成交一笔。买卖双方均须事先限价，经过短时期，或相当时期，方能觅得对手，根本无所谓单位，成交数额，均属零星。"④ 因此，银行多不愿做企业的股票与公司债的抵押放款，导致企业很难通过抵押股票与公司债券的方式进行融资。"银钱业者，对于公司良否，无以征询，且以股票流通困难，当然拒绝抵押。"⑤

---

① 〔英〕阿瑟·刘易斯：《经济增长理论》，周师铭、沈丙杰、沈伯根译，商务印书馆 1999 年版，第 327 页。
② 郑维均：《吾国银行放款事业之观察》，《银行周报》第 6 卷第 47 期，1922 年，第 13 页。
③ 吴承禧：《中国的银行》，商务印书馆 1935 年版，第 48 页。
④ 吴毅堂编《中国股票年鉴》，中国股票年鉴社 1947 年版，第 3 页。
⑤ 胡叔仁：《发展企业与调浚公司股票》，《钱业月报》第 16 卷第 3 期，1936 年，第 27 页。

其次，不动产。在可销售的金融证券的背后是为这种证券作担保的可销售的或单独用于抵押的物质资产，如土地、房屋、珠宝、库存商品、机器、工厂等，同样需要一个有利的交易环境。其中一部分是市场问题，一部分是法律问题。[①]企业将不动产性质的物质资产抵押给银行，多数是为了获取发展所需的长期资金。不动产抵押放款具有期限较长、利息较低、分期摊还本息的特点。近代中国各家银行虽有关于不动产抵押放款的规定，然而实际的放款额是非常有限的。这是因为"彼以长期低利为原则，与商业银行之以短期高利贷出者，正相反对也"。[②]另外，还有以下几点原因。

第一，不动产抵押法令不完备。在近代中国，关于抵押权的实行仅民法有所规定，即债务人未能依约履行其债务偿还时得"声明法院"将其抵押品予以拍卖。"惜因最高法院有'非先诉请法院判决确定，不得执行拍卖抵押物'之解释及判例，致恶意之债务人，常利用诉讼手续之迁延，以妨碍其实行。而使抵押权失其保障，金融界既感放出资金收回之不易，故对于不动产抵押之投资，望而却步。固无论其是否有永续确实收益之望，一概予以拒绝。"[③]

第二，长期资金市场之缺乏。近代中国证券市场，除买卖政府公债外，稀有股票及公司债券之交易。"故工商业者，欲以其不动产作抵押而取得长期资金之融通，恒以厂基押款之方式出之。一旦遭遇风险，工商业者即丧失其支配产业之权

---

① 〔英〕阿瑟·刘易斯：《经济增长理论》，周师铭、沈丙杰、沈伯根译，商务印书馆 1999 年版，第 328 页。

② 郑维均：《吾国银行放款事业之观察》，《银行周报》第 6 卷第 47 期，1922年，第 13 页。

③ 宗伊：《论财部筹设不动产抵押银行》，《汉口商业月报》第 2 卷第 12期，1935 年，第 3 页。

力，金融业者亦苦于债权之冻结。"①

第三，企业不愿公开信息。"我国农矿工商各业之管理，除少数新式企业能运用科学的方法外，余则大都墨守成规，不图改良，以致财产状况，无从确计，营业成绩，无从考核。金融业虽欲予以长期资金之融通，亦因前途收益无确实把握而不肯冒其风险。"②

由于以上各种原因，近代中国的不动产所有权不确定、保障不充实，这进一步限制了不动产抵押放款的发展，"我国今日农工事业均不发达，如不动产之担保，房屋则保险者甚属有限，登录之法未行，所有权之不确定，而有纠葛者，所在皆是，此不动产之担保，其窒碍也"③。因此，近代中国银行业之不动产抵押放款业务，"然而见诸实行者，实属寥若晨星"④。

最后，动产。动产，主要包括商品、原料等。外国银行的商品押款，多是一种间接的以代表货物的单据（如保险单、提单之类）为抵押品。银行对于这类单据的保管不仅便利，而且这些单据代表着已成交的买卖，风险不大。而近代中国银行业对商品抵押放款，"原亦非为银行所乐为"⑤。这主要有以下两个方面的原因。

一方面，保管费用较高。中国票据市场与证券市场不发达，商品抵押无法票据化。因此商品抵押以货物本身为多，

---

① 宗伊：《论财部筹设不动产抵押银行》，《汉口商业月报》第2卷第12期，1935年，第4页。

② 宗伊：《论财部筹设不动产抵押银行》，《汉口商业月报》第2卷第12期，1935年，第4页。

③ 佚名：《论劝业银行》，《银行周报》第2卷第5期，1918年，第10页。

④ 宗伊：《论财部筹设不动产抵押银行》，《汉口商业月报》第2卷第12期，1935年，第3页。

⑤ 郑维均：《吾国银行放款事业之观察》，《银行周报》第6卷第47期，1922年，第13页。

"在保管方面，银行固然要建筑堆栈，花费很多"。[1] 另一方面，有相当大的风险。商品抵押放款的期限相对较长，大多在三至六个月，甚至一年之久。在此过程中，抵押放款面临两种潜在风险。一是借款人无力还款时，由抵押品市场价值跌落而导致所放之款无法完全回收，"因许多抵押品之价值并非固定的，每以收益之减少或市上利率之降落而跌价，结果若照全部出售，或难取偿"。[2] 二是抵押品在市场上滞销而导致所放之款无法回收。"依片面观之，（抵押放款）似颇稳妥，但以严格论之，与信用放款比较，其所负之危险减少无几……然如人事天灾之变生不测，每致供求失其常轨，物价失其均衡。设押款人所提出之担保物品，适逢上述事变，则颇难得圆满解决。"[3]

然而，近代中国银行业鲜有经营不动产抵押，如果再不经营动产抵押，其营业范围未免太小。因此，不得不从事动产抵押。为了最大限度地降低风险，银行对动产的估值颇为严格，折扣较多。这致使企业通过抵押动产方式所获取的资金有限，且约束很多。"吾国复无健全之工业银行，以营固定资产作抵之放款，欲以固定资产向银行通融款者，更非易事，而吾国公司企业界调拨资金之困难，于此可见矣。"[4]

中国银行业因传统关系也从事信用放款，但其所占比例不高。企业从中国银行业与钱庄业得到的资金支持也非常有

---

[1] 吴承禧：《中国的银行》，商务印书馆1935年版，第46页。

[2] 士企：《钱庄与信用放款》，《钱业月报》第11卷第11期，1931年，第20页。

[3] 程本固：《信用放款及抵押放款与垫购押款之比较》，《银行周报》第5卷第38期，1921年，第6页。

[4] 徐永祚：《对于吾国公司企业的观察》，《社会月刊》第1卷第5期，1929年，第5页。

限。据 1921 年银行年鉴所载，全国 42 家主要银行全年放款总额仅有 1.21 亿余元，又 7529 万余两（抵押放款为 4650 万余元，又 4390 万余两；信用放款近 7497 万元，又 3139 万两。其中，交通银行一家就有信用放款 6345 万两，抵押放款 2621 余万两）。抵押放款比信用放款多者有 24 家，信用放款比抵押放款多者有 18 家，"是则抵押放款多于信用放款者，几占全数五分之三，对物信用之较为发达，于斯可见也"。[①]此后，中国银行业多主张紧缩信用放款的规模。正如时人指出的，"信用调查有不确实、不及时、不完备三大弊，或能确实完备矣，若不及时，效于何有，或能及时确实矣。又为东鳞西爪，完备奚言。故信用调查，在现在既不易为。复杂收效，于信用放款方面，只能为事前一种参考而已。故今日之信用放款，所负之危险，颇为重大，非审慎万全，不能从事"。[②]

总之，政府公债的挤出效应，有利于债券交易的证券市场缺乏，不动产受市场与法律问题的制约，动产抵押变现困难并存在风险，加之信用调查困难，决定了中国银行业扶持工矿企业的作用有限。无论是证券市场缺乏，还是信用调查困难，都是近代中国处于"转型"与"分割"时期的社会历史禀赋决定的。

三　小结

本章将近代中国资本市场与产业发展相疏离的历史现象

---

① 郑维均：《吾国银行放款事业之观察》，《银行周报》第 6 卷第 47 期，1922 年，第 13 页。

② 程本固：《信用放款及抵押放款与垫购押款之比较》，《银行周报》第 5 卷第 38 期，1921 年，第 5—6 页。

作为问题与逻辑分析的起点，对资本市场难以辅助产业发展的深层次原因进行了深入分析。研究表明，近代中国社会的历史禀赋，特别是社会转型带来的严重不确定性，使经济剧烈波动。同时，市场分割使信息难以公开、经济要素难以流动。总之，社会的转型与分割，使资本市场发展所需的信息公开、经济要素流动等必要条件无法形成，最终导致原本应该服务于企业发展的直接融资平台——资本市场难以发挥其应有的市场功能。

同时，社会的转型与分割，也严重制约了间接融资市场，特别是中长期信贷市场的发展。其作用机制主要体现在，由于缺乏便于抵押品变现的市场，特别是便于公司股票与公司债券交易的市场，中国企业难以通过质押股票与债券获得金融机构的资金支持。以商品和原料为主要形态的动产抵押品，保管成本高与风险大，银行、钱庄等金融机构不乐意从事此类放款。在不动产抵押方面，由于登记制度等相关法令的不健全与难以变现的市场问题，金融机构亦不乐意为之。同时，由于信息调查困难和信用制度不发达，金融机构的信用放款只能以小规模的放款为主，对企业所需的长期资本难以给予支持。上述因素叠加在一起，致使中长期信贷市场难以发展。

然而，正如上文所言，20世纪二三十年代，中国产业发展并没有因为资本市场的不发达而止步不前，而是以还很不错的速度获得发展。问题是，在资本市场不发达、得不到政府支持和企业重利润分配的社会环境下，民族企业发展的资金从何而来？正如当时公司财务专家黄组方所言，"以吾国情形而论，各企业之应付其他款项，为数甚大，每足惊人。吾人在实务上所得之经验，若干信誉极孚、营业发达、管理良好、获利优厚之企业，在分析其资产负债表时，常发现一极为困人之问题：即其流动地位，十分脆弱，而仍得维持，不致倒闭是也。许多著名企业，素以财务地位之稳固，见称于社会者，其流动负债，不特超过其流动资产，即较诸其资本负债，亦每每多出数倍。但年复一年，吾人仍见其周转自如，欣欣向荣，毫无财务困难之征兆。此种情形，极为普遍"。① 其实，中国企业之所以能够维持公司资金运行，相当一部分资金来源于它们对社会存款的成功吸收与灵活运用。

---

① 黄组方：《决算表之分析》，立信会计图书用品社 1940 年版，第 86 页。

第三章　高利下的"主动负债"

由于近代中国资本市场与产业发展的分离，中国企业难以通过资本市场这个公共平台筹集到发展所需的资本。同时，由于政府发行大量的高回报率的公债与借入较多高利率的借款，全国银行业将大量资金投到政府公债与借款之中，这严重影响了银行业对工商企业的放款能力与意愿。另外，近代中国缺乏有效的抵押品市场，给银钱业放款的安全性、效率带来了很大的窒碍。上述种种原因，导致企业在资本市场中融资十分困难、融资成本高昂，这在近代中国社会是十分普遍的现象。然而，在如此困难的融资环境中，中国企业充分利用吸收存款的历史传统，为其发展筹集所需的资本与运行资金，并加以灵活运用，一定程度上助力了近代中国经济的发展。当然，企业吸收存款的行为，给银钱业的存款业务带来了冲击，因此银钱业游说政府加以取缔，但是由于种种因素的制约，政府的取缔政令难有成效，这充分反映了历史传统的强大生命力。

一　商号和企业吸收存款的传统与普遍性

（一）商号吸收存款的传统与市场

企业吸收存款在中国不仅有着悠久的历史，还非常普遍，无论是在地域上还是在行业方面都是如此。早在明清时期，吸收"存款"业务的现象在中国社会中就普遍存在，并且逐渐发展成民间约定俗成的不成文的金融制度。^① 在刘秋根教授《江西商人长途贩运研究——〈江西商人经营信范〉解读》一书中就收录了道光年间江西商人长途贩运中的有关存款的十几封往来信函。为了贩运需要,江西商人经常在商铺存钱。江西商人在商铺存钱主要有以下两个目的。

一是"为了在中路购买棉花方便,将在溧阳、无锡、常熟等地贩卖夏布所赚的钱存在乌江、和州的一些店铺"。例如,在其中的一封信中写道:"弟不知至和州中路(即位于安徽的几个市、镇,如芜湖、和州、乌江等)买花否?如至和州,弟以好将所收洋换银,遇相契带芜存和。"这就是说,该江西商人已将经营中得来的银元(西班牙银元,即本洋)换成银子,托熟人带来芜湖并存在和州。^②

二是将闲置的资金存储取息。例如,其中一封信中写道:"兹托付□兄带来宝银□大定,共计曹平□佰两正,望照数查收。其银相恳□□过和存银,烦鼎代弟带存出,祈拣妥主为美为要。其项扣来,本欲付回,缘系经理若莫堪言,是以将此暂托存息,聊补少损之意。"从这段说辞中可见,该商人托人带去曹平宝银,将其一部分存放在和州,属于暂时存储取息,以弥补该笔款项因为闲置而遭受的损失。在另外一封信中,更显示了江西商人存款取息之意。其中写道:"所付上之银,因跌价亏本,未曾售出,只得代扯移银付归,以好再行生息,免得搁存。"由此言辞可见,由于银价下跌,未能在售出货物得到价银之后及时卖出,只得付归,以便存储生息,以免耽搁。在

---

① 刘秋根:《明清高利贷资本》,社会科学文献出版社 2000 年版,第 138、139 页。注:工商业所受受的社会储蓄存款,在上海俗称"存项"。

② 刘秋根:《江西商人长途贩运研究——〈江西商人经营信范〉解读》,河北大学出版社 2017 年版,第 76 页。

另一封信中写道："付□手带上银两，弟往和州，在乌江存□两，价钱□；存和州□两，价钱□。近和州现换宝银价□，存不愿受，难加甚息。"这段话的大意是，该商人托人带银子去和州，在乌江镇存了若干，在和州存了若干，但是由于宝银价格下跌，原来接受存款的商铺不太愿意再接受，所以将该笔款项存于商铺不能加上什么利息。①

与存款普遍化相适应，在江西商人常存款的芜湖、乌江、和州等地，商人存钱有了市场价格。其中一封信中言："弟手所带之纹于□日至乌江何合盛、张锦星二号存去□佰两正，价钱□，余者概存和州大顺□祥源，价钱□。因旧公人不实意，至今阁延几天。弟想今岁之银谅作公稳，无大跌之势。"此段话，正如刘秋根教授解释的，该商人"所带的纹银，存乌江两家商铺若干，价钱若干，其余则存在和州某商号，价钱若干。价钱是稳定的，因今年银价的大趋势是平稳的"。在这里有个重要名词，即"价钱"。在刘秋根教授《江西商人长途贩运研究——〈江西商人经营信范〉解读》一书中收录的所有信件中至少四次提及该词。②

那么，这里的"价钱"究竟是何意呢？是纹银与制钱的兑换率，还是存款利率？刘秋根教授认为，这个"价钱"似乎不是存款的利息。笔者倾向于认为这很有可能是存款"利率"。为什么这么说呢？咱们再回头看看"余者概存和州大顺□祥源，价钱□。因旧公人不实意，至今阁延几天。弟想今岁之银谅作公稳，无大跌之势"这段话。在此段话中，该

---

① 刘秋根：《江西商人长途贩运研究——〈江西商人经营信范〉解读》，河北大学出版社 2017 年版，第 77 页。

② 刘秋根：《江西商人长途贩运研究——〈江西商人经营信范〉解读》，河北大学出版社 2017 年版，第 77 页。

商人特别强调了“今岁之银公稳，无大跌之势”，其意是指宝银与制钱的汇兑率比较稳定，没有较大的跌势。为什么强调这一点呢？这是因为银钱兑换率的水平，直接决定着存款的收益率，否则无法解释旧公人不愿意的原因。为说明其中理由，试举例子分析之。

假设在某一日，存款人将宝银 1 两存入商铺。存款期限 1 个月，1 个月后吸收存款的商铺偿还的依然是宝银，存款人提取存款后需要换算制钱用于市场交易。假设存款当日 1 两宝银可兑换制钱 200 文，在双方均认为银钱兑换率在一个月是不会发生任何变动的情况下，商定的存款利率是每两宝银月息 7.5%。1 个月以后，存款者的 1 两宝银本利共计 1.075 两，共计可兑换制钱 215 文。

如果 1 个月以后，宝银贬值，如 1 两宝银只能兑换制钱 190 文。此时，存款者的 1.075 两本利宝银，现在只能兑换制钱 204.25 文。真实存款收益率仅为 2.125%。由此可见，在商定好利率的前提下，宝银贬值使实际存款利率大大降低，对存款者显然是不利的。相反，宝银贬值对吸收存款者商铺是有利的，即在还款日他只需要用制钱 204.25 文就可以偿还存款者的宝银本利 1.075 两（如果宝银与制钱的兑换率在整个存款期限内保持不变，即 1 两宝银兑换制钱 200 文，吸收存款的商铺需要用制钱 215 文才可以偿还存款者的宝银本利 1.075 两）。

相反，如果 1 个月以后，宝银升值，如 1 两宝银可以兑换制钱 210 文。此时，存款者的 1.075 两本利宝银，现在能兑换制钱 225.75 文。真实存款收益率为 12.875%。由此可见，在商定好利率的前提下，宝银升值而使实际存款利率大大提高，对存款者显然是有利的。相反，宝银升值对吸收存款者商铺是不利的，即在还款日他需要用制钱 225.75 文才可以偿还存款者的宝银本利 1.075 两。

由上可见，宝银与制钱兑换率的变化，对存款者与吸收存款者商铺的利益显然有重要影响。因此，当吸收存款的商铺预期宝银在未来会升值时，将会要求降低存款利率，否则不会接受存款。这就是为什么会有"因旧公人不实意，至令阁延几天。弟想今岁之银谅作公稳，无大跌之势"之言语表述。在这段话中，我们可知该商人预期宝银未来不会贬值，同样吸收存款的商铺很可能会同样预期宝银不会贬值，甚至有可能升值。所以，很可能是由于存款者要求按照以往或者当时市场的利率进行存储，商铺的"旧公人"认为对其不利，才会不乐意接受。这也说明，当时商业交易的主体似乎还是宝银，因此随着银钱供求关系的变化，存款利率"价钱"也会变动。

除了存款利率之外，宝银与制钱在存款过程中的兑换率也是一个重要问题。如上文所述，宝银与制钱的兑换率决定真实存款收益率的水平。在刘秋根教授收录的江西布商有关存款的信函中，有 11 处涉及宝银与制钱的市场兑换比率，即 1 两宝银可兑换制钱的数量，分别是：百九三零、二百零三、百九九零、二百零三、百九七、二百零三、二百零九、二百零三、百九九、二百零八、二百零八。① 相比之下，如果将宝银存放在商铺里，如收棉花的"花庄"里，存款者就需要用更多的制钱折算为宝银，如"和州现换宝银（二零

---

① 刘秋根：《江西商人长途贩运研究——〈江西商人经营信范〉解读》，河北大学出版社 2017 年版，第 78 页。

三)，存花庄钱（二零六）"。[①] 为了更好地理解其中含义，试举例子分析之。

　　某日某商人在市场上用宝银兑换制钱，假设有宝银100两，依当时的兑换率，1两宝银可以兑换制钱203文。如果该商人要将这100两宝银存在商铺内，他不能按照宝银100两的金额存入，而是需要按照商铺要求的制钱206文折合宝银1两的比例进行折算，折算后的宝银为98.54两，这个数字才是该商人存入商铺的本金。获取其中的差额1.46两宝银对商铺而言，有以下两个好处：一是用于弥补宝银可能升值给商铺带来的兑换上的损失；二是增加未来宝银贬值给商铺带来的额外收益。这就是出现刘秋根教授比较困惑的下面这个问题的重要原因，"'存花庄钱'的价格略高于'宝银价钱'，表明接受存款的这些商号，如'花庄'必须保证有利可图，否则他直接卖出银子便可，何必接受人家的银两呢？当然，因为时段较短，数字较少，还不太好比较这两个数列之间的具体的相关性"。[②]

　　在考察过利率与兑换率之后，刘秋根教授提出了一个重要问题：以上是否表明商人存款利息在特定的城市有了"利率行市"呢？这个问题非常重要。它有助于将我们对明清时期存款市场的利率行市的考察引向深入。不过，对此问题的深入考察，需要进一步搜集、挖掘更多史料方能给予充分论证。由以上所述可见，在明清时期商号经营存款的现象应该是比较普遍的，并且形成了一定的价格机制，其中存款利率

[①]　刘秋根：《江西商人长途贩运研究——〈江西商人经营信范〉解读》，河北大学出版社2017年版，第79页。

[②]　刘秋根：《江西商人长途贩运研究——〈江西商人经营信范〉解读》，河北大学出版社2017年版，第78页。

水平与银钱兑换率有着密切的关系。同时，商号吸收存款的历史传统一直在中国近代社会延续，并呈现新的变化特征，起到更大的历史作用。

（二）企业吸收存款的普遍性

19 世纪下半叶，随着资本主义工商业的兴起，中国企业吸收社会存款的现象更为普遍。在苏州，企业吸收存款的现象非常普遍，"苏州风俗，庄号店铺无论大小，皆有殷实之家存放银两生息"。① 在商业繁盛的上海表现得最为显著，正如时人所言，"即以上海一地而论，金融机关之发达，冠于全国，但各企业收受存款者，仍不可胜数，由此推之，可见收受存款对于大多数企业之理财方法，乃占如何重要之地位焉"。②

至 20 世纪上半叶，社会存款更是成为中国企业"举债营业"的重要资金来源之一。正如民国时期的公司理财专家黄组方指出的，"在今日吾国畸形金融组织之下，企业收受存款以收举债营业之利益，实可谓之自然的结果，工商企业之收受存款，由来已久，大抵其起源当远在金融事业尚未发达之先，但至今仍风行各地"。③ 下面我们仅从晚清时期报刊报道的相关事件中，就可见企业吸收社会存款在全国各地和各个行业中的普遍性。

1881 年，商人焕阿得在《申报》上告白，说他的堂侄翁

---

① 佚名：《司帐投缳》，《申报》1887 年 8 月 10 日。
② 黄组方：《工商业收受存款之检讨》，《信托季刊》第 6 卷第 1—2 期，1941年，第 103 页。
③ 黄组方：《工商业收受存款之检讨》，《信托季刊》第 6 卷第 1—2 期，1941年，第 103 页。

来兴与他人在上海合伙开设典当行，因为生意不佳，资本亏耗甚多，不得已由其接盘。原来在鸿兴典当行有存款的存户应向他的堂侄翁来兴交涉，而与自己无关，"宜向本人是问，与店暨承受店底人无涉"。[①] 1882 年，郑芸初、郑敦如、郑济东、郑陶齐四人合股开办义合公司，在上海从事房屋租赁与房屋买卖的生意。在营业期间，股东们在义合公司一共存规银 10600 两。[②] 1888 年，镇江商人黄某在镇江西门外大马路开设米行，吸收"客商存款，不下四五千金"。[③] 1893 年，上海宝善街洽义泰工行登报声明，该行由于添加新股东，以前存户应及时前来提取退股股东经手的存款，"兹本号有新并股东，现欲清理存款，所有各户存于小号之银，于登报日起五天为限，持凭速来向前主收去，过期与新股不涉"。[④] 1893 年以前，袁福堂与陆姓等五人合股开设一家茶栈，袁福堂经手吸收存款若干。[⑤]

　　1895 年，上海妙香楼祥记茶楼在《申报》上声明，由于有股东退股，原先在该茶楼有存款的存户应向退股股东而非新入股之股东交涉，"上洋美界新桥下塇妙香楼茶馆，前东应姓，不欲开张，盘与后东，加上祥记，另行开张，所各宝号往来以及存款、货物、银两，均向前东应姓自理，与祥记无涉"。[⑥] 1896 年，上海"乡民杜周氏前偕长子杜世卿控次子杜世杰擅取父遗存某豆行银一千九十六两"。[⑦] 1896 年，

①　佚名:《声明》,《申报》1881 年 11 月 30 日。
②　佚名:《告白声明》,《申报》1887 年 12 月 31 日。
③　佚名:《玉碎珠沉》,《申报》1888 年 10 月 6 日。
④　佚名:《催领存项》,《申报》1893 年 5 月 12 日。
⑤　佚名:《法界公堂琐案》,《申报》1893 年 7 月 2 日。
⑥　佚名:《盘店声明》,《申报》1895 年 9 月 20 日。
⑦　佚名:《控府亲提》,《申报》1896 年 7 月 11 日。

元盛鞋店老板赵心梅登报告白，"今因店东有病，近年亏本甚大，故于友改立章呈，所有各号往来存款、期票，限于本月廿四日二点钟在一壶春茶楼，当面清理"。① 商号吸收社会存款的例子，不胜枚举。在此不再一一罗列。总之，近代中国商号吸收社会存款的现象十分普遍，而且不同行业皆有为之。

不仅普通商号广泛吸收社会存款，就连实行西方现代股份制的大公司也大加运用此项融资手段来筹集企业发展所需的资金，而且吸收的存款规模还十分巨大。1884 年，轮船招商局的借款与吸收的社会存款共有 200 万两之多。② 1894 年的前几年，仁济和保险公司在轮船招商局与上海织布总局分别存款 13.79 万两和 30 万两，"暂存生息"。③ 1909 年 11 月 19 日，鸿安轮船有限公司登报声称："启者，本公司现在清理账目，凡有应向本公司收取之账务，祈于十一月初七日（农历）以前，开单送交五马路本公司清理人处，逾期自误，因届期之后，清理人即将所存款项分派也。再各客栈如有接客免票、押柜银存在本公司者，亦祈于限内，持本公司所给收条，将该押柜银取还，勿延为要，此布。宣统元年十月初七日。清理人邓鸣谦、潘毓初启。"④

吸收社会存款的现象非常普遍，不免产生一些经济纠葛，甚至产生了一些较大的社会负面影响，由此引起官府的注意，并颁布禁止企业吸收社会存款的禁令。

1899 年，上海商务总局绅董上书南洋通商大臣、两江总

---

① 佚名：《元盛鞋店》，《申报》1896 年 3 月 6 日。
② 佚名：《众股商人启》，《申报》1884 年 8 月 28 日。
③ 佚名：《光绪十九年仁济和保险节略》，《申报》1894 年 3 月 30 日。
④ 佚名：《鸿安轮船有限公司广告》，《申报》1909 年 11 月 19 日。

督刘坤一，要求禁止企业吸收存款的行为，足见当时企业吸收社会存款的盛行。在刘坤一给朝廷的奏章中，谈到了上海商务总局对企业吸收社会存款引起各种社会纠纷的担忧，"前据上海商务总局绅董呈称，近来市面日紧，倒闭之局，愈来愈奇，以有挟为护符，以延讼为得财，甚至朝集股本、暮既卷逃。昨方下货，今已移匿栈单、房契。轻遁远例，于是倒盘贬价，弊端百出，贻害无穷，请奏明照骗人财物律倒办理，当经咨准户部、抄录刑部律例，咨覆查照，奏明办理"。在接到上海商务总局的上书之后，刘坤一上奏清廷，要求严厉禁止企业吸收社会存款的"不法"行为。"前来臣查奸商市侩虚设公司、行铺招徕客商存款，希图倒骗巨资，自开自歇席卷潜逃，恃为得计，而存款之户既已罄其财产，甚至酿成命案，近来迭有所闻，殊于商务大局攸关，尤于平民生计有碍，若不申明例章，严定办法，不足以示儆戒，除咨部立案外，所有公司、行铺倒骗存款，拟照京城钱铺定例办理，缘由理合。"①

刘坤一所言的"京城钱铺定例"，从惩罚的角度言之，可谓极为严苛。江苏按察使朱之榛对此有过详尽的描述。"嗣后商民设公司、钱铺，即援照京城钱铺定利，无论新开旧设，均令五家联名互保，报官存案。如有侵蚀倒闭商民各款，由地方官立拿监禁，分别查封寓所、资财及原籍家产，限两月全数完竣。起意关闭之犯，枷号两个月，杖一百，折责释放。若逾限不完，无论财主、管事人及铺伙侵吞赔折，统计数在一百二十两以下者，照诓骗财务律计赃照窃盗论罪。至一百二十两发附近充军；一百二十两以上至三百三十

---

① 佚名：《光绪二十五年九月二十四日京报全录》，《申报》1899年11月5日。

两发近边；六百六十两发边远；一千两发极边足四千里充军；一千两以上发黑龙江安置，仍照章发新疆种地、当差改发极边足四千里充军，到配后枷号三个月；一万两以上，拟绞监候，均勒限一年追赔全完，枷责释放，不完再限一年追赔全完，归罪减二等定，即军流以下，仍枷责发落。若不完，军流以下人犯，即行发配。死罪人犯，再限一年追赔，若再不完，即永远监禁。所欠银钱，即勒令互保，均匀给限代发，免其治罪，仍咨行本犯原籍于家属名下追偿。如互保不愿代发或限代发未完，拘拿到案，照准窃盗为从律，减一等，杖一百，徒三年。其互保代还银钱，如本犯于监禁及到配后给还者，军流以下，即行释放。死罪人犯，减二等发落，互保同时关闭，一并拘拿监追，照前治罪。未还银钱，仍于各犯家属名下严追给领，其有虚设别项行铺侵蚀商民各款情节相似者，亦即照此办理。"[1]

由上可见，从晚清相关法律来看，对企业吸收社会存款行为的惩罚，不可谓不严厉。然而，禁令并没有产生什么效果。此后企业吸收社会存款依然普遍。除了晚清政府的法令执行不力之外，更是因为传统而难以禁绝。进入 20 世纪之后，企业吸收社会存款不仅更加盛行，而且出现了各种新的变化，存款在企业资本结构中的地位和历史作用更加重要。

（三）企业吸收存款的对象

在清末民初以前，企业吸收社会存款的对象，几乎全是企业的股东、经理及其员工的熟人。如时人所言，"我国商家如银楼、绸庄、粮铺、典当等等，向多吸纳社会存款，以

---

① 佚名：《光绪二十五年九月二十四日京报全录》，《申报》1899 年 11 月 5 日。

资营业上之运用周转，然都不公开招揽，系由相识戚友辗转介绍而来"。① 清末民初以后，一些企业开始用打广告的方式公开招揽社会存款，吸储对象由以往的亲朋好友、同乡故里的熟人扩至社会公众。中国企业无论是私下招揽还是用打广告的方式进行公开招揽，社会关系网络中的亲朋好友、同乡故里的熟人始终是重要的吸储对象。梳理相关史料可知，企业吸收存款的对象主要有以下几类。

1. 企业成员的亲朋好友

这里的企业成员，包括股东、经理和所有员工。有资财的亲戚与朋友基于相互熟络的关系而信任企业的成员，也乐意把手中的钱款存放到他们熟悉的企业，以生利息。下面试举若干例子示之。

1907 年，上海的景福银楼登报声明，有离职伙计周某某私自挪用该银楼吸收的亲友存款。"本号开张百年，素称殷实，向不收存外款，或有店友代手情存，商恳立折。本号另有图章，概不用折柬等印，且写明账凭、薄据、折便、计数字样。岂料前有无耻歇伙周□□，竟将亲友属存款项，私自挪用，胆敢窃印本号书柬、图章，捏造存折，蒙骗亲友。今被本号侦知，已将该假折追回涂销，并着原荐保再向根究外，倘有前项情事，被其蒙骗，概与本号无涉。"②

1912 年，浙江嘉兴恒森源颜料号主葛平甫之妻葛张氏状告儿媳葛严氏听从一个名叫杨侣梅的人挑唆，合计贪占其存在该号的存款银 2500 两。"恒森源颜料号系先夫葛平甫手创，王君酉卿经理，当先夫在日，氏六续结存银二千五百两，有历年

---

① 王志莘编《中国之储蓄银行史》，新华信托储蓄银行 1934 年 9 月发行。
② 佚名：《景福银楼声明》，《申报》1907 年 10 月 18 日。

滚存账簿可证。"① 1917 年上海和泰豆行股东蔡增誉登报声明，告知存款于该行的亲朋好友携带存折前来接洽办理。②

1919 年，在法租界带钩桥开设隆慎昌新衣店的刘德清病逝，其子刘维卿、刘维财无力支撑店面，遂登报广告在其父商号有存款的亲友与商号前来清理存款。"所有先严在日承蒙各亲友、各上行往来存款、货款，今因维卿等无力支持，不得已召入亲友、上行，将店中货色公摊，承亲友、上行允许，将货分开，所有先父名义及本店图章、拮据、本票，尚有未经收回，是分货、登报之后，概作无效。"③

1925 年，商人陈达昌在《申报》上声明，他的至亲在茂篷行内附有存款，这些存款是他的父亲和他本人经手的。"启者，先父绍基公在日，所有经手存入申茂篷行内之附项，计祖母洋七百元正，及大伯母洋一百元正，款均年年清利。自先父逝世后，存款本息经由达昌手，于乙丑年（1925 年）五月初六日如数还清，因彼此至亲，存款还款，均无字据，恐日后或生纠葛，特登申新两报，郑重声明。"④ 1928 年江苏盛泽的永昌牲绸庄登报声明，说该庄"受时局影响，三两年来亏耗不资，一时无法维持，不得已于本年宣告停业。盛泽方面有钱庄借款、绸领贷款、亲友存款，实在无力清偿，承蒙各债权人格外原谅，允许减折归还所有存折"。⑤

1931 年，江西石塘天和太、复源铦两纸号登报声明，两纸号"原系程丽记、王厚记及附股叶杏记合伙营业。近因迭

---

① 佚名：《明恒森源纠葛未了广告》，《申报》1912 年 12 月 6 日。
② 佚名：《和泰豆行蔡增誉启事》，《申报》1917 年 9 月 7 日。
③ 佚名：《刘维仁卿仁财启事》，《申报》1919 年 3 月 12 日。
④ 佚名：《陈达昌启事》，《申报》1925 年 6 月 27 日。
⑤ 佚名：《盛泽永昌牲绸庄敬谢各债权人》，《申报》1928 年 1 月 18 日。

遭匪乱，各东决议自行全部拆伙，并同经理胡献卿君来到浙江慈溪地方，邀集戚友证明，订立拆股议约，实行解除合伙关系。各股东及亲友、外户存款，早经凭账付清，折据未缴亦作废。深恐局外不察，用登报端，郑重声明”。[①] 1934 年在上海开设洪济堂药店的吴根荣、徐永祥状告该店前经理靖江人许世芳“于民国二十年（1940 年）九月至本年六月间，侵占吴根荣之妻妹告林氏存款六百元”。[②] 1935 年，居住在公共租界西华德路隆庆里的浙江上虞妇人周冯秀珍状告（上海）胜达颜料号主绍兴人董存炳诈骗其存款。“先据自诉人周冯秀珍声诉，前由石文荣之介绍，用秀记户名，陆续将现款存入被告之字号内，共计三千余元。”[③]

2. 企业的股东与职工

股东在企业中的存款，表现形式不一。股东给企业的垫款有时也被视为存款。

1911 年宁波和丰纱厂决定添加纱锭，该公司股东会商讨筹款办法，议决将股东垫款视为存款，“屠景三君五万两、钱崑瑜君五万两、戴瑞卿君十万两，每年摊还八分之一，作八年还清，官息周年八厘”。[④] 1931 年丽华公司声称：“十九年秋，因见股友及职员常有少数款项附入，遂有存款，附属发于售券处，至今合计，总数不及一万元，均属股友及职员附入者。”[⑤] 1937 年上海申新纺织公司股东张雄义将 97387.31

---

① 佚名：《江西石塘天和太复源锉纸号解除合伙声明原立合同股折作废》，《申报》1931 年 8 月 28 日。
② 佚名：《许世芳侵占存款被控》，《申报》1934 年 8 月 24 日。
③ 佚名：《胜达颜料号主董存炳被控诈欺案》，《申报》1935 年 9 月 4 日。
④ 《宁波和丰纱厂董事会议事录》，1912 年 2 月 10 日，宁波市档案馆藏，档案号：314－001－001－140。
⑤ 佚名：《丽华公司未设储蓄部》，《申报》1931 年 3 月 11 日。

元存入该公司生息。[①] 1940 年申新纺织第一厂的职工存入款共有 860483.84 元，其中股东存款就有 635323.26 元之多，同时另有 1934 年的 123200 元股利被存入该厂。[②]

有些企业则将股东的股息与红利转为存款。如茂昌蛋品公司在 1937 年 6 月 20 日的董事会会议中决议："二十五年度帐上，虽结有盈余，惟流动资金仍不富裕。现拟议股息红利分配办法，惟如发给现金，实不可能。为充实流动资金起见，须请股东通过不发现金，转入存款，即转账不支现为原则。董事会提议股息一分、红利一分，移作存款，不支现金为原则，如有急用，通融现金。各股东一致举手通过。"[③]

3. 企业的客户

为实现顺利销售，同时又能获得售货现款，一些企业常通过吸收客户存款的方式来实现上述目标。

1911 年，钱鼎记商号的店主因家庭纠纷，登报告知信成、鼎泰、悦昌、隆顺昌等商号与泰昌公司，说等他处理完与妻子沈氏的家庭纠纷再来办理它们的存款事宜，为此进行登报声明。"启者，所有钱鼎记与宝号往来款项，现在余因妻沈氏私用余款，余不得不逐款清理。惟此后各宝号存款，务望候余家务理讫，亲来接洽，不得再向沈氏过付一切。除函知外，特再登报声明。钱鼎记。"[④]

1916 年，江苏昆山的种德堂药铺登报声称："该店有森

---

① 《张雄义、张竞记等求偿存款诉讼函件》，1935—1940 年，上海市档案馆藏，档案号：Q193 - 1 - 548。

② 《上海申新第一棉纺织厂职工存款凭折及清单》，1940 年 5 月 2 日，上海档案馆藏，档案号：Q193 - 1 - 503。

③ 《茂昌股份有限公司股东会议记录（一）》，1931—1951 年，上海市档案馆藏，档案号：Q229 - 1 - 186。

④ 佚名：《信成鼎泰悦昌隆顺昌公鉴》，《申报》1911 年 3 月 9 日。

记二字，自乙卯年（1915 年）终止，出盘与兴昌为业。所有森记名下前欠票款以及上行存款、各友私行借贷等项，统向森记前东理直。"① 1921 年，一家名为陈怡记的商号登报声称，在上海宁波路开设恒甡绸庄的沈宝深、沈世昌父子，有意吞没陈怡记存在恒甡绸庄的存款洋 3000 元，希望沈氏父子在两周内清理该笔存款，"否则即行禀请公堂追究，莫谓言之不预也"。②

1935 年 5 月 30 日，中华书局在《申报》上紧急声明，声称其汕头分销商陶兰亭积欠该局货款，现在将陶氏存放在该局的存款扣存备抵。"近年积欠货款颇巨，特将陶兰亭本人前依本公司职员职工储蓄章程在本公司所开陶屠静婉、陶敬义堂、陶菊记、筱记四户已未到期各存款，在其所欠货款未清偿以前，暂予扣存备抵。倘上开四户存单、息折有私行转让、抵押等情，敝公司概不承认，恐外界不明真相，委请代表登报声明。"③

上海规模较大的公司，如先施、永安及商务印书馆等均收客户存款，照银行规矩给年利四厘，发给存款与取货簿折，每日结算未用去之存款而给年息四厘。④ 截至 1932 年初，商务印书馆吸收的客户存款就高达 112.3 万元。⑤ 惠罗公司为吸引外地客商，专门订有客户存款章程，"本公司订有一存款办法，如贵客存洋二十五元（此系最低之数）可得

① 佚名：《昆山种德堂盘店声明》，《申报》1916 年 4 月 28 日。
② 佚名：《沈宝深子世昌鉴》，《申报》1921 年 2 月 21 日。
③ 佚名：《薛笃弼吴沛然律师代表中华书局为解除陶兰亭等汕头分销契约并暂扣陶兰亭存本局存款紧要声明》，《申报》1935 年 5 月 30 日。
④ 吴东初：《商业问题之研究（续）》，《申报》1922 年 4 月 12 日。
⑤ 董事会：《本馆被难及处理善后情形报告书》，《商务印书馆通信录》1932 年第 337 期，第 61 页。

二十六元二角五分，存洋五十元者可得五十二元五角，多则类推，即于存款上加一九五扣是也。此为本公司优待顾客之微意，并可免去寄物时之迟延及顾客找补代收零数之损失，一举数得莫善于斯"。[1]

4. 政府机关与社会团体

自明清以来，政府机关、合会等社会团体就有将暂不使用的官款或公款存放企业或商号之中，以资生息。具体的存款利率各不相同，因地域与市场行情而定。清代"官款及集体性款项发商生息的利率高低，大体上说，处于一分至一分五的比较多，也有低至七至八厘的"。[2] 下面举若干例子示之。

1895 年以前，金陵善后局曾将暂不使用的款项存放于通州、泰州的盐商之手，一方面可以弥补盐商资金不足，一方面以图利息。"金陵善后局，尝于昔年，撙节度支，积成银六万两，禀准大宪，发交两淮运司转饬淮南总局，发商生息。其时适盐务销路疲滞，通泰两属场商，积盐不销，徒搁成本，灶户运盐来垣，几至无力收买，局员矜恤商情，遂禀明上宪，即将此项存款摊借各场商人，名曰'济收银两'，按年行息，分限偿还。俟前档还清，方可再借，后档所有息银，逐年解归省局。"[3]

企业在资金困难而又筹措无门时，常会主动吸收地方各公共团体的资金。在 1912 年 3 月 10 日的宁波和丰纱厂董事会上，董事"盛省传君提议请将六邑公共财产母金暂借本厂维持，存庄利息较薄，若拨出维持实业，于公家获利较厚，

---

① 佚名：《惠罗公司存账章程》，《申报》1929 年 3 月 3 日。
② 刘秋根：《江西商人长途贩运研究——〈江西商人经营信范〉解读》，河北大学出版社 2017 年版，第 77 页。
③ 佚名：《提回存款》，《申报》1895 年 4 月 29 日。

于本厂周转亦有裨益，实为两利。经财政科长张申之君，六邑公产经理、议董余芷津君允于次日提议拨借，以示实行维持之意"。① 当然，有些地方公共团体贪图企业存款高利，主动将款项存入当地企业。例如，清末时期苏州市公所将地方公款两万两白银存入祝兰舫所办的振兴电灯公司生息殖利，一直存至 1920 年方才提出。②

1914 年，上海虹口鸿源乾记木行主登报声明，将"昔年由敝友穆安葆先生经手存于本行变盛会名下英洋一千三百元，历年利息由会中同人每年至七月间向本行取去，作为中元建醮之费。兹因敝友穆安葆先生去世已久，以致每期取息时，人众纷繁。为之邀集该会经理邵昌福、项际彪、李阿九、方信才、穆生甫等当面请其将此款起存别处，彼等互相议决，嘱将此款如数移存四明公所。本行理当照办，因之将此款顷间如数送交四明公所，收入变盛会名下之账，执有收据，此后永不涉本行之事，恐未周知，特此登报声明"。③

1915 年以前，上海县的积谷公款向来是存放在典当行内生息。1915 年，吸收上海县积谷公款的典当行决定歇业，于是将该项存款返还给公款公产经理处（积谷公款的管理机构）。上海县公款公产经理处决定将此项存款另存他处。"惟事关全县公款未便由处，专主昨特邀集四市十九乡，经董陆松侯、姚子让、赵志熙、黄谱蘅、秦砚畦、秦寿农、刘东海、胡锦江、周吕云、施安生、王际亨、盛茂祥、陈友儒、刘拮云、梅玉书、沈肇刚及邑绅莫子经、吴怀疢等到处公议

---

① 佚名：《宁波和丰纱厂董事会议事录》，1912 年 3 月 10 日，宁波市档案馆藏，档案号：314 - 001 - 001 - 140。

② 佚名：《追还振兴存款之纠葛》，《申报》1922 年 9 月 14 日。

③ 佚名：《还清存款》，《申报》1914 年 5 月 9 日。

储蓄办法。经众决定此项缴回积股存款，暂存内地电灯公司，存本以银元计算，常年八厘生息。如有要需，得以随时收回，此后积谷息款、租款，亦均照此办理。"[①] 1915 年 11月，上海县公款公产经理处致函上海内地水公司，说"近来地方公款亏空甚巨，点金乏术，弥补为难"，要求提回之前存放在该公司的天后宫公款银三千两的活期存款。[②]

1923 年 10 月 30 日，上海县公款公产经理处写信给上海华商电气公司，请求将其前后存储于该公司的五笔存款（共有两万元）化散为整。"一系四年九月九日领存七千元；一系五年二月十一日领存三千元；又存敝处领状一纸，系八年九月十五日，领存三千元（月息七厘五毫）；尚有十一年一月七日领存六千元之领状"，现在欲"化散为整，计拟加一千元，合成整数两万元，一律改为常年九厘生息"。[③] 1928年 3 月 20 日，上海县公款公产经理处又致函上海华商电气公司："拟续存五千元，请贵公司顾念地方公款，准予收入，至息率仍照前例无庸变更，至希照准，极感公谊。"第二天，上海华商电气公司回函上海县公款公产经理处："贵处三月二十日来汉，拟续存积谷公款五千元，请准予收存。查该款业由敝公司会计科列收，所有存折一扣，交来员带回，此后收付以存折为凭。"[④]

1922 年 7 月 1 日，上海绸绫染业同人登报声明："染艺公所存款，系各友司酒资中提出公积（每百抽八），备友司

---

① 佚名：《集议存储积谷公款之办法》，《申报》1915 年 9 月 1 日。

② 佚名：《提回天后宫存款》，《申报》1915 年 11 月 4 日。

③ 《华商电气公司、上海县地方款产管理处关于存款、股票、利息等往来函》，1923 年 10 月 30 日，上海市档案馆藏，档案号：Q578 - 1 - 193。

④ 《华商电气公司、上海县地方款产管理处关于存款、股票、利息等往来函》，1928 年 3 月 21 日，上海市档案馆藏，档案号：Q578 - 1 - 193。

中之老而无依，身后萧条以及医药、婚丧、抚恤之需……自民国九年（1920 年）起，提至今日，计共积有七千数百元（存在汇昌颜料号），不经同人同意许可，擅自提取者，同人决不承认。"①

由以上所述可见，企业在中国传统社会经营存款的业务有历史传统，并且逐渐形成了一些民间约定俗成的制度安排。步入近代以后，随着资本主义工商业的兴起，中国企业通过吸收存款筹集运行资金的现象更加普遍。清末民初以后，企业吸收存款的形式更是出现了很多新的变化。

二　近代企业吸收存款的新变化

清末民初以后，随着经营规模的不断扩大，我国企业对资金的需求也日益增加。但是正如本书第二章所论，受制于资本市场的不发达，我国企业很难通过资本市场这个公共平台筹集到发展所需的资本。为了筹集到发展资金，我国企业充分利用吸收存款这一历史传统来筹集资本，并使企业在吸收社会存款方面，发生了一些新的变化。

（一）利用广告公开招揽

广告，是现代社会传递信息的一种有效手段，其广而告之的市场功能在中国近代也被大加利用。企业在吸收社会存款方面也采用这种方式。早在清末民初之际，一些中国企业就开始在报刊上打广告，公开招揽社会存款业务，这是近代中国企业吸收社会存款的第一个新变化。企业吸收存款的对

---

① 佚名：《绸绫染业伙友同人声明》，《申报》1922 年 7 月 1 日。

象，也由以往的亲朋好友、同乡故里向社会公众扩展。

1910 年，汉冶萍公司就在《申报》上广告，招揽社会存款。"汉冶萍煤铁厂矿总公司产业估值四千余万两，现收股本一千二百余万元。上年（1909 年）曾在汉厂萍矿设立储蓄处，颇收信用。现于上海通商银行内附设汉冶萍总公司储蓄处，不拘银洋多寡，或一年或半年或三个月或随时提取，均可书明存折为凭，利息须视存款多少，期限久暂，随时议定，比较银行总可便益，此布。黄埔滩通商银行楼上，汉冶萍总公司储蓄处启。"①

成立于 1912 年的中华书局，为了扩充业务，此时也开始频繁地在报刊上打广告招揽存款。② 至 1917 年"该局营业扩充资本不敷，故收受定期、活期存款数十万"。③ 中华书局每三个月就给付储户存款利息一次，并登报广而告之。④ 通过广告的方式，不仅可以彰显中华书局良好的信誉，还可借此进一步扩大吸收存款的规模。

20 世纪 20 年代，随着经营规模的扩大，企业对运行资金的需求增加。企业在利用广告吸收存款方面，比从前更加热衷，它们可谓用尽心思、花样百出。首先，一些企业长期持续地打广告吸收社会存款。例如，上海共发公司之子公司日夜银行与大世界游览储蓄部从 1924 年 6 月 8 日起，几乎每天都在《申报》上刊登大篇幅的招揽存款的广告，这种情况一直持续到 1930 年 3 月 2 日，因日夜银行的突然倒闭而终止。其次，一些企业以极具鼓动性与诱惑性的广告词，并借

---

① 佚名：《汉冶萍总公司广告》，《申报》1910 年 7 月 31 日。
② 佚名：《中华书局各存户公鉴》，《申报》1917 年 10 月 21 日。
③ 佚名：《中华书局股东常会纪事》，《申报》1917 年 6 月 18 日。
④ 佚名：《中华书局存款付息》，《申报》1922 年 7 月 1 日。

助赠送各种礼品的手段，引诱人们多存款，以达到最大限度吸收社会存款的目的。通过下面几个例子，可见其中概况。

在1928年大半年的时间里，上海大世界游览储蓄部每天都在《申报》上大篇幅地打广告，吸收社会存款。我们以它在《申报》1928年2月3日版的广告词为例。[1] 上海大世界游览储蓄部存款章程如下：甲、活期储蓄。大洋一元即可储存，满一百元足一个月者，赠游券一张，多则类推。乙、零存整取。每月存洋五元（每户五十元为限），赠游券二张。丙、整存整取。只赠游券不计利息，一百元为一份（每户以十份为限）；定期一年每份每月赠游券五张，多则类推，期满还本；二年者月赠游券六张，三年者月赠游券七张。丁、整存整取。既赠游券又给利息，存洋一百元月赠游券二张。戊、逐月付息。存洋一百元，逐月付息，月赠游券一张。己、对本对利。存洋一百元定期七年到期取本利；洋二百元每月赠游券二张，多则类推。庚、子女嫁娶。存洋二百元，定期十五年备将来子女嫁娶之费，期满取本利洋一千元，每年赠游券四十张。辛、长券存款，赠长年游券一张。

中法药房、九福公司、中西药房合办的百龄储蓄会的广告宣传，也极具引诱性。广告词云："人皆以康健多财为乐，欲康健者，宜常服百龄机，以资调补。欲多财者，宜节浮费而注重储蓄。此百龄储蓄会之所由起也。百龄储蓄会，优给利息，提倡正常之储蓄，赠服百龄机，而谋康健之基础。如是则康健多财，皆可以达目的矣。"为了取信于储户，百龄储蓄会的广告声称："百龄储蓄会由九福公司、中法药房、

_____

① 佚名：《大世界游览储蓄部存款章程》，《申报》1928年2月3日。

中西药房三大公司联合创办，以三大公司之全部资本保本保息，各营各业，各收各付，而三大公司共同负责，财政公开，办法妥善。"接着还用赠品引诱客户存款，"开创伊始，特别赠品两星期，有志储蓄而欲康健无病者，盍兴乎来。活期存款：（四百元为限，额外不收）存款满二百元满一足月赠小百龄机一瓶，满四百元满一足月赠大百龄机一瓶，逐月给息四厘。定期存款……以上各定期存欵，满洋一百元，每月赠小百龄机一瓶；满二百元，赠大百龄机一瓶"。还特别说明，"可以专人送上，以省储户往返之劳"，并给特别赠品，"在纪念期内定期存款一百元者赠大号百龄机热水瓶一只、中华出品花露精一瓶，多则类推；满二百元，得前列赠品两份外，加赠罗威出品孩儿面一大瓶"。[1]

世界书局读书储蓄会还将它的售书业务与吸收社会存款业务联系在一起，它的广告词在宣传与鼓动社会各界人士参加"读书储蓄部"方面，给人留下了非常深刻的印象。它的广告词宣称，创办读书储蓄部的宗旨是，"提倡储蓄，鼓励读书，使人人都有书读，人人都有储蓄"。[2] 从该书局广告词中有"我们抱服务社会的决心，本宣扬文化的志愿，眼见得一般人有这样急迫的需求，遂本办理普通储蓄多年的经验和心得，来创行这个读书储蓄"的话来看，世界书局吸收社会存款业务已有相当长的历史，现在成立储蓄部是在原有经办普通储蓄基础上的发扬光大。世界书局的广告词确有迎合社会大众心理，能够抓住人心之处。如："赠言：种瓜得瓜、种豆得豆，及早储蓄，终生无忧"，"读书：一日有一日之

---

① 佚名：《中法药房九福公司中西药房合办百龄储蓄会开创纪念》，《申报》1928 年 4 月 7 日。

② 佚名：《世界书局读书储蓄手续最简便》，《申报》1930 年 6 月 7 日。

益；储蓄：一年多一年之利"，"唯读书才能成名，唯储蓄才能得利"，"读书储蓄，是最进步的储蓄新法"，"读书储蓄，是成名得利的捷径"，等等。在宣传鼓动的同时，世界书局的广告还以参加储蓄可以获得购买书籍的"宝洋书券"和"百宝箱"的方式诱惑劝导社会大众在其公司进行储蓄。①

1930年12月20日，位于上海公馆马路西新桥的永华百货公司开业，营业日盛一日，该公司规模宏大，布置周详，货品新颖应时，用品无不搜罗齐备，定价低廉，赠品丰厚。在积极推广业务的同时，该公司还积极吸收社会存款，并规定"初次向本公司储蓄部存款者，赠品之外，并加送精美画片，故存户接踵而至，颇有应接不暇之势"。②

从上述几家公司的广告可以看出，20世纪二三十年代中国企业招揽社会存款有以下几个显著的特点：第一，存款的门槛十分低下，一元即可进行存储，这样广大低收入群体就可以参加；第二，为鼓励人们进行长期存款，存款期限越长，企业给予的回报越丰厚，赠品越多，利息回报越丰厚；第三，企业用极具引诱性的词语进行广告，并将其业务推广与吸收存款事业挂钩。这样的广告方式，不仅有利于吸收存款，还可以为其所经营的业务打广告，这一点是近代中国企业打广告吸收社会存款的普遍做法。

（二）设立储蓄部专事吸收存款

中国企业吸收社会存款的第二个新变化，是纷纷设立储蓄部专司其事。其实，早在中国企业设立储蓄部之前，就有

---

① 佚名：《世界书局创办读书储蓄部缘起》，《申报》1928年4月21日。
② 佚名：《商场消息》，《申报》1930年12月29日。

一些外国在华企业设立储蓄部专门吸收社会存款的先例。在 1912 年 5 月 4 日的《申报》上，就刊登了法商达兴银公司添设储蓄部招揽社会存款的广告。该公司的广告词云："本公司添设储蓄部，利息优厚，无论银洋，欲储蓄者请移至黄埔滩六号，本公司账房接洽可也。储蓄章程如下：存一年息长年六厘正，存二年息长年七厘正，利息每六个月登记一次，特此布闻。洋总董勒比守尼，华总董朱葆三启。"① 从此广告中可见，法商达兴银公司还利用著名商人朱葆三的社会声望取信于存户。

达兴银公司打广告招揽存款的时间很长。达兴银公司在 1918 年 1 月 3 日《申报》上的广告中说："本公司开设法京巴黎，分行设立上海，于兹七载，信用昭著，专做押款。如中外金银珠宝、钻石、股票、房屋、地产及可作为抵押品者，概可订交利息，克己兼收定期存款，如存半年者周息六厘，存全年者周息七厘，如蒙惠顾，请至五马路外滩六号本公司账房接洽可也。电话二五八二。洋总理爱达夫彭，华经理朱葆三，经理魏廷荣全启。"②

很可能受外商示范效应的影响，中国企业也纷纷效仿外商设立储蓄部，专门负责吸收社会存款的业务。如时人所言，"查各通商口岸，各项储蓄会之设立，倡之者始自外人如万国储蓄会等，于是上海普通商号，亦例兼营储蓄业务"。③ 除了上文谈到的世界书局读书储蓄部之外，其他比较有名的

---

① 佚名：《达兴银公司兼收储蓄广告》，《申报》1912 年 5 月 4 日。
② 佚名：《达兴银公司备储现银专做押款兼收定期储蓄存款广告》，《申报》1918 年 1 月 3 日。
③ 佚名：《查禁普通商号兼办储蓄》，《江苏省政府公报》1930 年第 429 期，第 4 页。

储蓄部有先施、永安两家百货公司于 1918 年开设的储蓄部，1926 年新新百货公司开办的储蓄部，1930 年开办的同昌车行储蓄部，中西、中法药房的妇女美德储蓄部。[①] 当然，这一时期还有很多中国企业也在公司内部设立职工储蓄部，专门吸收职工存款，这一点在下文中再详谈。

1928 年，荣家企业（上海申新、茂新、福新总公司）也看到了吸收社会存款的巨大好处，决定成立储蓄部，专门办理存款业务，于是就向银行索取了各种存款章程，进行研究。研究结果是，申新成立储蓄部吸收社会存款是可行的："申新当时厂多，信用颇佳；本范围一般老同事都很富裕。"最后"大约费了十几天工夫，草了一个计划。不到一个月，就粗粗地办理起来了，定名'同仁储蓄部'"。为了能够大量招揽社会存款，荣宗敬亲自兼任储蓄部经理，其次子荣鸿三为储蓄部主任。

同样，荣家企业同仁储蓄部也利用广告招揽社会存款。1929 年 4 月 4 日，荣宗敬给设在常州的申新六厂储蓄部负责人鄂先生写信，让他在常州地区打广告招揽社会存款。"昨寄一函，谅已接洽，附上广告底稿一纸，当送登常州报馆，可间日一登，如价值便宜，或以两月为期。储蓄部正在创始，希望招徕方面着想，俾图发展。此致鄂先生。宗敬启。"[②]

凭借荣家企业的实力与荣宗敬等人的社会声望，荣家企业同仁储蓄部的业务开展得比较顺利。"几个月来揣摩和吸

---

① 郭孝先:《上海的储蓄机关》，《上海市通志馆期刊》第 1 卷第 4 期，1934 年，第 1032 页。

② 《上海申、茂、福新总公司三十周年纪念同仁储蓄部广告》，《同仁储蓄部致各地分部函稿留底》，上海市档案馆藏，1929 年 4 月 4 日，档案号：Q193-1-559。

收了各存户的心理和意见，陆续在方法上、手续上改进了许多，存款的数字日增月累，居然超过了预期的目标（三百万）。同仁储蓄部地址，上海英租界江西路五十八号，无锡分部则设于申新三厂，常州分部设于申新六厂，杭州分部附设于拱宸桥茂新批发处，汉口分部附设于福新批发处。"[1] 荣家企业创办同仁储蓄部之后，其吸收社会存款的能力大增。对于这一点，我们从表 3-1 的数据中可见一斑。

表 3-1 1923—1933 年荣家企业总公司及储蓄部
各年底的存款余额

单位：千元

年份	总公司以旧式存折方式吸收的存款	储蓄部存款	合计
1923	1090.40	—	1090.40
1924	1662.24	—	1662.24
1925	438.17	—	438.17
1927	1304.28	—	1304.28
1928	1034.58	1470.33	2504.91
1929	1077.50	2950.05	4027.55
1930	1373.26	4290.15	5663.41
1931	1533.73	4671.59	6205.32
1932	1403.79	5029.73	6433.52
1933	2324.05	5216.42	7540.47

注：1926 年数据原文缺失。
资料来源：上海社会科学院经济研究所编《荣家企业史料》（上册），上海人民出版社 1980 年版，第 277 页。

---

[1] 上海社会科学院经济研究所编《荣家企业史料》（上册），上海人民出版社 1980 年版，第 276、277 页；《同仁储蓄部与各地分部往来函件及投资建筑出租市房的收租由》，1931—1937 年，上海市档案馆藏，档案号：Q193-1-558。

　　另一家比较著名的储蓄部是上海永安百货公司开设的。如上文所言，该储蓄部早在 1918 年就已开设。从 1931 年 3 月上海王海帆会计师事务所对永安公司储蓄部的检查报告书中可窥其大概。在《检查上海永安公司银业、储蓄部账目报告书》中，报告者称："该公司兼营之银业、储蓄部，会计完全独立，与虹口分部亦划分，各立总分清账簿，名义上虽为总公司附属事业之一，然因其经营之良善，故实际上之地位已超过一般普通商业银行所收各种储蓄存款。"① 接下来看看截至 1931 年 3 月 15 日永安公司储蓄部的经营规模。

　　南京路总部方面，银业部的业务计分：（甲）往来存款有 2000 余户，计存洋 434606.73 元；（乙）活期存款有 4000 余户，共计存洋 1128932.73 元；（丙）定期存款（分三个月、六个月、一年及两年等期）有 6000 余户，共计存洋 2059174.91 元。总计该银业部储户有 13000 户左右，共计存洋 3622714.37 元。储蓄部的业务计分：（甲）活期储蓄存款 18000 余户，共计存洋 1603782.85 元；（乙）零存整取有 1000 余户，共计存洋 249860.41 元。总计该储蓄部储户有 20000 户左右，共计存洋 1853643.26 元。

　　虹口分部方面，银业部的业务计分：（甲）往来存款有 1000 余户，共计存洋 175851.26 元；（乙）活期存款有 700 余户，共计存洋 170691.81 元；（丙）定期存款有 600 余户，共计存洋 245882.36 元。总计该银业部有储户 2300 户左右，共计存洋 592425.43 元。储蓄部项下亦分：（甲）活期储蓄 10000 余户，共计存洋 809266.27 元；（乙）零存整取有 900

---

① 参见《王海帆会计师事务所受理查核永安公司银业储蓄部账目一案》，1931 年 3 月，上海市档案馆藏，档案号：Q93-1-72。

余户，共计存洋 92597.37 元。总计该储蓄部储户有 11000 户左右，共计存洋 901863.64 元。①

从上面数字可见，永安公司吸收存款的规模十分巨大，南京路总部共吸收洋 5476357.63 元，虹口分部共吸收洋 1494289.07 元。无疑，吸收如此规模的存款是为了满足永安公司各项事业发展之需要。

（三）企业吸收存款的目的

近代中国企业大张旗鼓地吸收社会存款，根本上显然是为了满足自身发展的需要，只不过侧重点不一而已。有的企业是为了吸引顾客购货，有的是为了推销商品便利，有的则是为了减少筹集资本的成本支出，更多的则是综而有之。下面我们以若干例子示之。

中国内衣公司借助于社会存款扩充自身发展资金，"因出品供不应求，而大事扩充，因欲保持股东利益而不招股份"，"增设储蓄部以一百五十万之资产保障三十万元之存款"。② 荣家企业设立同仁储蓄部的目的在于，不仅"可免受制于人，仰承金融资本家的鼻息"，而且"估计每年可节省利息支出二十万至三十万元"。③ 先施百货公司吸收社会存款的宗旨，"（一）为便利向敝公司购货客户，不必临时携带现款，只须携带储蓄存款存折，可将购货存款，随时提划，免去购户携带现款之危险。（二）为提倡公司职员之储蓄，所得

---

① 《王海帆会计师事务所受理查核永安公司银业储蓄部账目一案》，1931 年 3 月，上海市档案馆藏，档案号：Q93 - 1 - 72。

② 佚名：《中国内衣公司启事》，《申报》1931 年 3 月 1 日。

③ 上海社会科学院经济研究所编《荣家企业史料》（上册），上海人民出版社 1980 年版，第 276 页。

月薪，不致浪费"。中法、中西药房吸收存款，"原意为推销化妆品而起"。同昌车行"设立储蓄部，原为推广营业及便利市民购车起见，设立购车及信用两部，以谋业务之发展"。[①]

三 企业吸收存款的高利率

20 世纪 20 年代之后，企业之所以能够大量吸收社会存款，其中一个重要原因就是厚利招徕。这也是中国企业在吸收社会存款方面发生的第三个变化。鉴于这一变化需要较多笔墨，方能较为全面地给予说明，故专门另辟一节论述之。给储户的较高利率，构成企业利用社会存款的成本。我们先对近代中外金融机构吸收社会存款的利率做一番考察。

（一）银行吸收存款的利率

中国银行业兴办储蓄事业始于 1905 年的信成银行，"上海于一八九七年虽有国人自营中国通商银行，但该行系商业银行性质，存款往来数目较巨，对于零星小款，皆不收受，贫民小民，虽积有余资，亦无相当储蓄机关。于是有周廷弼首于一九零五年创议设立信成储蓄银行"。此后，有尹克昌筹办的信义、李云书组织的四明等银行，先后开展储蓄事业，于是上海储蓄机关随逐渐萌芽。信成银行经营的储蓄种类有活期与定期两种，定期储蓄存款又分零存整付、零存零付和整存整付三种，利率一项，一年期 5 厘、半年期 4 厘、

---

① 佚名：《兼营储蓄各部商店停止收款》，《中行月刊》第 2 卷第 9 期，1931 年，第 66—67 页。

三个月期 3 厘，未满三个月均以 2 厘半计算。①

相较 20 世纪 20 年代金融机构吸收社会存款的利率水平而言，在 20 世纪的前 20 年，金融机构吸收社会存款的利率水平相对较低。1909 年上海四明商业储蓄银行吸收存款的利率，活期为 3 厘，定期 3 个月 4 厘、6 个月 5 厘、一年 6 厘、二年 7 厘。② 1912 年，达兴银公司规定其吸收的定期存款的利率，1 年期为 6 厘，二年期为 7 厘。③ 1913 年，江苏银行的活期存款利率为长年 4 厘。④ 1914 年，中法实业银行的定期存款的利率，存一年者，长年 4 厘 5 毫；存六个月者，长年 4 厘；三个月者，长年 3 厘。⑤ 1916 年，中国银行的定期存款利率，存一年者 5 厘，六个月者 4 厘，三月者长年 3 厘。⑥ 1920 年，国民合作储蓄银行的活期存款年息为 4 厘，定期存款，三个月年息 4.5 厘，六个月年息 5.5 厘，一年利息 7 厘。⑦

步入 20 世纪 20 年代，全国银行业对社会存款业务开始重视起来。一方面大力提倡社会大众进行储蓄，另一方面更是通过提高存款的利率吸引社会大众。在 1921 年至 1932 年，全国银行业各项存款总数有了较快增长。根据《全国银行年鉴（1934）》统计，当时最重要的 28 家银行，1921 年的各项存款（活期存款、定期存款和储蓄存款）总额不到 4.97 亿

---

① 郭孝先：《上海的储蓄机关》，《上海市通志馆期刊》第 1 卷第 4 期，1934 年，第 1026 页。
② 佚名：《上海四明商业银行迁移新屋广告》，《申报》1909 年 2 月 12 日。
③ 佚名：《达兴银公司兼收储蓄广告》，《申报》1912 年 5 月 4 日。
④ 佚名：《江苏银行储蓄处章程》，《申报》1913 年 6 月 2 日。
⑤ 佚名：《上海中法实业银行广告》，《申报》1914 年 10 月 1 日。
⑥ 徐沧水：《中国银行最近之概况》，《大中华》第 2 卷第 2 期，1916 年，第 10 页。
⑦ 佚名：《合作消息：国民合作储蓄银行存款章程》，《民国日报·平民》1920 年第 29 期，第四版。

元，1932 年已经增至 19.74 亿元，增长了近 3 倍。其中，增速最快的是储蓄存款，由 1921 年的 1320 余万元，一跃增至 1932 年的 2.46 亿元，增长了近 17.62 倍。储蓄存款在各项存款总额中的比例也有较大提升，由 1921 年的 2.67% 升至 1932 年的 12%，增长了 3.5 倍左右。[①]

在此时期，很多商业银行纷纷开设储蓄部专门从事吸收社会存款业务。在《全国银行年鉴（1934）》统计的 28 家银行中，"除中央、中国、广东、和丰四家未营储蓄外，其在民国十年（1921 年）以后开始营业储蓄业务达八家之多。此为储蓄数字骤增之一因，而储蓄业务亦以近五年最为蓬勃"。[②] 随着全国银行业对社会储蓄存款业务的重视以及彼此的竞争，存款利率亦提高。"我国前亦因储蓄事业尚在幼稚时代，故各储蓄机关，如银行及信托公司内之附设储蓄部及各种储蓄会等，均将存款利率加高，借示提倡之意。故各行之利率，如定期储蓄存款，往往有周年一分二三，而活期储蓄存款，亦有六七厘之高。迥非普通存款可比，故储蓄事业亦日形发达。"[③] 我们从下面各家银行吸收存款的利率，可见一斑。

1922 年，浙江实业银行吸收存款的广告云："本行已办理储蓄部六载，近为鼓励个人储蓄起见，定期存款利率特别加赠。整存整付，自六厘起，视年限之长久，逐步提高；零存整付最高年息一分二厘，每月存洋一元，十五年后可得洋

① 中国银行总管理处经济研究室编辑《全国银行年鉴（1934）》，中国银行总管理处经济研究室 1934 年版，第 28 页。
② 中国银行总管理处经济研究室编辑《全国银行年鉴（1934）》，中国银行总管理处经济研究室 1934 年版，第 28 页。
③ 马纪宣：《储蓄存款利率减低之原因》，《商业杂志》第 3 卷第 5 期，1928 年，第 1 页。

五百零四元六角；特种存款，一次缴洋二百元，十五年后可得洋一千元。"中华商业银行的活期存款年利为 4 厘，定期存款"三个月五厘，六个月六厘，一年长期七厘，二年八厘"。① 该年，扬子江银行储蓄部吸收储蓄存款的利率，"每月节省一元储存银行，至第五年就可得七十三元五角七分"。②

1924 年，上海四明商业储蓄银行吸收存款的利率，活期存款为 3 厘，定期存款 3 个月 4 厘、6 个月 6 厘、1 年 7 厘、2 年 2 厘半、3 年 8 厘、4 年 8 厘半、5 年 9 厘。③ 1924 年，香港国民银行吸收存款的利率，"自五厘至六厘半"。④ 1924 年，利华银行的定期存款年利 7 厘。⑤

1925 年，明华银行吸收储蓄存款的利率，活期存款为 4 厘至 6 厘，定期存款 3 个月规元年息 6 厘、6 个月 7 厘半、1 年 1 分。⑥ 1926 年，金城银行吸收储蓄存款的利率如下：分期储蓄存款，"每月一元，起码一百元，期限至少二年，年息九厘，三年期年利一分"；定期储蓄存款，"一百元起，五千元为限，限期二年，年息九厘"；长期储蓄存款，"一百元起，五千元为限，限期四年，年息一分"。⑦

1927 年北伐军兴，时局不定，公债价格下跌得较为严重，例如，"九六公债由七十元跌至十八元，整理六厘公债由七十九元跌至三十余元"，加之市面冷落放款颇为不易，

---

① 《银行年鉴（1921—1922）》，银行周报社 1922 年版。

② 佚名：《扬子江银行储蓄部广告》，《大公报》1922 年 10 月 21 日。

③ 《上海四明商业储蓄银行营业章程》，1924 年，上海市档案馆藏，档案号：Y10 - 1 - 152 - 1。

④ 佚名：《国民银行力办储蓄》，《申报》1924 年 2 月 20 日。

⑤ 佚名：《利华银行办理储蓄部》，《申报》1924 年 2 月 27 日。

⑥ 佚名：《明华银行广告》，《申报》1925 年 4 月 29 日。

⑦ 佚名：《上海金城银行储蓄部新增特种储蓄存款广告》，《申报》1926 年 9 月 8 日。

"惟是年干戈纷起，北方人民尤处苛政暴敛之时，南方如广州……元气未复，汉口等处曾被唐生智滥发纸币，日事收刮，现虽从事补救，而市面极形萧落，故各处商界中人，均主张收缩范围，借免外来狂波所激荡，故前时利用借款营业之人，均不敢再为一试，而储蓄机关放款之途日少，不特此也"。受上述各种因素的影响，全国银行业吸收存款的利率有所降低，"上述二项，实为减低利率之最大原因，盖储蓄机关虽拥有巨大存款，然而既不能投资于公债证券，又不能移作放款，坐是呆存库中，徒蚀利息，乃只有减低利率"。①

由于以上各种原因，各储蓄机关之存款的利率，较诸两年之前的利率，大多有所降低。"如浙江实业银行储蓄处办理极称得法，而利率亦渐行减低，如零存整取，十年期每月存一元到期之本利和，一二年前又一百九十四元八角六分，但现在已改为一百八十八元四角二分八厘矣。又如通易信托公司之储蓄部，办理日形发达，然如零星存整取，月存一元，十年期之本利，亦由二百一十五元九角五分减至二百一十二元六角二分。如小数活期存款之利率，由六厘减至四厘，预定整数储蓄存款初存入一百七十四元一角，十五年后可得本利洋一千元，但现在须存一百八十二元七角，方可得上述之数云。其较前增加者则绝无闻见，其仍维持原状者，恐除一般新创设之机关外，亦少闻及。"②

其他储蓄机关的情况也大致如此。1928 年，上海汇通商

---

① 马纪宣：《储蓄存款利率减低之原因》，《商业杂志》第 3 卷第 5 期，1928 年，第 2 页。

② 马纪宣：《储蓄存款利率减低之原因》，《商业杂志》第 3 卷第 5 期，1928 年，第 1—2 页。

业储蓄银行吸收储蓄存款的利率，整存整取 6 个月年息 7 厘半、9 个月 8 厘半、1 年 9 厘半，存本取息（按月支息）1 年 8 厘、2 年 8 厘半、3 年 9 厘、4 年 9 厘半、5 年 1 分。[①] 上海国华银行储蓄部的活期存款利率为 5 厘，定期储蓄 1 年利息 7 厘半、2 年 8 厘、3 年 8 厘半、4 年 9 厘、5 年 9 厘半、6 年以上 1 分。[②] 中国通商银行储蓄部的定期存款年利，3 个月 5 厘半，6 个月 6 厘、1 年 7 厘、2 年 8 厘、3 年 9 厘，活期存款的年息为 5 厘。[③] 上海正元银行储蓄部的活期存款年利为 5 厘，定期存款的年利，整存整付 3 个月 5 厘半、6 个月 6 厘、9 个月 6 厘半、1 年 7 厘、2 年 8 厘、3 年 9 厘，存本取息 1 年 6 厘半、2 年 7 厘、3 年 8 厘、4 年 9 厘。[④]

20 世纪 30 年代的前几年，受世界经济大危机的影响，工农业剪刀差进一步扩大。农村资金大量流向大城市，致使上海等大城市资金积聚严重。同时，银行吸收的储蓄存款普遍缺乏合适的投资对象，且因储蓄存款有随时提取的可能，不敢做固定之投资，除将此项资金做投机运用外，唯有增加利息负担，于是不得不有减息之办法。

根据时人郭孝先 1933 年对上海 50 多家银行储蓄存款利率的统计，第一种活期存款（仅需存款 1 元，即可开立存户和随时存付的活期存款）的利率，最高者为世界商业储蓄银行，年利为 7 厘，次之为上海绸业商业储蓄银行，其年利为 6 厘，最低者为四明银行，其年利为 3 厘。其余大都在 4 厘至 5 厘之间。第二种活期存款（一般至少存款 50 元或 100

---

① 佚名：《上海汇通商业储蓄银行广告》，《申报》1928 年 1 月 4 日。
② 佚名：《上海国华银行》，《申报》1928 年 2 月 13 日。
③ 佚名：《中国通商银行虹口分行广告》，《申报》1928 年 2 月 20 日。
④ 佚名：《上海正元银行广告》，《申报》1928 年 3 月 19 日。

元，始能开立存户），年利最多者为上海绸业商业储蓄银行及大来商业储蓄银行，年利为 5 厘，次之为浙江商业储蓄银行及中法储蓄会，年利为 4 厘半，最低者为上海商业储蓄银行，年利为 2 厘。[①]

据统计，1935 年上海绝大部分银行的活期存款利率为 4%—5%。一年期定期存款，零存整付为 6.5%—9%，以 7.5% 和 8% 为多；整存整付为 7.5%—10%，尤以 8.5% 为多；整存零付为 5%—8%，尤以 7.5% 为多。以上几种定期存款，15 年期的利率多为 10%—12%。[②]

（二）企业吸收存款的利率水平

与当时银行、钱庄等金融机构吸收社会存款的利率水平相比，近代中国企业吸收社会存款的利率水平相对较高，特别是在 20 世纪 20 年代大打广告的时期，表现得尤其显著。

1922 年，中央信托公司储蓄部吸收活期存款的年利为 5 厘，定期存款的利率为：三个月 6 厘、六个月 7 厘、九个月 8 厘、一年 9 厘。[③] 1924 年，上海大世界游览储蓄部的活期存款月利为 7 厘（合年利 8 厘 4 毫），定期整存每份 500 元，一年本利 550 元、二年本利 620 元、三年本利 700 元、五年本利 900 元；定期零存每份每月存 5 元，三年本利 218 元、六年本利 526 元、九年本利 992 元、十二年本利 1738 元、十五年本利 3000 元。[④] 1923 年至 1928 年，上海县地方款产管

①　郭孝先：《上海的储蓄机关》，《上海市通志馆期刊》第 1 卷第 4 期，1934年，第 1033—1086 页。

②　《储蓄存款各行利率比较表》，1935 年 1 月 20 日，上海市档案馆藏，档案号：Q290 - 1 - 30 - 14。

③　佚名：《中央信托公司储蓄部广告》，《申报》1922 年 9 月 5 日。

④　佚名：《大世界游览储蓄章程》，《申报》1924 年 6 月 8 日。

理处将前后存入上海华商电气公司的五笔存款合而为一，共计20000元，"常年九厘生息"。①

1928年，中法药房、九福公司、中西药房合办的百龄机储蓄会的活期存款（需存满200元）的利率为月息4厘（合年利4.8厘），定期存款的利率分别为：半年5厘半、一年6厘、二年6厘半、三年7厘、四年7厘半、五年8厘。② 世界书局读书储蓄会的活期存款（至少5元，不论存期长短）的年利一律为9厘；在定期存款中，整存整取（至少100元）的年利，一年1分2厘（利息洋9厘、书券2厘）、两年1分3厘、三年1分4厘、四年1分5厘，零存整取（存数每月至少5元）的年利，一年1分零2毫（利息9厘、书券1分零2毫）、两年1分零7毫、三至四年1分1厘2毫、五至七年1分1厘7毫。③

1928年，上海先施百货公司储蓄部定期存款的年利为5厘，"兹启者，鄙人于民国丙寅年（1926年）十二月存上海先施公司储蓄部银三千五百元，订明三个月周息（年利）五厘，并取得该储蓄部存折"。④ 1930年，中国内衣织布公司活期存款的年利为8厘，"家用存款存入一万元，每月支息九十元作日常家用；零存整取，每月存二十元五角七分，期满得一万元"；定期存款的年利，一年期为1分、两年期为1

---

① 《华商电气公司、上海县地方款产管理处关于存款、股票、利息等往来函》，1923年10月—1928年2月，上海市档案馆藏，档案号：Q578 - 1 - 193。
② 佚名：《中法药房九福公司中西药房合办百龄储蓄会》，《申报》1928年4月7日。
③ 佚名：《世界书局读书储蓄优待储户》，《申报》1928年10月21日。
④ 佚名：《存折被窃作废》，《申报》1928年3月28日。

分 1 厘、三年期为 1 分 2 厘、四年期为 1 分 4 厘。[①] 1931 年，永华公司银业储蓄部活期存款的年利为 6 厘，存本支息的年利为 7 厘至 1 分 6 厘，四年期为 1 分 4 厘。[②] 1935 年，五洲大药房职工定期储蓄存款为 1 分 2 厘，"每届年终结算一次，利上生利"。[③]

抗日战争爆发之前，上海永安百货公司吸收存款的利息，一年期为 6%。抗日战争爆发以后，一年期存款的利率多为 6% 或 7%。[④] 1937 年，华丰纺织印染公司吸收职工存款的利率，活期存款的年利为 6 厘，一年期定期存款的年利为 1 分 2 厘。[⑤] 上川交通有限公司一年期的定期存款利率为 9 厘。[⑥] 闸北水电公司一年期的活期存款年利为 7 厘、定期存款为 1 分。华商电气公司一年期的定期存款为 9 厘。[⑦]

在上述的中国企业中，活期利率最低的是百龄机储蓄会，年利为 4.5 厘；最高的为世界书局储蓄会，年利为 9 厘；大多为六七厘。一年期定期存款的利率水平，最低的是百龄机储蓄会的 6 厘，最高的是世界书局储蓄会的 1 分 2 厘。同一时期，全国银行业的存款利率，"活期存款利率最高者为世界商业储蓄银行，为周息（年利）七厘，次之为上海绸业

---

①　佚名：《A·B·C 红利派股储蓄》，《申报》1930 年 4 月 19 日。

②　佚名：《永华公司银业储蓄部》，《申报》1931 年 1 月 24 日。

③　《五洲药房股份有限公司职工储蓄简章》，1930—1935 年，上海市档案馆藏，档案号：Q38 - 37 - 13。

④　《永安有限公司沪行定期存款分户帐》，1944 年，上海市档案馆藏，档案号：Q225 - 4 - 447。

⑤　《华丰纺织印染厂股份有限公司会计科同仁存款缘起及规则》，1937—1939 年，上海市档案馆藏，档案号：Q199 - 7 - 109。

⑥　《上川交通股份有限公司关于退休金、职工存款、抚恤金等与各职工及有关单位往来文件》，上海市档案馆藏，档案号：Q409 - 1 - 380。

⑦　《闸北水电公司关于公司存款讨付利息的往来函》，1936 年 8 月—1937 年 8 月，上海市档案馆藏，档案号：Q557 - 1 - 361。

商业储蓄银行周息六厘，最低者为四明银行周息三厘，其余大部分在四厘五厘之间；定期存款利率最高者为通易信托银行，为周息百分之五点八三，最低者为上海商业储蓄银行，周息为百分之二点四，其余大部分在四厘上下"。[①] 由上述可见，与银行吸收社会存款的利率相比，企业吸收社会存款的利率的确较高一些。

（三）企业吸收社会存款的经济性

由上述可见，近代中国企业吸收存款年利率大致在8%—12%，与银行吸收存款利率相比高出2%—4%。然而，与向银钱业贷款相比，企业通过吸收社会存款为其发展进行融资，融资成本又相对低廉。这主要是由近代中国社会的高利贷性质决定的。表3-2是1932—1937年部分城市放款利率情况。

表3-2　1932—1937年部分城市放款利率（年息）

单位：%

城市	1932 年	1933 年	1934 年	1935 年	1936 年	1937 年	平均
南京	17.52	17.52	16.20	13.80	15.84	19.80	16.78
芜湖	—	—	5.16	5.04	15.60	14.40	10.05
上海	12.60	12.60	12.60	12.60	—	—	12.60
九江	16.56	18.00	14.40	14.40	14.40	14.40	15.36
杭州	—	12.72	10.20	10.20	10.56	10.80	10.90
郑州	18.00	12.96	10.40	13.92	15.96	18.00	14.87

---

① 郭孝先：《上海的储蓄机关》，《上海市通志馆期刊》第 1 卷第 4 期，1934 年，第 1033—1078 页。注：这里的活期存款是指起存 1 元者；定期存款是指零存整付，以每月存大洋 1 元为例。

续表

城市	1932 年	1933 年	1934 年	1935 年	1936 年	1937 年	平均
济南	—	11.04	18.84	13.80	—	—	14.56
青岛	16.56	16.32	16.32	16.56	15.24	15.84	16.14
福州	19.68	18.80	18.80	12.00	12.84	10.80	15.49

资料来源：《近四年来各重要城市利率比较表》，《工商半月刊》第 7 卷第 24 期，1935 年；《各重要都市利率表》，《中外商业金融汇报》第 4 卷第 3 期，1937 年。

由表 3－2 可见，1932—1937 年表中城市的银钱业放款的年平均利率，除芜湖和杭州两座城市之外，均在 12% 以上。九座城市的银钱业放款的年平均利率达到 14.08%。无疑，银钱业较高的放款利率加重了企业负担。例如，近代中国最大的工业部门也是银钱业放款最多的纺织业，"每锭借款，多者几及百元，少亦三十元左右，而利率高昂。各厂债息高者达百分之十二，最低亦在百分之八九。全国纺厂，平均纺纱所负利息……几占制造成本总额三分之一。如此情形，殆为他国所鲜见"。[1]

尽管企业吸收社会存款的利率较高，但是与其向银钱业借款利率相比，通过吸收社会存款的方式进行融资，成本又可谓相对较低。总之，企业吸收社会存款的利息"虽较银行一般存款利息略高，但较银行放款利率为低"。荣家企业总公司的存款余额稳定在 100 万至 150 万元，1933 年达到232.4 万元。1928 年设立同仁储蓄部后，储蓄部存款有较快增长，至 1933 年就高达 521.64 万元。1933 年，荣家企业存

---

[1]　佚名：《二十四年华商纱厂联合会报告书》，《天津棉鉴》第 4 卷第 7—8 期，1934 年，第 65 页。

款总额达到最高峰，有 754 万余元。[1] 这些存款可为荣家企业每年节省利息支出 20 万至 30 万元之多。[2] 银行减息为工商企业吸收存款留下了可能，这也是政府屡禁不止的主要原因之一。

四　企业开办职工储蓄业务

在积极吸收社会存款的同时，一些企业还自发地鼓励职工在企业储蓄，并制订了一套完整的储蓄计划，这也是民元以后中国企业吸收社会存款的一个重要变化。企业吸收社会存款的动机相对单一，就是最大限度地利用社会资金满足自身发展的需求。而企业鼓励职工储蓄的动机，除了满足融通内部资金的需要之外，还有科学管理的需要。[3] 鉴于企业鼓励职工储蓄的多种目的性，故做专节讨论。这样处理的目的，主要是将其区别于企业吸收社会公众存款的活动。

（一）企业自发开展职工储蓄

民国政府成立以后，一些华资企业开始自发地制订职工储蓄计划。[4] 从行业部门来看，精盐、纺纱、烟草、制罐、印刷、出版等众多工业企业参与其间。下面以行业部门为

---

① 上海社会科学院经济研究所经济史组编《荣家企业史料》（上册），上海人民出版社 1981 年版，第 277 页。

② 上海社会科学院经济研究所经济史组编《荣家企业史料》（上册），上海人民出版社 1981 年版，第 272 页。

③ 李耀华：《近代企业自发职工储蓄：融通资金还是科学管理？》，《中国经济史研究》2013 年第 3 期。

④ 中国科学院上海经济研究所、上海社会科学院经济研究所编《南洋兄弟烟草公司史料》，上海人民出版社 1958 年版，第 305—306 页。

类，分别举例以示之。

精盐工业领域。1920年，久大精盐公司开办员工储蓄业务，以自愿储蓄为原则，工人储蓄年利达12%，职员储蓄年利为9.6%。[①]

纺纱工业领域。1921年，苏纶纱厂开始积极倡导职工在厂内进行储蓄，"该厂今年出货较少，共获利八十余万元，照章提出十五分之一为红利，例如办事人月薪一元，可分得三十五元七角，薪水满百元以上者，留三成作厂内存款，立折按月发息"。[②] 1926年，天津裕元纱厂也规定厂内工人需要将其工资的5%存于该厂。[③]

烟草、制罐工业领域。1925年，南洋兄弟烟草公司开始提倡工人储蓄。该公司的储蓄章程规定，公司员工需要将其年薪的5%存于公司，五年后需要将10%的年薪存于公司，储蓄存款的年利率达到9.6%。1928年，康元制罐厂规定职工需要将他们工资的5%存于该厂。[④]

印刷、出版工业领域。1926年上海商务印书馆提倡职工储蓄，以自愿存储为原则。储蓄章程规定：总馆同人的活期储蓄的年利为8厘，但储蓄总额不得超过1000元；分支馆同人的定期储蓄的年利为9厘，但储蓄总额不得超过2000元。1928年上海商务印书馆又规定，馆内职工每年需将其花红的

---

① 赵津主编《范旭东企业集团历史资料汇编》（上、下册），天津人民出版社2006年版，第68、69、840页。

② 佚名：《苏纶厂发红利》，《申报》1921年11月10日。

③ 方显廷：《中国之棉纺织业》，商务印书馆1934年版，第223页。

④ 中国科学院上海经济研究所、上海社会科学院经济研究所编《南洋兄弟烟草公司史料》，上海人民出版社1958年版，第305—306页；王莹：《参观上海各工厂报告（一）（附表）》，《劳工月刊》第1卷第4期，1932年，第109页。

20%存于馆中。① 1929年上海商务印书馆的各项储蓄及存款总额达到109.4万元，1930年更是达到126.7万元。②

不仅生产性工业企业开办职工储蓄业务，矿业、邮政、交通运输部门也积极开办此项业务。1923年，直隶开滦矿务局也开始办理职工储蓄业务，同样以自愿储蓄为原则，储蓄的年利率为6%。③ 1926年，奉天抚顺煤矿公司规定，职工需将他们每月工资的3.75%至8%存放于该公司中（职工存款比例随着工资增加而增加）。④

20世纪20年代，中兴煤矿公司也积极开办职工储蓄。在1928年中兴煤矿公司全体职工呈报国府军会各机关的函中声称："中兴公司为提倡本矿职工储蓄起见，准公司职工及其遗族等依章程之规定，存入款项优给利息，编列号次，发给存折，总数已达一百零二万陆千余元。"中兴煤矿公司的职工储蓄存款共有以下几种类型。（1）公益慈善存款。"中兴历年在盈余项下，酌提划充本矿公益基金，职工等亦在花红项下，酌提同人公益基金，所有本矿医院、学校及其他善举等经费，皆恃该项基金，与职工等具有深切利害关系。其他地方亦附存有款。"（2）被难遗族职工存款。（3）故员家属养赡存款。（4）职工定期存款。（5）信托存款。"凡本矿股

---

① 王清彬等编《第一次中国劳动年鉴》，陶孟和校订，北平社会调查部1928年版，第64页；刑必信等编《第二次中国劳动年鉴》，陶孟和校订，社会调查所1932年版，第144页。

② 佚名：《商务印书馆营业概况》，《中行月刊》第3卷第4期，1931年，第127页。

③ 王清彬等编《第一次中国劳动年鉴》，陶孟和校订，北平社会调查部1928年版，第66页；《吉光片羽：开滦矿务总局职工储蓄会章程：工人行为不端，就不发给慰劳金了！》，《矿业周报》1933年第253期，第203页。

④ 王清彬等编《第一次中国劳动年鉴》，陶孟和校订，北平社会调查部1928年版，第66页。

东或由职工介绍者亦得存入。"中兴煤矿公司对于上项存款，都能"如期履行，从无延误"。①

1920 年，中华邮政举办职工储蓄业务，规定月工资低于 12 元的职工，每月需储蓄 0.5 元；月工资高于 12 元的职工，每月需储蓄 1 元。同时规定：为中华邮政服务低于 5 年者，储蓄的年利率为 3.25%—5%；服务超过 5 年者，储蓄的年利率为 8%。② 1928 年，民生公司也提倡职工储蓄，储蓄章程规定：月工资在 11 元至 50 元者，需将工资的 5% 存于公司；月工资在 51 元至 100 元者，需将工资的 10% 存于公司；利率高达 18%。③

1924 年，吉长铁路管理局也设置同人储蓄会，强制职工储蓄。"凡在吉长铁路服务之员警工役（短工学警不在此限）均需加入储蓄会，由每月薪工下按一定成数提取存储之。"吉长铁路同人储蓄会章程规定："一日一元以内者，月储二日；二日给一元以上者，月储三日；三月给二十元以内者，月储百分之八；四月给五十元以内者，月储百分之十；五月给一百元以内者，月储百分之十二；六月给二百元以内者，月储蓄百分之十五；七月给三百元以内者，月储百分之二十；八月给三百元以上者，月储百分之二十五。"储蓄会章程同时规定："凡储金人无论何项事由，不得请求中止。"④

① 佚名：《杂纂：中兴煤矿公司没收后各方之呼吁》，《银行周报》第 12 卷第 35 期，1928 年，第 10 页。
② 《邮政纲要》，王清彬等编《第一次中国劳动年鉴》，陶孟和校订，北平社会调查部 1928 年版，第 68—72 页。
③ 张华贵：《民生公司概况》，《复兴月刊》1935 年第 6—7 期，第 11 页；凌耀伦：《民生公司史》，人民交通出版社 1990 年版，第 152 页。
④ 佚名：《吉长铁路同人储蓄会暂行章程》，《铁路公报（吉长线）》1924 年第 128 期。

从上面所举的例子可见，在 20 世纪二三十年代，主动积极地倡导、开办职工储蓄业务的企业为数不少。尽管各家企业开办此项业务的目的一定程度上是加强企业管理，但是我们不能否认企业开办职工储蓄筹集资金这一重要目的。

华丰纺织印染公司在其举办同仁存款缘起的陈述中，说是为了避免职工向该厂借款与透支，以防拖累公司财务。"我厂同仁能知物力之维艰，节俭者虽不乏人，惟大部分均漠视节俭，一旦如遇急需，或须正当用款，则向本厂借宕透支，累积经年，个人受终年亏空之累。而厂方感巨金顿积之苦，殊非双方福利，爰经本厂股东会提出讨论，议决补救办法。"但是，我们从该厂吸收职工储蓄的利率可知，筹集资金才是主要目的。"活期存款按年息六厘计算，定期存款期限一年，按年息一分二厘计算。"为了提高职工存款的积极性，该厂还规定职工若能满足一定条件，将会得到红利分配的权利，"存款已满三年者，得享受本厂盈余内提出之特种红利，由本厂股东会分派，按存额比例分给"。可以看出该厂举办职工储蓄的目的之一，还是为其发展筹集所需资金。①

上述各家企业的职工储蓄办法在存储时间、存付条件、积累方式、利率水平等方面表现各异，但它们客观上都给职工带来了储蓄便利以及未来的现金收入，更是为企业发展提供了可用的资金，这是企业举办职工储蓄的主要目的之一。同时，这些早期企业自发设立的职工储蓄也为南京国民政府相关政策的出台做了铺垫。

---

① 《华丰纺织印染厂股份有限公司会计科同仁存款缘起及规则》，1937—1939年，上海市档案馆藏，档案号：Q199 - 7 - 109。

（二）南京国民政府强制企业开展职工储蓄

与以融通资金和科学管理为目的的企业自发开展职工储蓄不同，南京国民政府提倡和强制企业开展职工储蓄，则是希望企业为职工提供职业养老保险计划，进而消弭工人运动的社会基础。1928 年上海市农商局要求"各工厂附设工友储蓄部"，职工可以"将每月所得工资扣除小部分，使其储存生息，日储零星，持之以恒，日久不难汇成巨数，可备疾病，失业之预防，可作养老之绸缪"。①

工人储蓄制度全面推广的标志，是 1929 年南京国民政府颁布的《工厂法》。"《工厂法》是南京国民政府颁布的第一部调整劳动关系的全面性立法，担负着劳动法的角色。"②《工厂法》中特别规定："工厂在可能范围内。应协助工人举办工人储蓄及合作社等事宜。"③《工厂法》的颁布为工人储蓄制度的建立提供了基本的法律依据。1932 年4 月，南京国民政府行政院又颁布了《工人储蓄暂行办法》，为企业开展职工储蓄明确了具体的规则。由于储蓄金可以存于企业之中（企业借此可以灵活运用），企业开展职工储蓄有了快速发展。"现时各大银行、公司、厂号办理职工储蓄者已颇不少，或按期提拨与职工储蓄金同数之款作为津贴，并入各人储数之内，或特提奖金，以加高储金之

---

① 上海特别市农工商局：《上海特别市农工商局业务报告》，1928 年；转引自汪华《近代上海社会保障事业初探（1927—1937）》，《史林》2003 年第 6 期。

② 关博：《民国时期工人储蓄制度分析及检讨——基于社会保障学视角》，《广西大学学报》（哲学社会科学版）2011 年第 3 期。

③ 浚泉：《职工储蓄问题》，《人事管理月刊》第 2 卷第 4 期，1937 年，第32 页。

利率，待遇实甚优厚。"①

在政府强制要求下，一些企业纷纷开展职工储蓄。下面举例示之。1930年9月五洲大药房开办职工储蓄业务，其储蓄章程共有12条，前七条为："第一条，凡属本公司及所属分支店职工均得适用。第二条，职工款项在十元以上者每月提十分之一为储蓄。第三条，储蓄款项存本公司银产部。第四条，总店及本埠支店工厂等储蓄款项直接送交银产部，外埠分店则上交总店转交。第五条，银产部收存此项储蓄，只对各该店厂负责，店厂对各个人负责。第六条，储蓄存款不用存折，平时以各该店厂逐月发薪清单为凭，至年终由银产部分缮结单，送与各店厂转交存款人。第七条，储蓄存款年息一分二厘，每届年终结算一次，利上生利。"②

1931年，华商电气公司举办工人人寿储蓄，在其章程中明确规定："第四条，每工人应得三天半之工资为各该工人之每月储金额；第五条，此项储金按月存储，储足五年即六十个月为满期。"③ 1935年10月，大德豆油厂组织"豆油部同仁储蓄会"，"为谋同仁福利起见，以提倡储蓄养成俭德为宗旨"。储蓄章程规定："凡属会员按照每月所得薪金提出十分之一作为储蓄。"④

1933年6月，上海申新第一棉纺织厂开始办理职工储蓄，并对职工储蓄的条件进行了严格的规定。该厂储蓄章程

---

① 浚泉：《职工储蓄问题》，《人事管理月刊》第2卷第4期，1937年，第32页。
② 《五洲药房股份有限公司职工储蓄章程》，1930—1935年，上海市档案馆藏，档案号：Q551－1－26。
③ 《华商电气公司关于工人人寿储金储蓄部章程及五年储金卡》，1931年6月，上海市档案馆藏，档案号：Q578－1－334。
④ 《友记同人储蓄会会簿》，1935—1936年，上海市档案馆藏，档案号：Q551－1－26。

主要有以下几条："一、存款以职工所得之薪金、花红及酬劳金为限,由本厂发给存折为凭,以后每次存支均需将存折交厂登记。二、利息与存户面订,每六月底和十二月底结算一次。三、收付存款均由本厂会计主任及收支员逐笔加盖图章为凭。……六、存折或印鉴如有遗失,须立即来厂挂失,一面自行登报声明作废,俟满一月后,如无纠葛,准由存户觅妥保,出具保证书补领新折,或以新印鉴为凭;但于挂失之前,如被人冒领本息,本厂概不负责。"至1940年该厂职员与工人的储蓄存款有10.19万元。①

在1937年之前,华丰纺织印染公司即有开办职工储蓄之举。"查本公司原有同仁存款章程一种,考其实际实系储金性质。今就其本意分成两种:一为储金,系强迫照成提存者;一系存款,系自由性质,使同仁除生活费外,尚有余力存储者,给以较优利息,以资激励。"1937年,为响应南京国民政府提倡职工储蓄的政策,华丰纺织印染公司重新订定了职工储蓄办法。"本纸所称存款,即储金。"该公司同仁储金存款章程共有9条,其中有以下重要条款。"第一条,储金系本厂职员从每月薪水内依照本规程第二条规定所提之数。第二条,本厂职员及练习生,凡薪水在三十元以内应一律按月存储一元,五十元以内应一律存二元,五十一—九十九元以内提存五元,一百——一百四十九元提存七元,一百五十一—一百九十九元提存九元,二百元以上提存百分之十。第三条,职员及练习生应将每年所得花红全额提存百分之十,作特别储金。"②

---

① 《上海申新第一棉纺织厂职工存款凭折及清单》,1933年6月20日,上海市档案馆藏,档案号:Q193–1–503。
② 《华丰纺织印染厂股份有限公司会计科同仁存款缘起及规则》,1937—1939年,上海市档案馆藏,档案号:Q199–7–109。

1942 年 1 月，大业贸易股份有限公司开办职工储蓄，在其储蓄章程中规定："此项储金为优待本公司同仁而设，他人不得谋利；此项储金利息按渝市银钱公会每期开出比期，以三个月内均数酌定利率，于每年三、六、九、十二月底结算；此项储金为同仁节约及生利起见，本公司必须用以经营相当业务。"① 除了上述所列企业外，其他很多重要企业，如申新、恒丰、章华等纺织企业，商务印书馆、世界书局、阜丰面粉厂、闸北水电等企业也设有储蓄部吸收职工存款。

（三）企业开展职工储蓄的目的

梳理史料可以发现，企业开展职工储蓄的目的主要有两个：一是加强企业管理；一是充分利用储蓄资金。这两个目的在不同企业的表现是有显著差异的。对于企业开展职工储蓄的目的，李耀华做过实证检验。她的检验结果表明，银行机构不论是自愿的储蓄计划还是强制性的储蓄计划，目的都是保障管理。在企业中，自愿开展职工储蓄都是出于融通资金的目的，只有久大精盐针对工人的储蓄计划除外；大部分强制性储蓄计划是出于保障管理的目的，只有天津裕元纱厂的储蓄计划除外。② 这一检验结果，基本以史料为支撑。

南洋兄弟烟草公司在浦东分厂开展职工储蓄，很明显是侧重于企业管理。该公司职工储蓄规则规定："凡属本厂男女工人，如在厂工作满六个月，一律按其所得工资加百分之

---

① 《大业贸易股份有限公司同仁储蓄金简章》，1942 年 1 月 9 日，上海市档案馆藏，档案号：Q366 - 1 - 177 - 185。

② 李耀华：《近代中国的社会保险制度的演化：强制储蓄》，上海财经大学出版社 2019 年版，第 78 页。

五，此款由公司代存，每人另发一折，月息八厘。"在员工眼里，这种储蓄金是一种福利。"小南洋的福利待遇比老厂好些。每月照工资每元储五分，五年加倍。老厂是没有的。但规定：如开除或犯错误，就全部取消。"同时，工人们也认识到"这是笼络工人的办法，工龄愈长，就愈不敢犯错误"。[①] 这种从待遇方面对工人进行的约束有利于企业人员稳定，防止人才流失，保障长期生产。

当然，很多企业开展职工储蓄，除了有加强管理的目的外，充分利用吸收的储蓄金是另外一个重要目的。也正是这个原因，企业开展职工储蓄的积极性比较高。正如时人所言，"前此工厂商号之举办职工储蓄而储金系存于自己厂号之内者，因其可供利用，故所予该项储金之利息尤为优厚"。"又在此国内实业界对于职工之福利尚未能尽量举办时期，厂号等因得利用其职工之储蓄金以为经营业务之用，对于职工储蓄事宜，更可热心办理，以求互利。"[②] 康元印刷制罐厂于每月月底从职工工资中提取 5% 为养老储蓄金。这些储蓄金部分被用来添置锅炉、马达以及印刷机、制罐机等设备。[③]这一目的与企业吸收社会存款的目的是一致的，在此不再赘述。

五　存款泛滥的典型案例：日夜银行破产

20 世纪二三十年代，企业大肆招揽社会存款的行为，一

---

① 中国科学院上海经济研究所、上海社会科学院经济研究所编《南洋兄弟烟草公司史料》，上海人民出版社 1958 年版，第 305、306 页。
② 浚泉：《职工储蓄问题》，《人事管理》第 2 卷第 4 期，1937 年，第 33 页。
③ 佚名：《康元印刷制罐厂》，《国际贸易导报》第 4 卷第 8 期，1932 年，第157、178 页。

方面能为企业提供发展所需资金，另一方面由于缺乏有效的管理规范，社会储蓄事业泛滥。时人对此现象也表现出一定的担忧。"近观于沪埠游戏场，居然亦特设储蓄部并办理活期及零存整付之各项储蓄事业，真可目为儿戏……至于寓储蓄于游戏之中，而以不正当之手续及办法，俾办理储蓄事业，借以招徕取盈，而不能认为纯正之储蓄事业，则将来遇有不测，十分危险。"① 时人的这一担忧不幸言中，一些企业的突然破产引发了不小的社会风波，日夜银行破产事件即为典型的案例之一。对这一案例进行考察，有利于充分理解企业在吸收、运用与清理存款中涉及的诸多问题。

（一）黄楚九与共发公司

上海日夜银行与大世界游览储蓄部是宁波商人黄楚九等人开设的共发公司的下属机构。1921 年，黄楚九于大世界游览场发起成立夜市交易所，后因交易所风潮卷入旋涡之中，以失败告终。1923 年，黄楚九对夜市交易所进行改组，并将大世界、日夜银行合并，组织成共发公司。"将原来夜市交易之股份，每股十元进行五折，合成七十万元。其中，黄楚九占 60％。"② 1928 年，又将中西药房、福昌烟公司、温泉浴室等并入共发公司。共发公司组织结构如图 3 - 1 所示。

共发公司下属各项事业，都是独立经营，如有盈余都是存在日夜银行的，"所以日夜银行在共发公司里，处在金融中心的地位"。③

---

① 濯缨：《储蓄事业之滥用与储蓄观念之谬误》，《银行周报》第 8 卷第 9 期，1924 年，第 26 页。
② 范平镐：《日夜银行事件》，《交大月刊》第 3 卷第 1 期，1931 年，第 11 页。
③ 范平镐：《日夜银行事件》，《交大月刊》第 3 卷第 1 期，1931 年，第 12 页。

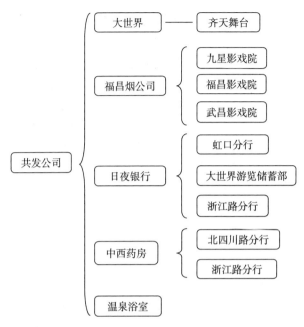

图 3 – 1　共发公司组织结构

日夜银行的资本是 50 万元，而温泉浴室同大世界的资本是 37 万两（从日夜银行资本中提出的），"这岂不是一注资本，作二种用途多吗？"日夜银行几乎成为黄楚九个人的贷款机构，"日夜银行对黄瑵记（黄楚九字瑵记）放了一百零六万元的透支（约资本的二倍），福昌公司放了八十四万（约当资本的一点七倍），而福昌的资本只有六十万。如此随意放款，真是使人吃惊"。① 日夜银行向黄楚九等人所办的共发公司过度放款造成存款准备金严重不足，为其倒闭埋下了祸根。"现在（1931 年）日夜银行的活期存款，有一百五十余万元，定期存款有一百四十余万元。而徐永祚会计师所接收的现金只有三百九十两（规元）以及洋二百九十七元七角

① 范平镐：《日夜银行事件》，《交大月刊》第 3 卷第 1 期，1931 年，第 13 页。

五分，仅占往存的一千九百分之一，或总存的三千七百分之一。这样的准备，就在平时也很难维持。"①

早在 1930 年夏秋之际，黄楚九忽患热病，其所营各业深受影响，日夜银行已有倒闭之象，"外间谣言四起，银行更岌岌可危"。幸赖"楚九公富于责任心，扶病筹划，勉力支持，尝言一息尚存，誓必维持到底，以保全存户利益，数月以来心血用尽"。② 不料黄楚九突然于 1931 年 1 月 19 日病逝。引发了一场不小的社会风波，也引发了南京国民政府禁止企业吸收社会存款的禁令出台。

（二）储蓄债权团的主张

根据黄楚九生前遗言，黄氏家属聘请虞洽卿、袁履登、王晓籁、王延松、叶山涛、赵并波等人为其逝世后的善后人员，妥善处理身后事宜。在黄楚九逝世当日，上述人员随即成立了善后委员会，并根据黄楚九的生前遗言，决议将黄楚九生前经营的日夜银行、大世界游览储蓄部进行清算，并委托徐永祚会计师代表办理清算事宜，而黄楚九生前经营的其他事业则照常营业。③

黄楚九的突然逝世，立马引起了日夜银行和大世界游览储蓄部存户的恐慌。在黄楚九逝世后的第二天，就有 500 余名储户前往徐永祚会计师事务所办理登记事宜。徐永祚会计师事务所应接不暇，决定将储户登记事项改在日夜银行总行办理，并于 1931 年 1 月 21 日发公告广而告之。"兹据黄楚九先生善后处理委员会委托，清算黄楚九先生生前所经营之上

---

① 范平镐：《日夜银行事件》，《交大月刊》第 3 卷第 1 期，1931 年，第 13 页。
② 佚名：《谭毅公律师代表黄宪耀宪中声明》，《申报》1931 年 1 月 29 日。
③ 佚名：《黄楚九逝世后消息》，《申报》1931 年 1 月 21 日。

海日夜银行及大世界存款游览部。本会计师业已受委办理，特设清算处于爱多亚路日夜银行总行内，所有日夜银行总分行及大世界存款游览部之各债权人务希于两星期内携带债款凭证，向清算处登记汇核，派达债务人，亦希于上开期内将所欠款项，如数送交清算处核收，制给收据为凭。幸勿延误。"[1]

日夜银行与大世界游览储蓄部吸收的社会存款共有 370余万元，多系零星小款，"存款在一千元以上仅六十余人"，[2]小储户众多。"日夜银行与大世界之游览储蓄部已于昨日（1931 年 1 月 20 日）起一律停止办公，内部职员方从事整理账目，两处门首，昨均贴有徐永祚会计师之清理通告，围观者自晨至暮，拥挤不堪，甚至有流涕者。"[3] 1 月 20 日晚上，上海市商会主席、黄楚九善后委员会委员王晓籁，在回答记者问题"日夜银行与大世界游览储蓄部，将来清理完竣后，储户方面能否不受影响"时说："此事现在清理期中，殊难答复。"[4] 王晓籁的话，进一步加剧了储户的恐慌。

1 月 21 日，日夜银行、大世界游览储蓄部债权人徐培元、倪士祥、谢干臣等 20 余人委托代表登报召集各债权人组织债权团。[5] 因"各债权人以（善后）委员会对于储款无确切保障"，1 月 21 日下午，300 多名债权人（有存款 10 余万元）在上海市商会召开会议，决议组织债权团筹备会，推朱紫萍为主席。另有 300 多名债权人（有存款 20 余万元）

① 佚名：《上海会计师公会会员徐永祚会计师清算上海日夜银行大世界存款游览部公告》，《申报》1931 年 1 月 21 日。
② 竞存：《为日夜银行宣告清理而作》，《钱业月报》第 11 卷第 2 期，1931年，第 1 页。
③ 佚名：《黄楚九逝世后消息》，《申报》1931 年 1 月 21 日。
④ 佚名：《黄楚九逝世后消息》，《申报》1931 年 1 月 21 日。
⑤ 佚名：《债权人筹备债权团通告》，《申报》1931 年 1 月 22 日。

则委托边嘉禄律师召集各债权人至该所进行债权登记，协商法律救济等办法。①

　　1 月 22 日，日夜银行、大世界游览储蓄部债权团在上海市召开成立大会，并推定陈介记、涂云巢、吴儒珍、经希仁等 27 人为债权团委员会委员，决议聘请何世枚、顾宪章两律师为法律顾问。同时，决议请上海市国民党党部、市政府、社会局、市商会、市民联合会和黄金荣、杜月笙、张啸林赐予援助，并函告黄楚九善后委员会委员虞洽卿、王晓籁、袁履登等人主持公道。② 债权团成立当日就登报警告共发公司董事会，要求后者准时偿还存款，"贵公司所属之大世界游览储蓄部及上海日夜银行忽于本月二十日宣告停止支付存款，派员清理，致使无数债权人顿感动摇。兹据本债权团决议催告贵公司在本年二月七日以前，将两部之各储户存款本息，一并清偿，以昭信用而维债权"。③

　　对共发公司只对日夜银行与大世界游览储蓄部进行清理，而别项事业照常经营的做法，债权团表达了强烈的不满，主要有以下两个原因。

　　一是担心黄楚九的一切家产不足以抵偿所有欠款。日夜银行与大世界游览储蓄部是共发公司附属机构，共发公司只对这两个机构进行清理，而其他事业照常经营，有逃避还款责任的嫌疑。"黄楚九君逝世，经其亲友组织善后委员会，对于黄君所营商业，如九福、福昌、中西、中法各公司，均予照常维持。惟将大世界储蓄部及日夜银行停止支付存款，宣告清理，使此两部分之债权，独感动摇。查黄君在世，纯

① 佚名：《黄楚九逝世后昨讯》，《申报》1931 年 1 月 22 日。
② 佚名：《黄楚九身后问题昨闻》，《申报》1931 年 1 月 23 日。
③ 佚名：《日夜银行清理后昨讯》，《申报》1931 年 1 月 24 日。

赖此两项机关，吸收无数平民之血汗金钱，充其发展他项事业之基金，是此两部分之存户，有造于黄君各项事业者甚大。于情于理，此两部分之债权人，理应享受优先特殊之保障，实无疑义。今乃适得其反，质之情理，岂得谓平。"①日夜银行与大世界游览储蓄部是共发公司附属机构，共发公司的其他董事应该负共同赔偿责任。正如债权团代表所言，"鄙人等皆因大世界游艺场殷实可靠，故将巨款存入，且该部既标明为大世界游览存款，是其性质完全附属于大世界，而非独立可知。今遽宣告清理，则其所负之债务，应由大世界各董事担负无限责任"。②

二是储户应该享有优先受偿权。储户认为："考各国破产法原则，凡属储蓄之债权人，均须优先付还，殆为世界公例。盖一以保全贫苦储户之利益，一以巩固储蓄事业之信用，矧此两部分之债权人，多属贫苦之户。多则千百不等，少则数十或数元之微，手胝足胝，节衣缩食，日积月累而来之血汗资金，一旦动摇，均有身家性命之危虞。试观连日两机关门前，痛哭流涕之苍妪老叟，捶胸顿足之店伙，劳工络绎于途，情形之惨，匪可言状，苟不先予维持，发还本息，值此严冬岁寒之时，必有生命危害之举，甚或铤而走险，酿成大故，尤非双方之幸。伏愿各界主持公道、力予援助，庶使千万储户血汗之资，得以保全，实所大愿，不胜迫切之至。"③

1月25日，债权团召开第四次会议。在会议上，委员涂云巢报告了储户周老太太被迫自尽的状况。"同乡周氏老妇，

①　佚名：《日夜银行清理后昨讯》，《申报》1931年1月24日。
②　佚名：《大世界存款游览部债权人唐盛德胡剑啸等通告各债权人》，《申报》1931年1月25日。
③　佚名：《日夜银行清理后昨讯》，《申报》1931年1月24日。

原系江西小康之家，年来因……为害，家产荡然，房屋亦被焚毁，乃于今日夏收拾尽余，变卖衣饰，得洋二千余元，逃难来沪，即将此款分存于大世界及日夜银行，纯赖此款为衣食父母之资，苟延残喘。今忽停止支款，生活骤失所依，惨于昨日服生鸦片自杀，幸经亲友发觉，用煤油灌救，得庆更生，但尚未脱离危险时期。"债权人听到此事"甚为愤慨"。

最后，会议决议呈请南京国民政府、行政院、实业部出面主持公道，呈报上说："沪商黄楚九逝世，经其亲友组织善后委员会，对黄所遗事业，如地产、烟草、药房、南货、影戏院，各项均予照常维持，独将上海日夜银行暨大世界游览储蓄部宣告清理，迄今多日，毫无切实表示，遂使万千储户之债权，咸感动摇惶惑，惨苦匪可言状。伏查银行业经营储蓄事业通例，其董事会及重要职员，均应负无限责任。闻该行该部原系无限公司性质，严令黄之事业，全部宣告破产。而该行该部仍应将全体储户本息如数清偿，况其他事业，均予以维持，则银行该部之债权尤应提前清偿，伏乞钧府、院、部俯念此万千储户……迅令上海市政府社会局出予主持公道。"[①]

（三）政府的介入与态度

由于牵扯存户众多，日夜银行、大世界游览储蓄部的清理工作异常复杂。为了安定社会局面，上海市商会1月22日致函黄楚儿善后委员会，要求后者对广大储户的利益给予保障。"案查黄君瑳玖病故以后，其生前经营之日夜银行暨大世界游览储蓄部，为已由贵委员会延致会计师先行从事清

---

① 佚名：《日夜银行清理中债权人之集会》，《申报》1931年1月26日。

理。敝会第二十九次常会讨论，以该行该部储蓄之储户，多系零星血汗之资积聚而成。自闻清理消息以后，本利均暂停付，其中妇女、劳工占其多数，类皆怅惘失措，实为可怜。银行办理储蓄，按照进行法理，其董事及重要职员均应负无限责任。此次办理清理，对于上列二点，议决请贵委员会予以注意，庶储户得充分保障。"①

债权团请求政府给其债权予以保护，南京国民政府给予了重视。1月26日，实业部电令上海市社会局，要求后者设法清理，以维护众多小储户的生计。"报载上海日夜银行、大世界游览储蓄部因营业主人身故，宣告清理，影响社会金融甚巨等情。查该银行及储蓄部平日专以吸收零星存款为主要业务，其储户多属中下级社会，内中更不少平民血汗之资，一旦停业清理，对于平民社会金融影响极大，亟应设法，勿令有所损失。"②

上海市社会局接到实业部电令后，即着手处理此事。上海市社会局局长潘公展在接受媒体采访时表示："现社会局第一步手续，在精确调查日夜银行及大世界游览储蓄部之全部账据及资产负债表。据报章所载，两部共吸收存款三百余万元，而清算时仅存现款千余元，则其余数百万元巨款投资何处，自应详为查出发记，分别追还。"同时，上海市社会局还传达了实业部具体的处理办法，"其次系调查共发公司之组织，因日夜银行及大世界游览储蓄部为共发公司营业之一部份，而该公司未经注册手续，故应负无限责任。对储蓄部分，更应负无限责任，其理至为明显，倘清算结果，人

---

① 佚名：《黄楚九身后问题昨闻》，《申报》1931年1月23日。
② 佚名：《社会局处理日夜银行事件 黄宅古玩饰物昨已估价》，《申报》1931年1月30日。

欠、欠人不能相抵时，当然应由共发公司董事股东负责填还不足之数。盖董事云者，非仅享受名义上及其他各种之利益而止，同时须负有极重大之经济责任也"。①

同时，上海市社会局指令徐永祚会计师，在清理过程中，不得以股份有限公司办法办理。"查本市日夜银行及大世界游览储蓄部，均系共发公司一部份之营业，既未遵照部颁银行注册章程，呈经主管官厅备案，又未遵照公司条例呈请注册，所收储户存款，大都系平民汗血之资，未便任受损失。兹奉前因，除派员至该会计师事务所切实调查案情外，仰即检齐日夜银行、大世界游览储蓄部一切收支账目以及共发公司组织章程、存收簿据，听候查验，并将清算情形，随时具报备核。"②

在政府积极介入的同时，债权团已走法律程序进行讨债，将共发公司起诉至法租界公堂。1月26日，债权人代表律师费席珍、边嘉禄在法公堂控诉称："敝律师等代表徐培元等债权人一千一百七十二户，计共三十余万元，又银一千三百余两，控诉该银行之行长。查该银行及储蓄部并无合法注册，当初因登极大之广告，致各债权人受愚，黄楚九于1月19日身故，次日即行倒闭，竟用黄楚九善后委员会名义，请徐永祚会计师清算，一方欲将其他如九福公司、九福堂等百余家之实业湮没不提，如此清算，各债权极端反对，请求准予另派会计师保管，俾得各债权不致吃亏。"③

日夜银行行长及大世界游览储蓄部的辩护律师姚肇第辩称："今据原告律师代表各债权控诉行长，惟行长不过代理

① 佚名：《潘公展谈日夜银行事件》，《申报》1931年1月27日。
② 佚名：《潘公展谈日夜银行事件》，《申报》1931年1月27日。
③ 佚名：《法公廨昨讯日夜银行控案》，《申报》1931年1月27日。

性质，倒闭后即不愿问，毫无辩论之可言。查得日夜银行与大世界游览储蓄部均系合伙性质，其总机关即共发公司股东并非黄楚九私产，须要共发公司破产，方可解决。查债务共有三百余万之多，今到案不过十分之一，倘该银行等清算结果有不足之处，再可向各股东负责要求。黄楚九善后委员会乃由黄之好友虞洽卿、王晓籁等五人所组织，深恐银行及大世界游览储蓄部有危险之处，故请会计师清算，亦系顾全各债权之利益起见。至于清算情形，尽可饬传会计师及善后委员会之人到案质讯。"辩论良久，最后法官龚湘承准予吴澄、潘肇邦两会计师保管日夜银行及大世界游览储蓄部的账据，限三天内报告核夺。①

此后，上海市社会局对吴澄、潘肇邦两会计师负责日夜银行及大世界游览储蓄部账据事宜进行训令。"查该银行及储蓄部所收存款均系平民血汗之资，总计存户不下一万三千余户，该会计师等既受法租界公廨委派接管，自应妥为清算，对于全体债户法益，尤应顾及。本局为监督清算起见，合行令仰该会计师迅将共发公司组织章程以及股东董事名册先行呈局，并将办理清算情形随时具报。"上海市社会局也致函法租界会审公廨，请求后者对储户权益给予保护，"自应统筹并顾，保护全体债权人法益，以期公允"。②

在上海市社会局的监督下和法租界会审公廨的判令下，1月29日黄楚九之子黄宪中、黄宪耀登报声明，将"楚九公所遗产业、契据、房屋地基、公司股票以及家中凡有价值之饰物、衣服、古董、书画、器具等物，悉数委托贵律师（黄

---

① 佚名：《法公廨昨讯日夜银行控案》，《申报》1931年1月27日。
② 佚名：《社会局处理日夜银行事件　黄宅古玩饰物昨已估价》，《申报》1931年1月30日。

之代理律师谭毅公律师）逐项造具清明，交善后委员会，以备变价偿还"。①

然而，这并不能打消储户对黄氏家人故意隐瞒私产意图不还所欠的疑虑。在 2 月 2 日的庭审上（社会局也派人到场旁听），债权人代表律师边嘉禄称："日夜银行及游览部名为储蓄机关，实则借此吸收大宗现金，借为经营别种事业之用，即共发公司所属之温泉浴室、九福公司、中西药房、中法药房等五处，尚有黄楚九个人名义在外经营不计其数。今由会计师查得黄楚九亏空日夜银行一百零五万余，有报告可证。近查黄氏家属委托谭毅公律师代表登报声明，内有楚九公曾邀知友组织万春银团，悉出所有地产、契据以为抵押，计垫入银行三十余万，又向亲友借垫五万元云云。则黄何以仍欠日夜银行巨额款项，显见黄氏家属隐匿私产，意图不还所欠，早有存心矣。"

边嘉禄最后提出七点请求："（一）请求饬传黄子宪中、宪耀到案清偿各债；（二）判令共发公司及各股东按照合伙营业负担无限责任，清偿各债；（三）假扣押共发公司所创设之温泉浴室、福昌烟公司、中法中西两药房等一切财产以备抵还债务；（四）扣押黄楚九个人所经营之黄九芝堂、黄泰隆、九福堂等全部财产以备抵偿；（五）准原告等代理人充任共发清理委员会委员并管理该公司现仍营业之各项商业；（六）准予保留原告等因日夜银行及大世界游览储蓄部停业所受之一切损失；（七）着令被告负担本案一切诉讼费。"②

在 2 月 2 日的庭审上，潘肇邦向公廨审判官汇报了其调

---

① 佚名：《谭毅公律师代表黄宪耀宪中声明》，《申报》1931 年 1 月 29 日。
② 佚名：《法公廨续审日夜银行案》，《申报》1931 年 2 月 3 日。

查结果，"查日夜银行及大世界游览储蓄部实际欠数共三百七十余万，放出之数亦有三百七十余万以上。惟现款甚少，均系放出在外"。[①]　其中，黄楚九一人就欠日夜银行105万元之巨。[②]　因此，黄楚九的遗产能否抵偿所欠105万元，成为整个案件的关键。据吴澄会计师给审判官的汇报，"关于共发公司所属各店营业，正详细调查一切，大致如中西药房、温泉浴室之债务，可望清偿。大世界欠日夜银行六十余万，游览储蓄部六十余万，共负债一百二十万元左右，立时筹还殊属不易，但假以时日，以盈余所得逐次拨清，亦殊非难事。福昌烟公司虽较困难，但能整理亦有希望。现最应明瞭者，即黄楚九之遗产究有若干，能否偿还日夜银行一百零五万之欠款"。[③]　审判官询问会计师潘肇邦如何办理此案，潘肇邦和吴澄会计师的建议基本是一致的，建议只对日夜银行进行清理。"潘答今有多处店铺已有人要盘，如成功则为数甚巨，可以先行分派。至赚钱之店如大世界、中法中西两药房等仍须继续营业，俾得再行分派各债。"[④]

上海市社会局对于该案件的处理态度，与吴澄、潘肇邦的建议也基本一致，局长潘公展在答记者问"将来清算，方针如何"时，回答说："政府监督清算之惟一主旨，即在不使债权人吃亏，尤其要不使零星小储户多蒙损失，而达此目的即在：（一）责成董事股东负完全责任；（二）从速拟定清算办法；（三）共发公司之附属营业机关，如可以维持者，应即设法使之维持过去，否则逐一倒闭，更不堪设想，而债权

---

① 佚名：《法公廨续审日夜银行案》，《申报》1931年2月3日。
② 佚名：《日夜银行清算案共发股东名簿》，《申报》1931年2月7日。
③ 佚名：《日夜银行清算案共发股东名簿》，《申报》1931年2月7日。
④ 佚名：《法公廨续审日夜银行案》，《申报》1931年2月3日。

人吃亏更大；（四）黄楚九之全部私产应一律清算抵偿其宕欠之债务。"①

然而，债权人并不认同只清理日夜银行而保持共发公司其他机构继续盈利而逐期摊还的方法。2月6日，一部分债权人推举代表三人前往上海市政府请愿，递交呈文，请求市政府速为主持，召集联系会议办理清算。为此，上海市政府秘书长俞鸿钧还接见了债权人代表。② 债权人代表坚持将共发公司全部产业进行清理，并且共发公司董事、股东亦应负共同责任。债权人的这一主张，与实业部的"共发公司股东全体负无限责任赔偿清理"态度一致。商业部商业司司长张轶欧对外表示："关于沪日夜银行之清理甚感困难，因黄楚九生前所营事业空头性质居多，日夜银行及大世界游览储蓄部均系无限性质，且股东亦不仅黄一人，其他股东亦应同负责任。自此事发生后，存户方面之自杀已有五六人之多，如不妥为清理，将来惨剧之发生必无止期。实部对此极为注意，已迭令沪市社会局督促清理，维持存户命脉。"③

（四）储户存款的艰难偿还

在实业部与债权人的强烈坚持下，1931年6月法公廨被迫宣判共发公司全部清理。"中西药房可以二十四万元出售，温泉浴室或可售五万元，如此则可以一成先行摊派各债权。"④ 随后，上海银行八仙桥分行"自本月（1931年6月）十八日开始代理摊发共发公司所系属日夜银行及大世界游览

---

① 佚名：《日夜银行清算案共发股东名簿》，《申报》1931年2月7日。
② 佚名：《日夜银行清算案共发股东名簿》，《申报》1931年2月7日。
③ 佚名：《张轶欧谈日夜银行事》，《申报》1931年2月3日。
④ 范平镐：《日夜银行事件》，《交大月刊》第3卷第1期，1931年，第12页。

存款部债款以来，瞬已一周。此一周中，共付九万九千八百四十四元九角八分，凡三千六百一十八户。每日平均在五百户以上，拥挤情形，可以想见"。[①] 1931 年 8 月，在潘、吴两律师的主持下，共发公司又派发了一成存款。[②] 然而，由于黄楚九的动产遗产所值不多，在日夜银行被宣判全部清理的两年之后，尚有八成存款没有清理。

一方面，黄楚九本人的不动产早已被用于抵押各项借款与领用四明商业储蓄银行券，且黄氏的债权人很多，债权债务关系比较复杂。因此黄氏不动产的拍卖迟迟不能进行，以致剩余八成存款始终没有着落。我们从 1933 年 11 月日夜银行储户债权团委托颜鲁卿具状上海第二特区地方法院的内容中可见一斑。"窃本案自起诉迄今，行将三易寒暑，而穷苦无告之债权人只由前法公廨发还二成。而本案自钧院接受以来，亦已有二年，尚未分文发还。具状人等因去年总收解前，需款孔亟，曾具状请速拍卖黄楚九不动产，以俾早日抵偿债权。倏已年余，在此一年，状催指定拍卖人迅速举行摆卖者，已不知几次矣。今国历总收解期，转瞬又在目前，而黄楚九不动产仍延未拍卖，实足令人不解。且查黄氏不动产均被黄氏抵押在外，具状人等普通债权所能希望者，不过拍卖得价抵偿押款后之余数耳，余数之多寡与有无，全恃钧院拍卖办法之得当与否。而余款发还之日期，尤恃钧院举行拍卖之迟早焉。屡次状催举行拍卖，未蒙钧院注意俯准，迁延迄今。国历总收解期，又已迫近，不动产之拍卖，难免影响。兹特具

---

① 佚名：《日夜银行发还存款消息》，《银行周报》第 15 卷第 24 期，1931 年，第 3—4 页。

② 佚名：《日夜银行第二次发还存款》，《银行周报》第 15 卷第 31 期，1931 年，第 4 页。

状，作最后之催请，不再另作有求无应之请求矣。"①

另一方面，共发公司的其他股东也试图逃避连带责任。如共发公司董事叶山涛"因欲诿卸已倒日夜银行对存款人应负债务之责任，伪造黄楚九准其辞退董事之信函"，被各债权人控告至法庭。"经法庭开审时，提出作证，以资搪塞，而图赖债。当被各原告察破此种鬼蜮伎俩，即向第一特区地方法院对叶提起伪造文书之刑事自诉。初审结果，宣告叶山涛无罪。但各原告咸不甘服，旋向江苏高等法院第二分院上控，经该院研讯终结，认定叶山涛提出黄楚九之信，确非黄之手笔，将原判撤销，处叶徒刑三月。惟念其为殷实商人，以前并未曾犯刑章，从宽缓刑二年。"②

从以上论述可见，储户讨还存款之路异常艰难。从后续的新闻报道来看，日夜银行储户的存款应该没有得到偿还，损失可谓惨重。日夜银行破产事件引起了不小范围的社会恐慌，这为试图禁止企业吸收社会存款的利益集团提供了口实，在他们的游说下，南京国民政府加快了禁止企业吸收社会存款的步伐。

六　南京国民政府的存款禁令

（一）南京国民政府的禁令

企业大规模招揽社会存款资金，必然给当时的社会金融

---

① 佚名：《日夜银行债权人催请拍卖黄楚九遗产情词恳挚需款迫切》，《申报》1933 年 11 月 24 日。

② 佚名：《叶山涛伪造文书罪，更审判决处徒刑三月缓刑二年》，《申报》1934 年 7 月 11 日。

秩序带来不小的冲击，也必然引发与银钱业等其他社会集团的利益冲突。早在 1924 年，金融界人士就在《银行周报》上发文对企业吸收社会存款的现象进行批评。"上海人之特长，惟善于揣摩风气，或利用堂堂皇皇之美名，俾为侥幸尝试之计。近观于沪埠游戏场，居然亦特设储蓄部，并办理定期活期及零存整付之各项储蓄事业，真可目为儿戏。原不值得一评，但吾人顾念储蓄事业之前途，殊觉流弊滋生。其影响于社会人心，而妨碍正当真实之储蓄事业者，至重至钜。若一游戏场所，乃亦思作驾空弋利之行为，其思想悖谬，尤为法律所不许。虽泾渭易分，薰莸自办，然蔓草不除，其害滋甚。"①

　　首先向企业吸收社会存款行为发难的是上海银行公会，而第一个向上海银行公会提出请求的，是以吸收社会储蓄为主要业务的上海商业储蓄银行。1930 年 3 月 20 日，上海商业储蓄银行致函上海银行公会，函中首先指出："提倡储蓄为银行之业务，处此国民经济道德两皆幼稚时代，储蓄一端自为当务之急，既以启发平民节俭之美德，复为异日经济上之援助。"该银行信函在列举上海一系列企业吸收社会储蓄的现象后认为，这种现象"不特侵犯银行营业，且易扰乱社会金融"，更重要的是，"设或彼辈收受巨额存款后一倒了事"，除会使"平民汗血积储之金钱顿化乌有"外，还必然会连累银行，对于银行储蓄业的前途"发生巨大影响"，该信函认为银行业不能对此现象置之不理。上海商业储蓄银行在信函中要求上海银行公会对此事进行干预，要"呈请财工两部予以取缔"，并要求上海银行公会"于会议时

---

① 濯缨：《储蓄事业之滥用与储蓄观念之谬误》，《银行周报》第 8 卷第 9 期，1924 年，第 26 页。

讨论施行"。①

上海银行公会对上海商业储蓄银行的来函非常重视，认为后者函中所说真的是"切中时弊"。为了能够让南京国民政府重视并采取切实有效的措施禁止企业吸收社会储蓄的行为，上海银行公会不仅先行组织了"储蓄银行储蓄则例章程研究会"，而且积极邀请各银行选派富有储蓄经验的人员参与研究，"务于最短期间将则例章程拟妥，然后呈请财工两部依法取缔，庶收事半功倍之效"。②

经过充分的准备之后，1930 年 4 月 9 日，上海银行公会以公会的名义上呈南京国民政府财政部，以企业吸收储蓄存款没有切实保障为由，要求政府对私自招揽社会储蓄存款的行为给予取缔。"查迩来沪市各商号，如书局、药房、百货公司等等，竟以兼办储蓄为招揽营业之揭橥，宣传广告，触目皆是，一时相习成风！试为调查，实在不少！其实保障如何？敝公会未敢断言，而社会不察内容，投入存款，动逾巨万。第事关平民经济，际此储蓄事业方在萌芽时代，普通商号不经政府许可，兼办储蓄，倘有疏虞，贻害平民生计，为祸至桔。非特有乖法令，抵非郑重民生之道！窃念大部主持计政，于民生利病，早有维护之方，所有储蓄事业！应如何申明保障，限制冒滥之处。伏祈裁酌，明令施行，实为公便。"③

---

① 《上海商业储蓄银行致上海银行公会函》，上海市档案馆藏，档案号：S173 - 1 - 203；转引自朱荫贵《论近代中国企业商号吸收社会储蓄——1930 年南京政府禁令颁布前后的分析》，《复旦学报》（社会科学版）2007 年第 5 期。

② 《上海银行公会函电稿：致复上海银行》，上海市档案馆藏，档案号：S173 - 1 - 203；转引自朱荫贵《论近代中国企业商号吸收社会储蓄——1930 年南京政府禁令颁布前后的分析》，《复旦学报》（社会科学版）2007 年第 5 期。

③ 佚名：《查禁普通商号兼办储蓄》，《江苏省政府公报》1930 年第 429 期，第 3 页。

看来，上海银行公会周密的呈文是起作用的，递交呈文不到十天，即 1930 年 4 月 18 日南京国民政府财政部就发布了钱字 11437 号咨文，要求各省市严厉查禁企业吸收社会存款的行为。“本部对于办理储蓄业务，限制甚严，凡各银行专办或兼办该项业务，非呈经核准，不得营业，所以保障储户安全，巩固平民生计，至为慎重。乃近年来各省市地方，每多普通商店，亦假借名称，擅营储蓄，而以上海一隅最甚；如九福公司之百龄机储蓄，世界书局之读书储蓄，先施永安等百货公司，亦莫不兼营储蓄，五花八门，无奇不有。既未经呈准有案，其资金之多少，与夫储金之如何运用，概莫得知；吸收者尽人民之膏血，设一旦有亏空倒闭情事，则受害者何可胜计；实于社会安全人民生计，关系至巨。该公会呈称各节，自系洞见症结之言，本部职责所在，亟应切实查禁，以杜后患。除分咨外，相应咨请贵省政府切实查禁，并希望将办理情形见复。”[①]

然而，各省市政府在接到南京国民政府财政部禁令之后，除了将禁令公告社会之外，似乎并没有采取什么实质性的禁止措施。江苏省政府对禁令似乎还颇有微词，在致中政会秘书处寻求彻底禁止办法的咨文中，认为只禁止中国企业吸收社会存款是不公正的，“查各通商口岸，各项储蓄会之设立，倡之者始自外人如万国储蓄会等，于是上海普通商号，亦例兼营储蓄业务，其资本若干，及若何运用，概不得知，人民投资其中，实属毫无保障。若仅以条文查禁，殊无效力。可否请贵处转呈经济组核议。对于如万国储蓄会等，

---

① 佚名:《查禁普通商号兼办储蓄》,《江苏省政府公报》1930 年第 429 期，第 3 页。

有无更进一步之彻底办法？讯赐示复，以便遵照办理"。① 应该说，在1931年2月25日以前，上海市政府在取缔企业吸收社会存款这件事情上，表现得并不是很积极。

1931年2月25日以后，上海市政府则转变了之前的态度。1931年2月25日上海市政府不仅发布禁止企业吸收社会存款的禁令，规定各公司企业储蓄部"限一个月内将各户储金，注意清还"，还发出十分严厉的警告："事关奉令取缔，毋得视为具文，致干未便，切切此令。"② 上海市政府态度的转变，归因于开设日夜银行、大世界游览储蓄部、九福公司的宁波商人黄楚九于该年1月19日的突然死亡，一时引起储户恐慌挤提和债权人的起诉，"查该银行及储蓄处所收储款，总计有一万三千余户"，造成金融与社会动荡，因为"日夜银行及大世界游览储蓄部之存款，多系劳工妇女等之血汗所积，大抵自一元起至数百元不等，影响于平民生计至巨"。③

上海市政府态度的转变，主要缘于南京国民政府实业部的训令。为了平息日夜银行宣告清理引发储户恐慌的事态，南京国民政府实业部于1931年1月26日，一方面训令上海市社会局积极监督处理日夜银行的清理工作，一方面要求上海市社会局严厉取缔企业吸收社会存款的行为。"迩来各地商民，往往有未经呈奉核准，擅营社会储蓄事业并利用社会弱点，以厚利及有奖办法吸收平民零星储款者，而各地银行又复有未经呈准公司注册，擅用有限公司名义，冀图避免无限责任等情事，尤以上海为最多。该局以后对于此等非法储

---

① 佚名：《查禁普通商号兼办储蓄》，《江苏省政府公报》1930年第429期，第4页。
② 佚名：《普通商店兼营储蓄之取缔》，《申报》1931年2月25日。
③ 佚名：《黄楚九身后问题昨闻》，《申报》1931年1月23日。

蓄，务须严加取缔，其银行未经呈准公司注册，擅用公司名义者，并应严令即日呈请注册，否则函请法院依法办理，事关社会金融，毋稍姑宽，切切此令。"① 在 1 月 26 日傍晚，上海市社会局局长潘公展在记者询问"取缔非法储蓄机关办法"时回答说："社会局亦正拟积极调查兼营非法储蓄之各种商店，俟调查竣事后，即分别令饬停止兼营储蓄，否则依法严惩。"②

上有南京国民政府财政部的禁令，下有黄楚九去世、日夜银行清理引发的社会风潮，这些正是上海市政府对待企业吸收社会存款态度转变的主要原因。1931 年 2 月 25 日，上海市社会局饬令企业即日起停止吸收存款，并发还储金，限一个月内结束。"兹探得其令文如下，为令遵事，迭奉市政府令，以准财政部先后来咨略开，中国内衣织布厂、新新百货公司、泰东图书局及中法中西两药房合组之妇女德储蓄部，系以普通商店兼办储蓄，均在取缔之列。又查近日新闻报载有上海东方储蓄会发给储蓄奖银通告，又友华银公司准备充足，逢二揭晓广告及上海同昌车行办理储款购车部信用存款部等项，均系违法营业，应哂一并严加取缔，以杜后患而重法纪。先施、永安两公司虽经香港政府注册，惟该公司原系华人集资组织，既在上海设立公司，自应遵守中国法律办理。不得以已经在港注册，遂可置法令于不顾等因，转令遵照分别办理具报等因。奉此，查商号兼营储蓄，系属违章营业，流弊滋多，本局正在分别取缔。设立公司，尤宜恪遵公司注册暂行行规，呈请主管官厅注册，俾资稽考，奉令前

---

① 佚名：《社会局处理日夜银行事件 黄宅古玩饰物昨已估价》，《申报》1931年 1 月 30 日。

② 佚名：《潘公展谈日夜银行事件》，《申报》1931 年 1 月 27 日。

因，除分别令遵外，合行令仰迅将所办储蓄部克日停止收款，限一个月内将各户储金，逐一清还。所有办理结束情形，限于文到十日内先行呈报核准。"①

为了使企业停止吸收社会存款的行为，上海市社会局在颁布禁令之后，又颁布了具体的取缔办法。"（一）令克日停止收款。（二）普通商店存款不用储蓄名义者，可暂免取缔，惟仍须请示中央。（三）活期存款限令仅一个月内发还各存户。（四）定期存款再分两项：（甲）存户本人在一个月内自愿提款时，应准照银行通例，利息改作活期计算，并发还存款；（乙）本人如并不提取时，应将总数转存核准办理储蓄之银行，否则须提供相当担保品于中央银行，暂候中央政府核示。（五）委托会计师仅一星期内检查各该公司商店之各种储蓄存款总数营业情状及资产负债状况造报候核。"②

（二）企业的态度与应对

面对南京国民政府的禁令，企业特别是被政府点名的那些企业，不得不遵照禁令，对外表示将会停办吸收储蓄业务。不过，那些设立储蓄部、打广告大力招揽社会存款的企业，则对政府的禁令表达了强烈的不满。这从其对外界的表示中，可见一斑。例如，先施百货公司经理郑昭斌就对外表示："敝公司设办储蓄之历史，与公司同时产生，计年有十三载矣。现在所有储蓄不及一百万。先施公司有职员一千人以上，储款多寡，听其自然。本公司在香港、上海、广东三

---

① 佚名：《取缔商店兼营储蓄》，《银行周报》第 15 卷第 7 期，1931 年，第 2—3 页。

② 佚名：《取缔商店兼营储蓄办法：上海社会局之令饬》，《银行周报》第 15 卷第 9 期，1931 年，第 1 页。

处共有资本一千万元，上海分公司资本有五百万元。以一千万元之资本担保一百万元之储蓄，自信毫无空头。"永安百货公司经理杨辉庭则宣称："在敝公司之储款，大约有一百数十万元，民国七年（1918年）办起，共有十余年历史。对于停办公问题，本人一唯总公司之命令是听，毫无主张。惟期限太短，在事实上难以遵照期限发还储款。"①

中法、中西药房襄理许晓初则声称："中法中西药房合办储蓄部，原意为推销化妆品而起。至去年下半年，财政部有取消商店兼营储蓄之命令，当时即将取消不办，然一般储户，为便利购买商品计，于情理上难以拒绝。"中国内衣公司储蓄部主任黄鸿钧声称："敝公司前为发展营业计，特招股款一百五十万元，设一营业储蓄部，于十九年一月十九日正式成立以来，颇得各界信仰，存户日渐增加，现计储户有三百余家之谱，共收存款三十余万元，而本公司基金充足，对于储户有相当保障。"②

面对国民政府的禁令，各公司应对措施不一。一些吸收社会存款的企业便遵从政府的禁令而停止了。1931年3月2日，中华工业厂在《申报》上刊登广告，要求该厂的储户前来办理存款清偿手续。"兹据政府令商店不准储蓄，本厂所有存户理应发还。请各存户均于三月十九日前来领回本息，逾期不领者，得随时还本不给息，特此声明。中华工业厂启。"③

1931年2月28日，中国内衣公司在《申报》上也公告

①　佚名：《兼营储蓄各商店停止收款》，《中行月刊》第2卷第9期，1931年，第65—66页。

②　佚名：《兼营储蓄各商店停止收款》，《中行月刊》第2卷第9期，1931年，第66—67页。

③　佚名：《中华工业厂各存户公鉴》，《申报》1931年3月2日。

了清理储蓄存款的办法。"敬启者，奉社会局训令，略开普通商店不得兼营储蓄等因，奉此。敝公司遵令停止收款，并按照银行清理办法在一个月内清理，自三月二十五日起付款，逐一清偿。如万不得已时，如分期归还，待一有确定办法，即行登报通告，业已呈请社会局派员调查资产，按本公司前因出品供不应求，而大事扩充，因欲保持股东利益而不招股份，增设储蓄部，以一百五十万元之资产保障三十万元之存款，实十分稳固，只因存货不能立变现金，即时清还，诸希亮察，此致。储户诸君公鉴。中国内衣公司谨启。"①

1931 年 3 月 10 日，丽华公司接到上海市社会局发来的公文，要求该公司解散储蓄部并停止吸收存款。丽华公司于第二天就登报声明："本公司创办至今，已有六载，历年营业，所用流动资本，纯赖股本周转，从不兼营储蓄部份。十九年秋，因见股友及职员常有少数款项附入，遂有存款，附属于发售券处，至今核计，总数不及一万元，均属股友及职员附入者，绝对非储蓄性质。本公司为审慎计，平日并未登报广告，及散发印刷品，招徕存款，且自社会局取缔各公司兼营储蓄命令发出后，诚恐存款亦有所抵触，故早已截止，并陆续通知各股友及职员将存款取回，以免有所误会，日内拟将上项情形，具文呈复社会局矣。"②

永安公司则将其储蓄部改组为银行。"上海永安公司所营储蓄部，原由公司拨足基金一百万元，营业及会计向系独立，只以未向政府注册，其法人地位与永安公司本身不分，致犯商店兼营储蓄之嫌。日内（1931 年 3 月 4 日）由郭乐、

---

① 佚名：《中国内衣公司启事》，《申报》1931 年 2 月 28 日。
② 佚名：《丽华公司未设储蓄部》，《申报》1931 年 3 月 11 日。

郭标、郭泉、杨辉庭、郭顺、欧阳民庆、杜泽文、郭琳爽、郭瑞祥诸人决议，将该储蓄部由永安公司划出，组成一独立之银行，即定名为永安商业储蓄银行，刻已委托公司会计顾问潘序伦会计师，预备呈请注册手续，俾此后各储户利益，可得有充分之保障。"① 其他企业更多的则是消极对待，这当然是由社会存款在企业发展中的重要性决定的。

（三） 政府禁令难有成效的原因

应该说，南京国民政府的严厉禁令并没有起到什么明显的效果，概括起来，这由以下两点原因决定。第一，企业吸收社会存款富有历史传统，一旦贸然禁止，正如上海市社会局忧虑的那样，"操之过急，一部分商号或竟因之倒闭，自非兼筹并顾之道"。② 第二，很多实际问题没有具体可行的执行标准。1931 年 3 月 31 日，上海市社会局将其在办理取缔企业吸收社会存款过程中存在的四个疑点，呈报上海市政府。四个疑点的主要内容，可以概括如下。

其一，上海市有 82 家银行从事储蓄事业，但仅有 24 家核准注册，其余各家未注册的银行如何办理？其二，对于普通银行与储蓄银行没有明文规定，已经注册的兼办储蓄业务的普通银行和没有注册的储蓄银行，是否视同商店擅自经营储蓄之例加以取缔？其三，已经注册兼办储蓄的银行，其组

---

① 佚名：《永安储蓄部改组银行：定名永安商业储蓄银行》，《银行周报》第 15 卷第 8 期，1931 年，第 34 页。

② 佚名：《上海市政府咨第一二四八号：为据社会局呈报奉令办理取缔商号兼营储蓄案经过情形咨请察核见复由》，《上海市政府公报》1931 年第 84 期，第 86 页，上海市档案馆藏，档案号：Y2－1－417；转引自朱荫贵《论近代中国企业商号吸收社会储蓄——1930 年南京政府禁令颁布前后的分析》，《复旦学报》（社会科学版）2007 年第 5 期。

织属于有限公司，对于储蓄部分是否只负有限责任，还是仍需负无限责任？其四，普通商店以存款部相号召吸收款项为营运资本，或并不设立存款部而以信用关系平民自愿存放款项，历来为商业习惯，是否另定商店存款办法，做到有法可依还是听其自然？因为，上海市社会局认为："未经承准擅营储蓄之公司商店，既经奉令严加取缔，而于银行办理之储蓄事业，如依照银行组织之性质不负无限责任，其危险实更甚于普通商店之兼营储蓄，似宜另定储蓄法或储蓄银行则例，俾有保障而资遵循。"[1]

另外，还有外国人在上海开办的各类储蓄会，如万国储蓄会、中法储蓄会均以有奖储蓄为号召，大力吸收社会存款，并且吸收的款项数量十分惊人。对于外人开办的储蓄会如何处理？[2] 由上可见，在执行禁令的过程中，实际问题远比想象中的复杂得多。

鉴于取缔过程中的种种困难，上海市社会局从商人习惯之中寻求变通办法。1931 年 3 月 15 日上海市社会局向外发布了新的禁令，新禁令虽然重申了取缔吸收储蓄的政策，但是从中已经看到了变通的态度，如"普通商店存款不用储蓄名义者，可暂免取缔，惟仍须请示中央……定期存款……本

---

[1] 佚名：《上海市政府呈第三五三号：为据社会局呈报取缔擅营储蓄沥陈疑义转呈鉴核示遵由》，《上海市政府公报》1931 年第 86 期，第 64—65 页，上海市档案馆藏，档案号：Y2 - 2 - 419；转引自朱荫贵《论近代中国企业商号吸收社会储蓄——1930 年南京政府禁令颁布前后的分析》，《复旦学报》（社会科学版）2007 年第 5 期。

[2] 佚名：《上海市政府呈第三五三号：为据社会局呈报取缔擅营储蓄沥陈疑义转呈鉴核示遵由》，《上海市政府公报》1931 年第 86 期，第 64—65 页，上海市档案馆藏，档案号：Y2 - 2 - 419；转引自朱荫贵《论近代中国企业商号吸收社会储蓄——1930 年南京政府禁令颁布前后的分析》，《复旦学报》（社会科学版）2007 年第 5 期。

人并不提取时，应将总数转存核准办理储蓄之银行，否则须提供相当担保品于中央银行，暂候中央政府核示"。①

4 月 27 日，上海市社会局拟具了三条变通办法，上呈市政府并转呈财政部。在呈报中，上海市社会局首先陈述了其提出变通办法的理由，"取缔商号兼营储蓄一案，自应遵照办理。惟查吾国商店稍有信用者，大都均有存款之收受，其利息大都较钱拆为轻，借以周转资本，较为合算。在存户则以素稔该店内容、信用，利息较轻，亦愿擅相与往来。以视擅营储蓄商店，全凭广告宣传，重利吸收现金存款者，有霄壤之别。如果一律加以取缔，则以各店收受存款事前并未登报招徕，自必有名无实，即令万一办到，本市商业亦势必特起变化。至于另饬改组银行，则商业资本原属有限，核与银行法又有不符。职局斟酌再三，拟就商人习惯中略寓限制之意"。② 由此段陈述可以看出，上海市社会局的意思是，立即禁止企业吸收存款的行为，不仅在现实操作中是困难重重的，还会给市场带来很大的困难，因为存款对企业的正常运行实在是太重要了。

鉴于禁止活动中存在的种种困难，上海市社会局提出了以下三点变通办法。"1. 各商店收受存款不得登报招揽；2. 各商店收受存款之数目不得超过原有资本额之几倍；3. 存户非相知有素或亲友介绍者，商店不得收受存款。如是，则普通商店之收受存款既与擅营储款者以示区别，而商业习惯上

---

① 佚名：《取缔商店兼营储蓄办法：上海社会局之令饬》，《银行周报》第 15 卷第 9 期，1931 年，第 1 页。

② 佚名：《上海市政府训令第八三〇九号：令社会局：为财政部咨复关于取缔商店收受存款变通办法三条，一三两条尚应修改，第二条应予删除等由转行遵照办理由》，《上海市政府公报》1931 年第 91 期，第 10 页。

亦不致受何影响。"①

5月15日，上海市社会局收到了财政部的回复："查社会局所拟变通办法三条，系为限制兼营储蓄仍保持商人习惯起见，用意固善，惟一三两条尚应酌予修改：第一条改为各商店不得登报招揽存款；第三条改为各商店非其亲友以彼此信用关系自愿存放者外，不得收受存款。至第二条拟由政府明白规定存款之额数，不啻承认其收受存款，显与银行法之规定及取缔兼营储蓄之原意不符，应予删除。"②

在收到财政部的意见之后，上海市社会局确定了企业吸收社会存款的最终办法。"关于普通商店收受存款一项，财政部本拟亦列在取缔之例。嗣因该局认为普通商店，运用自己资本，而不收受存款者，十不得一。如遽然取缔，则影响商业前途，实非浅鲜。拟就商人习惯之中，略寓限制之意。如普通商店不用储蓄名义，遵照核办，该项办法办理者，得免取缔。曾经呈奉市府，转咨财部核复，兹录其关于取缔商店收受存款变通办法两项如下：（一）各商店不得登报招揽存款；（二）各商店除其亲友及彼此信用关系，自愿存放者外，不得收受存款。"③ 由此公告可以看出，取缔的禁令成了一纸空文。最终结果是，除了不允许企业登报招揽社会存款

① 佚名：《上海市政府咨第一四〇二号：据社会局呈以奉令取缔商店收受存款案拟具变通办法三条转请查照见复由》，《上海市政府公报》1931年第89期，第73页，上海市档案馆藏，档案号：Y2 - 2 - 422；转引自朱荫贵《论近代中国企业商号吸收社会储蓄——1930年南京政府禁令颁布前后的分析》，《复旦学报》（社会科学版）2007年第5期。

② 佚名：《上海市政府训令第八三〇九号：令社会局；为财政部咨复关于取缔商店收受存款变通办法三条，一三两条尚应修改，第二条应予删除等由转行遵照办理由》，《上海市政府公报》1931年第91期，第10页。

③ 佚名：《普通商店收受存款办法：已由财政部规定》，《银行周报》第15卷第19期，1931年，第8期。

外，其他形式的储蓄存款不仅可以继续存在，而且还得到地方政府的鼓励。

在随后的十几年里，国民政府又先后发出了几次禁令，如 1935 年 12 月财政部"又重申禁令，内有'各地普通商号，仍有假借名义，自由吸收类似储蓄存款情事，不独有违法令，且其资金之多寡，与夫储金之如何支配，概不得而知。设一旦有亏倒情事，则受害者何可胜计'云云，并咨省市政府饬属严禁"。① 1940 年，重庆国民政府为加强金融统制，财政部电令上海市商会暨银钱业同业公会，严厉禁止普通商号吸收存款，"普通商号自应依照本部迭令办理，兹特重申禁令，如果普通商号有兼营吸收存款或办理汇兑情事，应即加取缔，并奖励举发，并从严究办"。② 1947 年，为了防止游资作祟，南京国民政府再次下令严禁企业吸收社会存款。几次后续禁令和 1931 年的禁令一样，都成为一张张空文。南京国民政府的禁令之所以难有成效，除了上面所言的原因外，还有以下几个方面的原因。

其一，企业会钻法律的空子。南京国民政府公布禁令之后，一些公司，如永安公司根据银行法中规定的相关条款，特拨一笔款项成立永安银公司，以银行的名义继续招揽社会存款。"查民国二十年（1931 年）所公布之银行法，第一条即曾规定，凡经营存款、放款、汇兑或贴现票据各项业务之一者，即为银行，其不用银行名称者，视同银行。该法公布后，虽因种种关系未能付诸实施，但一般较大商家利导，特拨一笔资金附银行一部，专司存款事宜，如沪上某大公司即

---

① 宇仓：《钱庄应兼营储蓄业务》，《钱业月报》第 16 卷第 1 期，1936 年，第 53 页。
② 李江：《商号存款及内汇问题》，《申报》1940 年 11 月 18 日。

为一例。"[1]

其二，对企业吸收社会存款的行为难以监管。基于私人之间关系的存款行为具有较强的隐蔽性，同时可以变换会计科目逃避审查。正如时人指出的那样，"唯就实际地情形言，姑不论政府之权力是否得全能及于上海，商家吸收存款实不易完全禁绝。盖商号所吸收之存款，大多基于私人情感之关系，外人实无法干涉也，此为一。商号所吸收之存款，利率常较银行为高，何况目下各银行正有减低存息之举首？此为二。即使有人出而举发，但商号可在会计科目上设法蒙混，例如明明为存款科目，为欲避免存款名词计，不妨改之为借入金或其他名称之科目，一转变间，即可避去立法之干涉，此为三。有此三因，财部训令或不易办到"。[2]

其三，企业得不到金融业的有力支持，不得不继续吸收社会存款，以维持它们的运行与发展。"商号存款，本是民间通行的习惯，在行庄存息过低，与行庄放款严密限制的时候，如非有意把工商业予以全部窒息，这本是行不通的办法。何况内地较小的市镇上，根本还没有行庄。如果真的做到商号不许收受存款，试问这些存款，叫他们放到哪里去？这些商号，又到哪里融通去？"[3]

由上可见，仅通过政府禁令很难禁止企业吸收社会存款。正是由于种种现实因素的制约，企业吸收社会存款的现象，在20世纪三四十年代依然非常盛行。

---

[1] 李江：《商号存款及内汇问题》，《申报》1940年11月18日。
[2] 李江：《商号存款及内汇问题》，《申报》1940年11月18日。
[3] 佚名：《防止游资作祟在改革币制》，《申报》1947年12月17日。

七 小结

本章对中国企业吸收社会存款的历史传统，特别是存款利率水平的高低，做了深入的考察。在此基础上，重点分析了企业吸收社会存款在近代中国社会中的普遍性，即在地域上、行业上的普遍性。而且，对企业吸收存款的对象，如企业的股东、职员及其熟人，政府机关，社会团体等，做了案例展示与简单介绍。同时，对清末民初以后企业在吸收社会存款方面发生的新变化，如以打广告、送礼品的方式面向社会招揽存款，开设储蓄部专司其事等给予了介绍，并对企业吸收社会存款的不同目的给予了介绍。另外，对南京国民政府取缔企业吸收存款的原因、过程与困境给予了重点论述。

本章研究表明，企业吸收存款用于自身发展具有历史传统，成为近代中国企业筹集资金的主要途径之一。企业吸收存款自筹运作资金，在历史上发挥了重要作用。近代中国企业吸收存款也表明，在近代中国社会中，资金的运行方式有着与其他国家不同的传统与特点，表现得特别自由和特别富有活力，这是中国传统商业习惯和不成文的缺乏效率的制度安排决定的。尽管南京国民政府多次出台禁令，但并没有从根本上改变企业大规模吸收与运用社会存款的境况，这充分说明了企业吸收存款用于发展自身的传统有着现实基础。

企业大规模吸收与运用存款，带有中国传统经济因素的痕迹。例如，企业是如何取信于储户的？换句话说，信用在企业吸收存款中是如何发挥功能的？等等。对这些问题我们都要做深入研究。另外，本章内容并没有具体展示出存款在近代中国企业资本结构中的地位以及历史作用，要对这些问题进行深入考察，需要做大量的统计性工作。只有通过具体的数据分析，才能弄明白一些关键性的问题，并对考察的问题有深入的把握。

第四章　吸收存款的长期资本化

　　近代中国企业大力吸收社会存款，无疑是为了满足自身发展的需要。吸收的社会存款，或被用于企业扩充经营规模，或被用于促销产品业务，或充作短期流动资金，或作长期资本使用。总之，在融资异常困难的环境中，通过吸收社会存款，企业最大限度地解决了资金不足的问题，使存款在企业发展中发挥了重要的历史作用，有力助推了中国工业化的进程。为了明确存款在近代中国企业发展中的地位与历史作用，有必要对存款在不同行业企业的资本结构中的地位做一番深入考察。只有在此基础之上，我们才能较好地理解为什么一部分企业将存款作为短期流动资金使用，而另一部分企业则将存款作为长期资本使用。为了能将存款作长期资本使用，很多近代中国企业采取了一系列将存款长期化的措施。这些措施有力地保证了企业促进自身发展的目的。

一　近代中国企业的组织形式

　　在考察存款在企业资本结构中的地位与历史作用之前，先要了解一下近代中国企业的组织形式与会计科目。企业组织形式不同，在筹集资金方面的难度与适用范围是不同的。在西方国家，有限公司有利于筹集大规模资金，而合伙企业在利用资金方面似乎更有效率。在近代中国社会，这种情况依然如此吗？自有资本、借款、存款这几个会计科目有怎样的内涵？只有对上述问题及相关概念有深刻的理解，才能更好地理解所要讨论的重要问题。

（一）企业的组织形式

五口通商以前，中国只有独资与合伙两种商业组织形式。正如民国时期公司理财专家王宗培所言，"我国之企业组织素称简陋。在昔闭关时代，所谓领袖地方之商肆作场，不出独资与合伙两种形式"。它们"资本薄弱、范围狭小、机构散漫、营业不大，内容可以想见。其由一氏一族合资经营者，店务之处理，均归本族弟兄子侄，分任劬劳，轮值主持，初无外姓人员，插足其间。如以医药业为例，其以祖传秘制为号召者，奉行'传子不传女'之观念，因是店务之进退，与氏族之兴衰息息相关，互为因果。至若中等以下之小型商肆，所谓'夫妻老婆店'之一流，更鄙不足道矣"。[①]

五口通商以后，外国商人陆续来华投资，开设洋行与工厂，并效仿欧美国家企业的成例，采用公司制度，尤其以股份有限责任公司最为盛行。特别是甲午战争之后，外商企业的数量与规模都大为增加与扩张。外国商人在中国集合资本，发行股票，国人亦有应募入股。[②] 于是风气渐开，中国企业渐有采用西方公司制度者。

在近代相当长的一段时期内，我国并没有制定相关的公司法律。直至1903年12月，晚清政府才制定《公司律》，共计131条，"是为我国公司法规之嚆矢"。不过，西式的有限责任公司制度，虽然在中国社会时有设立，但是并不被近

---

① 荀如：《一百家中国公司底资本结构之分析（上）》，《银行周报汇编》第26卷第17—18期，1942年。

② 张秀莉：《上海外商企业中的华董研究（1895—1927）》，《史林》2006年第6期。

代中国社会普遍信仰。正如时人所言，"迄今法制虽已三更，前后历史犹不满四十年耳。就统计观察，截至民国二十四年（1935 年）六月为止，注册之公司，不过二千七百家。若以《中国工业调查》一书所载之统计为例，全国合于工厂法之工厂共二千四百三十五家，其中公司组织者，仅占百分之二十八，而大多数之工厂仍属独资或合伙之性质"。① 著名金融专家杨萌溥认为，戚族关系之深固、对人信用之发生、大资本家之缺乏、储蓄机关之未备，② 是合伙企业在近代中国长期盛行的几个重要原因。从表 4 - 1 中的数据，可见合伙制企业在近代中国盛行的概况。

表 4 - 1　截至 1935 年 6 月全国合于工厂法工厂资本组织统计

单位：家，%

组织类别	家数	百分比
独资	561	23.04 *
合伙	994	40.82
公司	682	28.01
政府经营及其他	198	8.13
合计	2435	100.00

* 原文为 20.34%，经计算，应为 23.04%。

资料来源：荀如：《一百家中国公司底资本结构之分析（上）》，《银行周报汇编》第 26 卷第 17—18 期，1942 年，第 3 页。

由表 4 - 1 可见，合伙组织在近代中国企业中的重要地位。即使在经济最为发达的上海，情况也是如此。根据 1929

① 荀如：《一百家中国公司底资本结构之分析（上）》，《银行周报汇编》第 26 卷第 17—18 期，1942 年。
② 杨萌溥：《吾国合伙组织之研究》，《经济学季刊》第 2 卷第 4 期，1931 年，第 9 页。

年的调查，在上海 85 家钱庄中，除 7 家为独资外，其余均为合伙组织，几乎占了全部的 92%。"计以资本分作十股者，有六十八家；分作十一股者，有三家；分作十二股者，有六家；分作十三股者，有一家。而此八十五家，属于隐名合伙，收有'附本'者，计有二十八家。'附本'数额，大致小于资本数额；然亦有大于资本者；如元盛资本仅有四万两，而附本反多至十万两，赓裕资本为十二万两，而附本反为三十万两。"在工厂方面，"根据上海特别市社会局于十七年所编印之上海之工业一书"，1928 年上海共计有 1307 家，而合伙组织的工厂则有 550 家之多，几乎占全部的 43%。按照无锡年鉴的记载，在无锡 200 余家工厂中，合伙组织共有 78 家，几乎占全数的 39%。"此为上海、无锡之情形，在内地公司组织尚未发达之处，其比数恐尚不止此数也。"①

根据《中国工业调查》（中册）的统计，1934 年上海有华资工厂 1883 家，其中独资及合伙组织各占 40% 以上，公司不及五分之一。就资力而言，独资工厂每家平均资本不过法币 11579 元，合伙工厂约为独资企业的 3 倍，为法币 44985 元（见表 4-2）。以公司为组织形式的工厂，平均资本额约为法币 337700 元，虽然不足与欧美先进各国的工业资本相比较，然而与原有之独资及合伙企业组织相比已有极大的提升。②

---

① 杨荫溥：《吾国合伙组织之研究》，《经济学季刊》第 2 卷第 4 期，1931 年，第 8 页。
② 荀如：《一百家中国公司底资本结构之分析（上）》，《银行周报汇编》第 26 卷第 17—18 期，1942 年，第 3—4 页。

表 4 - 2　1934 年上海各种工业资本组成与资本分类统计

组织类别		工厂		工厂资本		每家平均（元）
		家数（家）	百分比（%）	资本总数（元）	百分比（%）	
独资		760	40.36	8800137	5.64	11579
合伙		793	42.11	35672830	22.88	44985
公司	无限公司	34	1.81	11794800	7.57	346906
	两合公司	11	0.58	583000	0.37	53000
	股份有限公司	281	14.92	98388650	63.11	350138
	股份两合公司	4	0.22	674000	0.43	168500
合计		1883	100.00	155913417	100.00	82801

资料来源：苟如：《一百家中国公司底资本结构之分析（上）》，《银行周报汇编》第 26 卷第 17—18 期，1942 年，第 4 页。

由表 4 - 2 中的数据可见，合伙企业数量最多，有 793 家，占 42.11%；独资企业次之，有 760 家，占 40.36%；而股份有限公司有 281 家，占比仅为 14.92%。但是，股份有限公司远较独资与合伙企业的资力雄厚。合伙企业每家平均资本为 44985 元，独资企业的资本额仅为 11579 元，而股份有限公司资本额达到 350138 元。"我国之公司企业，虽未见发达，然而资力之雄厚，驾临独资或合伙企业而之上，固属尽人皆知。就吾人已知之统计，三十年来注册之公司，凡二千六百八十二家，注册资本之总数，计为国币 1023522175 元，每家平均资本为国币 381626 元……以重要性言，自以股份有限公司为首要，计占注册家数之百分之七十强，注册资本之百分之九十五弱。"[1] 在新式企业中，无论是企业数量还是平均资本金额，

---

[1]　苟如：《一百家中国公司底资本结构之分析（上）》，《银行周报汇编》第 26 卷第 17—18 期，1942 年，第 4 页。

股份有限公司最多，无限公司次之，有 34 家，两合公司有 11 家（平均资本数最少），股份两合公司仅有 4 家。截至 1935 年 6 月，近代中国公司注册数量与资本如表 4-3 所示。

表 4-3　近代中国公司注册数量与资本（截至 1935 年 6 月）

项　别		注册公司		注册资本		每家平均（元）
		家数（家）	百分比（%）	资本总额（元）	百分比（%）	
至 1928 年止		716	——	463127560	——	646826
1929 年 2 月至 1935 年 6 月	无限公司	509	25.89	25539780	4.56	50176
	两合公司	56	2.85	3924200	0.70	70075
	股份有限公司	1384	70.40	528869035	94.37	382131
	股份两合公司	17	0.86	2061300	0.37	121253
总　计		2682	——	1023521875		381626

资料来源：荀如：《一百家中国公司底资本结构之分析（上）》，《银行周报汇编》第 26 卷第 17—18 期，1942 年，第 4 页。

由表 4-3 可知，在 1929 年 2 月至 1935 年 6 月，股份有限公司实为近代中国新式公司中最为普遍的组织形式，每家平均资本也最高，有 382131 元。这与 1928 年及以前每家平均资本 646826 元相比，有较大幅度下降。这是因为新公司法施行以后，小公司大量增加，拉低了企业的平均资本。"此为新公司法施行以来，小型公司发达之象征，故而五六年来，注册公司家数激增，以视民国十七年（1928 年）以前，增加二倍半以上，此为后进国家企业发展之必然过程。只须朝野合力推动，指示创导，自能到达企业合并之阶段，树立我国民族新工业百世之基础，过去四十年之经过，犹其发轫耳。"[①]

---

① 荀如：《一百家中国公司底资本结构之分析（上）》，《银行周报汇编》第 26 卷第 17—18 期，1942 年，第 4 页。

（二）　企业财务中的会计科目

现代公司鲜有以自有资本经营大规模事业者，借入资金乃为公司理财政策上的常见之事。关于企业借入资金的来源，近代欧美国家不外商业信用、银行放款、商业票据与公司债等几种途径。然而，近代中国企业迥异于西方企业，其中吸收与运用社会存款尤为中国企业理财政策上的一大特色。"吾国以国情迥异，金融制度又未臻完善普遍，普通之公司商号，皆自行吸收存款，以为资金之调节，其历史悠久，基础厚实者，存款在运用资金所占之地位，自亦更见其重要。犹忆民国十七八年（1928～1929年）间，上海之普通公司颇有设立存款一部，登报招揽存款者，而尤以上海永安公司之银业部，最称发达。其后以效颦者众，于是弊窦横生，存户以担保不实，受亏甚巨。始经政府明令取缔，于是普通公司商号公开吸收存款之风气，始见稍杀。然而上海市政当局，佥以为普通公司商号，运用自己资本，而不收受存款者，十不得一，深恐严格取缔，影响商业前途，爰经订定取缔商店收受存款变通办法两项：凡遵照该项办法办理者，得免予取缔，此乃就商人习惯之中，略寓限制之意，而我国普通公司商号收受存款之性质，亦于此可见矣。普通公司之自行吸收存款，以为资金之筹措，可谓我国公司理财政策上之一大特色，因之我国公司企业之资本结构，亦与欧美先进国家彼此互异"。[①]

为了能够较好地理解社会存款在近代中国企业资本结构

---

① 荀如：《一百家中国公司底资本结构之分析（上）》，《银行周报汇编》第26卷第17—18期，1942年，第5页。

中的重要地位，现对近代中国企业财务中的自有资本、借款与存款这三个重要科目做一番简要的解释。

自有资本。近代欧美国家企业的资本，都是以自有资本为主的。自有资本可分为普通股与优先股两种，与长期借款鼎足三分，为企业资本的支柱。而近代中国新式企业历史较短，资本比较贫乏。"公司股份几成普通股独占之局面。"优先股虽然有企业偶尔发行，但是其作用与欧美国家的也不尽相同，且数量不大，无足轻重。本书中所言的自有资本，考虑到近代中国企业均有隐瞒投资总额的现象，故以实收资本与法定公积金的合计数为标准。

借款。包括银行、钱庄的信用放款、抵押放款与公司债券等。欧美国家企业长期债款以公司债券为主。银行的长期借款偶尔有之，但并不占据重要地位。近代中国企业向金融机构借款，比较重视借款人的信用而轻物质抵押，"往来透支、长期放款等莫不以信用为归，即新兴之银行，亦仍萧规曹随，袭用钱庄之陈法，以为圭皋。至其巨额借款之以不动产为抵押者，勿论为单独承借，抑属银团合作，亦皆呆滞于帐面，而不思转以公司债券发行之方式，使之流通于市场，而加强资金周转之速度。故而三十年来，公司债券之发行数量，戋戋可计，其能流通于市面者，更属凤毛麟角耳。"①

存款。如前文所言，吸收社会存款是近代中国企业融集资本的重要途径之一。以其重要性言之，"有时且凌驾行庄借款而上之"。② 这里所言的普通公司商号的存款，有广义与

---

① 荀如：《一百家中国公司底资本结构之分析（上）》，《银行周报汇编》第26卷第17—18期，1942年，第6页。

② 荀如：《一百家中国公司底资本结构之分析（上）》，《银行周报汇编》第26卷第17—18期，1942年，第6页。

狭义之分。狭义的存款，以活期或定期性质的存款为范围。广义的存款，凡属董事、股东的垫款，职工的储蓄，个人的借款等皆属之。这里所言的存款以广义为准绳。企业吸收社会存款虽然订有期限，"而取款辄须先期通知，约期提取"，与银行普通的定期存款与活期存款有所不同。"究其通行之原由，仍以我国金融机关不发达与夫长期赊账制度之存在为两大主因，以致社会资金，失其调节。工商企业不得不自拓门径，张罗资金，以供周转上之所需。"[1]

二　存款在企业资本中的重要地位

（一）近代中国企业的资本结构

为了弄清楚社会存款在近代中国企业发展中的作用，有必要先对其在企业资本结构中的地位予以明确。无疑，量化分析是最为有效的研究方法。但是，受制于重守秘密的传统，近代中国企业大多不愿对外公开或泄露自己的商业信息，因此鲜有公开而可靠的数据可用。"商界习惯，类均重守秘密，而我国尤甚，不特不乐以自己之底细，详告他人。"[2] 幸而，民国时期的公司理财专家王宗培、黄组方二人出于研究与教学需要所搜集、整理的相关资料，使量化分析存款在近代中国企业资本结构中的地位的工作变得可行。

1. 资料来源与说明

存款在近代中国企业资本结构中的地位，是一个重要问

---

① 荀如：《一百家中国公司底资本结构之分析（上）》，《银行周报汇编》第26卷第17—18期，1942年，第6页。

② 士浩：《信用调查未臻进展之原因》，《银行周报》第7卷第26期，1923年，第7—8页。

题。本节所使用的主要资料，是民国时期著名的公司理财专家王宗培于 1940 年秋搜集整理的 100 家重要企业的财务数据。王宗培在讲授公司理财课程时，深感中国企业资本结构与西方企业的资本结构显著不同，即存款在中国企业中占有重要地位，这一点是其他国家企业所没有的。"普通公司之自行吸收存款，以为资金之筹措，可谓我国公司理财政策上之一大特色。因之我国公司企业之资本构造，亦与欧美先进国家彼此互异。民国二十九年（1940 年）秋曾躬数周之力，搜集大小公司一百家，撮取其各项关系科目，试作研讨。取材原定以民国二十四五年（1935～1936 年）两年为准，嗣以资料之配备困难，不得不稍事变通，远以民国二十一年（1932 年）为始，近迄民国二十八年（1939 年）为止，均在采用范围之内，惟仍以原订标准以为主体耳。"①

在这 100 家重要企业之中，有 63 家位于上海，有 14 家位于江苏，有 6 家位于浙江，河北、山东、山西各有 3 家，安徽、湖北和香港各有 2 家，河南、四川各有 1 家。其行业分布情况是：纺织工业（含丝毛纺织工业）36 家、化学工业 14 家、公用事业 10 家、饮食品制造工业 9 家、造纸印刷业 8 家、百货业 6 家、交通运输业 6 家、煤矿和垦牧业 5 家和其他工业 6 家。这 100 家企业大多是近代中国工商业中的佼佼者，它们吸收社会存款的情况具有较强的代表性。这 100 家企业的名称与行业分布如表 4-4 所示。

在这 100 家企业中，除无限公司与股份两合公司（股份两合公司是上海家庭工业社，该社于 1941 年改组为股份有限

---

① 荀如：《一百家中国公司底资本结构之分析（上）》，《银行周报汇编》第 26 卷第 17—18 期，1942 年，第 5 页。

表 4 - 4　王宗培所录 100 家企业的名称与行业分布

单位：家

行业种类	家数	公司名称
纺织工业	29	申新（连茂新、福新面粉在内）、永安、大丰庆记、振泰、鸿章、统益、恒大新记、宝兴、庆丰、大生第一、大生第三、大成、富安、通成、大通、利用、嘉丰、和丰、民丰、三友、裕华、麓明、成通、仁丰、晋华、大益成、雍裕、达丰、鼎新
丝毛纺织工业	7	东亚、章华、上海、裕民、纬纶泰记、天翔、美亚
化学工业	14	益丰、华丰、铸丰、通记、久新、中华（以上是搪瓷业）；五洲、中法、新亚（以上为制药业）；大中华火柴、天利淡气、天原电化、开成造酸、家庭工业社
公用事业	10	华商、杭州、永耀、苏州、浦东、明远、大明（以上电气供应）；上海内地自来水、闸北、既济
饮食品制造工业	9	南洋烟草、华成烟草、阜丰面粉、久大盐业、泰康食品、冠生园、天厨味精、梅林食品、大有余食品
造纸印刷业	8	龙章、民丰、华丰（造纸业）；商务、中华、世界、大东、开明（印刷出版业）
其他工业	6	启新洋灰、大中华橡胶、晶华玻璃、康元制罐、华福制帽、五和织造
百货业	6	上海永安、香港永安、上海大新、先施、新新、福安
交通运输业	6	民生实业、宁绍、大达、华商（以上是轮运业）；上川、上南（轻轨、短轨铁路）
煤矿和垦牧业	5	中兴、六河沟、华东、大通（以上是煤矿）；华成盐垦

资料来源：荀如：《一百家中国公司底资本结构之分析（上）》，《银行周报汇编》第 26 卷第 17—18 期，1942 年，第 5—6 页。

公司）各占一家外，其余 98 家皆为股份有限公司，它们的实收资本与法定公积金的总数为 2.62 亿元，借款及存款总额为 1.78 亿元，两项合计为 4.40 亿元。其中，实收资本与法定公积金合计占 59.55%，借款及存款占 40.45%。但是，每家企业的资本结构是不同的，"就全部资料试加观察，自

有资本之最高比率，计达资本总数之92%，而借款存款之大
量运用者亦有超逾资本总数之80%，此种各趋极端之现象，
固属少见。但知借款存款之超越资本总数半数以上者，颇称
不少，尤以资本薄弱之公司更甚"。①

2. 企业资本结构分析

各公司资力大小不一，强弱悬殊，"最低自国币十万元
起，最高达国币二三千万元，合并研究似有未便"，故而王
宗培将上述100家企业分为如下四个等级。资本在300万元
以上的划为第一级，100万至300万元划为第二级，50万至
100万元划为第三级，资本在50万元以下的划为第四级。此
等划分之优点是，"于是资力之强弱，与夫借款及存款之配
合，亦可由之而获窥其差异之程度也"。② 王宗培所录100家
企业自有资本与借款及存款之比例如表4-5所示。

表4-5 王宗培录所录100家企业自有资本与借款及存款之比例

等级	家数（家）	自有资本		借款及存款		总数（元）
		金额（元）	百分比（%）	金额（元）	百分比（%）	
第一级	24	184302146	59.76	124129983	40.24	308432129
第二级	31	56977706	62.33	34440045	37.67	91417751
第三级	22	15114091	50.07	15071933	49.93	30186024
第四级	23	5812824	54.38	4876572	45.62	10689396
合计	100	262206767	59.49	178518533	40.51	440725300

资料来源：荀如：《一百家中国公司底资本结构之分析（中）》，《银行周报汇编》第26卷第19—20期，1942年，第4页。

---

① 荀如：《一百家中国公司底资本结构之分析（中）》，《银行周报汇编》第26卷第19—20期，1942年，第4页。

② 荀如：《一百家中国公司底资本结构之分析（中）》，《银行周报汇编》第26卷第19—20期，1942年，第4页。

由表 4 - 5 可见，这 100 家企业的自有资本与借款及存款的总比例，显然受第一级企业的影响（因为第一级企业无论是自有资本总额，还是借款及存款总额，在所有 100 家企业的资本结构中，所占比重最大），以致二者的百分比相差不大，而各级企业自有资本与借款及存款的比例也参差不齐，缺少规律可循，不能充分体现出存款在资本结构中的重要地位。这种情况的出现与王宗培当初选用的材料有关，"初未经审慎之选择，以致一部分之公司，各受特殊原因之支配，其百分比率未能尽合于常态，于全部统计亦连带受其影响"。[①]

经过审慎地取舍，王宗培将符合下列情况的 22 家公司剔除。（1）曾经公开招揽存款的企业。此类公司曾公开吸收存款，数量自巨，理应剔除。因此理由剔除者共有 6 家公司。（2）公司营业亏损，周转困难，无力偿付，以致借款及存款均呈冻结状态，计有 11 家公司。（3）新设立或新改组的公司。此类公司因信用未孚，根基未固，不易获取大量借款及存款，因此不应计算在内，以免借款及存款的实际地位蒙受影响，因此原因剔除者有 5 家。（4）将平时不吸收存款，也不向银行与钱庄借款的公司剔除。剔除这 22 家公司后，剩余 78 家公司的自有资本与借款及存款情况如表 4 - 6 所示。

表 4 - 6　调整后剩余 78 家公司的自有资本与借款及存款情况

等级	家数（家）	自有资本		借款及存款		总数（元）
		金额（元）	百分比（％）	金额（元）	百分比（％）	
第一级	15	103604922	65.37	54884467	34.63	158489389

① 荀如:《一百家中国公司底资本结构之分析（中）》,《银行周报汇编》第 26 卷第 19—20 期, 1942 年, 第 4 页。

等级	家数（家）	自有资本		借款及存款		总数（元）
		金额（元）	百分比（%）	金额（元）	百分比（%）	
第二级	26	49306577	64.18	27523691	35.82	76830268
第三级	17	11788455	57.12	8848915	42.88	20637370
第四级	20	4547630	53.08	4019523	46.92	8567153
合计	78	169247584	63.98	95276596	36.02	264524180

资料来源：荀如：《一百家中国公司底资本结构之分析（中）》，《银行周报汇编》第 26 卷第 19—20 期，1942 年，第 5 页。

在表 4-5 和表 4-6 中，企业的自有资本与借款及存款的百分比虽然有了一些变化，但是并不明显，借款及存款在企业资本结构中所占的地位，仍然难有明显的规律可循。为此，王宗培基于表 4-5 和表 4-6 的数据，将自有资本视为基数，而计算出借款及存款的百分数（见表 4-7 所示）。

表 4-7　王宗培所录企业借款及存款对自有资本的比例

单位：家，%

等级	原有 100 家企业			调整后的 78 家企业		
	家数	自有资本	借款及存款	家数	自有资本	借款及存款
第一级	24	100.00	67.35	15	100.00	52.97
第二级	31	100.00	60.44	26	100.00	55.82
第三级	22	100.00	99.72	17	100.00	75.06
第四级	23	100.00	83.89	20	100.00	88.39
平均	100	100.00	68.08	78	100.00	56.29

资料来源：荀如：《一百家中国公司底资本结构之分析（中）》，《银行周报汇编》第 26 卷第 19—20 期，1942 年，第 5 页。

由表 4-7 中的原 100 家企业的数据可见，各家公司的借款及存款平均占自有资本的 68.08％。在第三级中，借款及存款所占比例较高，达到 99.72％，几乎与自有资本平分秋色。一般而论，资力在 100 万元以下的公司，借款及存款所占比例较高，均在 80％ 以上，而资力在 100 万元以上的公司，对借款及存款的依赖减少，为 60％—70％。

上述数据充分说明，企业的自有资本越多，对存款的依赖性越弱；反之，企业的自有资本越少，对存款的依赖性越强。正如王宗培指出的，"吾人若更就其全部资料，重作个别之观察，则见借款存款之数量，最高者为四倍于自有之资本，而借款存款超越自有资本之公司，约占其什三，其中以资本较少，范围狭小之公司，居其大半焉"。[①] 出现这样的结果，并不难理解。自有资本较多者，以较高利率吸收社会存款和向外借款的动力是不足的，毕竟筹集资本的成本高于自有成本的机会成本。相反，自有资本较少者，为了维持公司的运行或者扩充自身发展，不得不以相对高昂的成本吸收社会存款和向外借款。

3. 借款与存款的地位与性质

接下来，我们分析借款与存款分别在企业资本结构中的地位与性质，主要目的是从借入资本的立场判断二者的重要性与差异性，"以分析借款与存款两者之个别地位，并推定其性质上之差异"。[②] 在王宗培调查的 100 家企业之中，同时具备借款与存款两个会计科目的企业共计 66 家。其余 34 家则各仅有一项，其中只有借款科目的共有 11 家，而只有存款科目的有 23 家。由此可见，存款在公司财务上的地位，

---

① 苟如：《一百家中国公司底资本结构之分析（中）》，《银行周报汇编》第 26 卷第 19—20 期，1942 年，第 5 页。

② 苟如：《一百家中国公司底资本结构之分析（中）》，《银行周报汇编》第 26 卷第 19—20 期，1942 年，第 5—6 页。

"较诸借款似略胜一筹也"。①

（1）借款与存款的比例

下面我们来分析借款与存款的比例关系。王宗培调查的100家企业的借款及存款共计178518533元，其中借款为114846975元，存款为63671558元，前者占二者总额的64.33%，后者占35.67%（见表4-8）。

表4-8　王宗培所录企业借款及存款的比例

单位：家，%

等级	原有100家企业				调整后的78家			
	家数	借款	存款	合计	家数	借款	存款	合计
第一级	24	66.30	33.70	100.00	15	63.29	36.71	100.00
第二级	31	58.91	41.09	100.00	26	51.40	48.60	100.00
					(16)	62.93	37.07	100.00
第三级	22	66.66	33.34	100.00	17	57.46	42.54	100.00
第四级	23	45.34	54.66	100.00	20	44.75	55.25	100.00
平均	100	64.33	35.67	100.00	78	58.53	41.47	100.00

注：在调整后的数据中，第二级之企业虽经调整，但是在剩余的26家中，没有借款与存款两个会计科目者计有10家之多，而存款无借款者计有8家，其存款总数计有6059625元，约占调整后第二级存款总数的45%，影响自属不小。将此项剔除，而将仅有借款而无存款的两家一并删除，此即表中第二级括号所列之数字。

资料来源：荀如：《一百家中国公司底资本结构之分析（中）》，《银行周报汇编》第26卷第19—20期，1942年，第6页。

由表4-8中的数据可见，这100家企业的借款随企业自有资本的多少而增减，二者呈正比例关系。存款则因自有资本的增多而递减，二者呈反比例关系，即在资本薄弱的公司

---

① 荀如：《一百家中国公司底资本结构之分析（中）》，《银行周报汇编》第26卷第19—20期，1942年，第6页。

财务中，存款的地位比借款更为重要。换句话说，资本较为薄弱的公司的运行与发展，更加依赖于它们吸收的社会存款。这种现象是不难理解的，主要是因为资金薄弱的公司，其信用度不高，不容易得到银行、钱庄等金融机构的信任，只得努力吸收社会存款，借以筹得可资运用的资本。

为了证明借款与存款的比例的可靠性，王宗培还以1935年和1936年倒闭的15家公司商号的财务数据再次进行了验证。他的研究表明，这15家企业共欠银行、钱庄3541420元，另有存款约2333400元，二者合计为5874820元，借款占二者总额的60.28%，存款占39.72%，与这100家公司的统计结果"相去尚属不大，由此观之，我国新旧工商业，关于运用资金之配备，亦可窥见其概略矣"。①

（2）借款与自有资本的比率与特点

上文已对借款、存款在企业资本结构中所占的比例与地位做了较为详细的分析。我们现在进一步分析借款与自有资本的比率及其特点。王宗培所录企业的借款与企业自有资本之比率如表4-9所示。

表4-9　王宗培所录企业的借款与企业自有资本之比率

等级	调整前（100家企业）				调整后（78家企业）			
	家数（家）	自有资本（元）	借款（元）	借款与自有资本之比率（%）	家数（家）	自有资本（元）	借款（元）	借款与自有资本之比率（%）
第一级	24	184302146	82300877	44.65	15	103604922	34734716	33.53

①　荀如：《一百家中国公司底资本结构之分析（中）》，《银行周报汇编》第26卷第19—20期，1942年，第6页。

等级	调整前（100家企业）				调整后（78家企业）			
	家数（家）	自有资本（元）	借款（元）	借款与自有资本之比率(%)	家数（家）	自有资本（元）	借款（元）	借款与自有资本之比率(%)
第二级	31	56977706	20288289	35.61	26	49306577	14147789	28.69
第三级	22	15114091	10006801	66.21	17	11788455	5084165	43.13
第四级	23	5812824	2211207	38.04	20	4547630	1708922	37.58
合计	100	262206767	114807174	43.78	78	169247584	55675592	32.90

资料来源：荀如：《一百家中国公司底资本结构之分析（中）》，《银行周报汇编》第26卷第19—20期，1942年，第7页。

由表4-9可见，未调整前借款与自有资本的平均比率为43.78%。其中，第三级最高，为66.21%；第二级最低，只有35.61%，最高与最低相差30.60个百分点。调整后的平均比率为32.90%，比率最高的为第三级的43.13%，最低的为第二级的28.69%，最高与最低相差14.44个百分点。由此可见，随着企业自有资本的增加，信用也逐渐提高。换句话说，资本越雄厚者越容易获得金融机构的信贷支持；反之，资本越薄弱者越不容易获得来自金融机构的信贷支持。这一点，是不难理解的。

（3）存款与自有资本的比率与特点

下面我们对企业的存款与自有资本的比率与特点做一番考察。从这100家企业的数据来看，存款与自有资本的比率，与借款与自有资本的比率明显不同。王宗培所录企业的存款与企业自有资本之比率如表4-10所示。

表4－10　王宗培所录企业的存款与企业自有资本之比率

等级	调整前（100家企业）				调整后（78家企业）			
	家数（家）	自有资本（元）	存款（元）	存款与自有资本之比率(%)	家数（家）	自有资本（元）	存款（元）	存款与自有资本之比率(%)
第一级	24	184302146	41829106	22.70	15	103604922	20149751	19.45
第二级	31	56977706	14151715	24.84	26	49306577	13374902	27.13
第三级	22	15114091	5025432	33.25	17	11788455	3764750	31.94
第四级	23	5812824	2665305	45.85	20	4547630	2220601	48.83
合计	100	262206767	63671558	24.28	78	169247584	39511004	23.34

资料来源：苟如：《一百家中国公司底资本结构之分析（中）》，《银行周报汇编》第26卷第19—20期，1942年，第7页。

由表4－10可见，无论是调整前还是调整后，存款与企业自有资本的比率，平均在24%左右。调整前，存款与企业自有资本的比率，以自有资本最少的第四级为最高，并随着资本的增加而降低，以自有资本最多的第一级为最低。存款与企业自有资本的最高比率与最低比率相差23.15个百分点。调整后，存款与企业自有资本的比率，同样以自有资本最少的第四级为最高，并随着自有资本的增加而降低，以自有资本最多的第一级为最低。最高比率与最低比率相差29.38个百分点。

由此观之，社会存款与企业自有资本的比率呈现出一定的规律性，那就是企业的自有资本越多，社会存款与其自有资本的比率越低；反之，企业的自有资本越少，社会存款与其自有资本的比率越高。换句话说，自有资本越多的企业对社会存款的依赖性越弱，而自有资本越少的企业对社会存款的依赖性越强。"盖资力薄弱之公司，信用不孚，银行钱庄借款不易获得，只得仗公司当局之个人信用，招揽存款，以充公司周转上之运用。是以小公司之存款数量，间有超出资本者，亦非仅见焉。迨其资力渐增，信用加强，存款数量即告激减。"①

本节详细考察了借款与存款的比例，借款与自有资本、存款与自有资本之间的比率，这使我们明白了自有资本、借款与存款在企业资本结构中所占的地位。总的来说，自有资本越多的企业对借款、存款的依赖性越弱，反之越强。当然，本研究关心的存款在企业资本结构中的地位是十分重要的，这些在数据中有充分体现，在此不再赘述。

（二）近代中国各行业企业的资本结构

在本章第二节中，我们较为深入地分析了近代中国企业的资本构成概况。但是，这样的工作并不能反映出不同行业的企业资本构成的差异，更不能充分反映存款在不同行业、不同企业中所发挥的作用。因此，对各行业企业的资本结构，有必要进一步深入分析。

1. 基于 100 家企业数据的分析

在王宗培调查的 100 家企业中，有 73 家属于制造工业，公用事业、交通运输业、百货业、煤矿和垦牧业等，共计 27 家。在制造工业中，以纺织工业（含丝毛纺织工业）企业最多，共计 36 家；化学工业、饮食品制造工业、造纸印刷业及其他工业共计 37 家，"爰即以此为准，析为三类（纺织工业、其他制造工业与其他企业），而就其资本分布，以为观

---

① 荀如：《一百家中国公司底资本结构之分析（中）》，《银行周报汇编》第 26 卷第 19—20 期，1942 年，第 7 页。

察，配合尚称均匀"。其中，每家企业的平均资本以"其他企业"最高，为法币3556918元，"盖此类罗列之水电、百货、煤矿各业，莫不须较大之资本以事经营焉"。次之为"纺织工业"，每家企业的平均资本为法币2628321元，"惟其资本总数，只申新纺织，福新、茂新面粉总公司一家，几及三分之一，影响甚巨。若试行剔除，其平均资本减至国币1820379元"。"其他制造工业"中每家企业的平均资本为法币1933796元。[①]

表4－11中的数据是依据王宗培统计的数据汇集而成的。从中我们可以看出各行业企业资本构成的基本情况。

表4－11　王宗培所录100家企业资本构成及各种比例关系

项目	纺织工业	其他制造工业	其他企业	合计
家数（家）	36	37	27	100
资本总额（元）	94619555	71550438	96036774	262206767
每家平均资本（元）	2628321	1933796	3556918	2622068
自有资本占资本总额之比例（%）	52.41	69.47	63.90	59.49
借款占资本总额之比例（%）	31.36	13.38	21.53	26.06
存款占资本总额之比例（%）	16.23	17.15	14.57	14.45
借款与自有资本之比率（%）	72.62	19.27	33.69	43.80
存款与自有资本之比率（%）	25.48	24.68	22.79	24.28
存、借款与自有资本之比率（%）	98.10	43.95	56.48	68.08
借款与存款之比例（%）	284.91	78.06	146.49	180.35

资料来源：荀如：《一百家中国公司底资本结构之分析（下）》，《银行周报汇编》第26卷第21—22期，1942年，第5—6页。

---

① 荀如：《一百家中国公司底资本结构之分析（下）》，《银行周报汇编》第26卷第21—22期，1942年，第5页。

由表 4－11 可见，自有资本在企业总资本中的比例，平均值为 59.49%。其中纺织工业的自有资本率最低，仅为 52.41%；其他制造工业或其他企业的自有资本占资本总额之比例较高，均在 60% 以上，尤其以其他制造工业最高，达到 69.47%，而其借款及存款仅占全部资本的 30.53%。"其他制造或非制造企业则均以自有资本为骨干，而复以其他制造工业一门更甚，其自有资本几及七成，借款存款只居其三，而此三成之中，银行钱庄之借款只占百分之 13.38，而存款为占百分之 17.15。可见一般之制造工业，其运用资金之得自金融业授与者殊属低微，转不若吸收亲友间之存款，以充周转上之运用，较为便利耳。"①

纺织工业的借款与自有资本之比率达到 72.62%，其他企业和其他制造工业借款与自有资本之比率分别为 33.69% 和 19.27%。由此可见，纺织工业独得近代中国金融业的青睐，而得巨款支持。"夫纺织工业原为我国民族工业至关重要之一门，四十年来，此卧彼起，迭经沧桑，蔚成奇观。乔为中国工业史上灿烂之一页。而金融业之借款支持，亦功不可湮没……纺织业之资本与借款及存款两项，其配合不啻为平分秋色，可见纺织工业之半数资金，仰仗其借款及存款两者，而尤以借款为重要，计占资本总额的百分之 36.66。至其存款地位远见逊色，不过为百分之 12.86。……自有资本在纺织工业界全部资本上之地位，不及其平均水准，已为显明之事实。"②

---

① 荀如：《一百家中国公司底资本结构之分析（下）》，《银行周报汇编》第 26 卷第 21—22 期，1942 年，第 5 页。

② 荀如：《一百家中国公司底资本结构之分析（下）》，《银行周报汇编》第 26 卷第 21—22 期，1942 年，第 5 页。

存款与自有资本之比率，纺织工业为 25.48%，其他企业为 22.79%，二者均与平均数 24.28% 相差无几。但是，在纺织行业中，由于内有申新纺织，福新、茂新面粉总公司，其原来兼营面粉工业，而资本数量又颇为巨大，"未便笼统混列，合并统计。若经删除重计，则借款与存款总数的重要性，稍见减杀。但相去亦殊有限，而其借款与存款的配合程度则颇有变更，借款之比率自百分之 36.66 降至百分之 31.36，而存款比率仅自百分之 12.86 升至百分之 16.23"。[①]鉴于申新纺织，福新、茂新面粉总公司的特殊性，王宗培将其去除，对纺织工业的借款及存款与自有资本之比率做了修正。修正后的数据表明，纺织工业的存款与自有资本之比率上升至 30.97%。

我们从借款及存款的共同地位，能够看出纺织工业对借款与存款的依赖。修正前的数据表明，借款及存款与自有资本之比率达 98.10%，修正后的数据为 90.82%，可见其对于借款与存款的依赖较强。"往者我国纱厂以集资匪易，资力不充，所募资本，若能敷厂房之建筑与夫机械之设备，概属上乘，至于运用资本之所需，端赖借款与存款之筹措，以为应付矣。若就下乘者言，往往捉襟见肘，左支右绌，其中途停顿者，亦称习见也。"[②]

概而言之，近代中国工业企业的资本构成有以下几个显著的特征。一是存款、借款与自有资本之比率，除纺织工业

---

① 荀如：《一百家中国公司底资本结构之分析（下）》，《银行周报汇编》第26 卷第 21—22 期，1942 年，第 5 页。
② 荀如：《一百家中国公司底资本结构之分析（下）》，《银行周报汇编》第26 卷第 21—22 期，1942 年，第 6 页。

企业之外，多在40%至70%之间。二是存款与自有资本呈反比关系，即企业的自有资本越少，越依赖于社会存款，企业的自有资本越多，对社会存款的依赖越弱。三是借款与存款之比，总体来看约为二比一，纺织工业企业则约为三比一。由此可见，大公司的资金运行以银钱业借款为主，小公司的运行以吸收社会存款为主。这几个特征，在近代中国企业资本结构中，应该说是比较普遍的。

2. 基于15家企业数据的分析

为说明存款在近代中国企业资本结构中的地位，我们运用民国时期另一位理财专家黄组方的一项调查数据，做进一步分析。表4-12是黄氏随机调查的15家企业资本负债情况，这15家企业皆为股份有限公司，除2家不在上海之外，其余13家均在上海。各家企业的资本及负债金额，皆为1936年年终数据。表4-12中所称的资本是全部资本项目的会计数目，其中除股本外，凡从公积盈余中提取的准备金和盈余滚存等项目一概包含在内。

表4-12　1936年15家企业资本与负债总额及二者比率

单位：万元，%

公司及行业性质		资本	负债			资本与负债的比率	
			总额	存款	存款占负债总额之比	资本与全部负债的比率	资本与减去存款后的负债的比率
公用事业	甲公司（电力）	820	312	101	32.4	263	338
	乙公司（水电）	776	736	91	12.4	105	120
交通事业	丙公司（长途汽车）	73	21	10	47.6	348	663
	丁公司（轮船）	240	355	101	28.5	68	94

续表

公司及行业性质		资本	负债			资本与负债的比率	
			总额	存款	存款占负债总额之比	资本与全部负债的比率	资本与减去存款后的负债的比率
制造业	子公司（煤矿）	889	225	71	31.6	396	564
	丑公司（火柴）	474	141	—	—	336	336
	寅公司（棉纺）	2019	1474	571	38.7	137	253
	卯公司（食品）	41	48	12	25.0	85	133
	辰公司（卷烟）	1256	661	195	29.5	190	133
	已公司（印刷出版）	582	490	297	60.6	119	301
贸易业	午公司（批发）	16	4	3	75.0	400	1600
	未公司（零售）	21	49	30	61.2	43	111
	申公司（批发零售）	56	26	22	84.6	215	1400
其他	酉公司（仓库）	299	311	30	9.6	96	106
	戌公司（菜馆）	15	5	—	—	300	300
合计		7577	4858	1534	31.6	—	—
综合比率		—	—	—	—	156	228

资料来源：黄组方：《工商业收受存款之检讨》，《信托季刊》第6卷第1—2期，1941年，第98—99页。

表4-12中的"资本与负债的比率"一栏，乃为企业的自有资本与负债之间的比例关系。除了丁、卯、未、酉四家公司之外，其他公司资本与全部负债的比率均在100%以上。"照国外事业界理财之经验，是项比率之数，除公用事业及交通事业外，不得低于百分之一百，否则实为危险之症象。资本与负债比率，如为百分之二百，即指事业自有之资本较借入资本多一倍。如为百分之五十，则指事业经营上所用之

资本，自有者仅及借入者之半数。"① 黄组方选择的 15 家公司，都有两个资本与负债的比率：一是资本与全部负债的比率；二是资本与减去存款后的负债的比率。将这两个比率互相比较，我们可知近代中国企业仰赖存款的状况，以及对于资本结构的影响。

由表 4-12 中的数据，我们可以看出上述 15 家公司仰赖外资（借款及存款）的程度是相当严重的。从资本与全部负债的比率来看，比率最高者为"午公司"（批发）的 400%，比率最低者为"未公司"（零售）的 43%。换句话说，在这 15 家公司之中，自有资本 1 元，同时仰赖借款及存款以资周转之数，最多者可达 2.33 元，最少者为 0.25 元。由此可见，这 15 家公司普遍呈现资本不足的状况。正如黄组方所言，"此种现象，绳之理财学理，实为资本贫乏，财务结构脆弱之象征，盖在理财学上，关于资本与负债间之比率，乃有如下之经验律"。② 黄组方所说的规律，是不同行业企业自有资本 1 元可用外资之数目呈现出的特征，详见表 4-13。

表 4-13　各企业资本 1 元可用外资之数目

单位：%，分

类别	资本与负债比率	资本 1 元可用外资之数
公用事业	150	66.7
铁路及交通	200	50.0
制造业	300—400	25.0—33.3

① 黄组方：《工商业收受存款之检讨》，《信托季刊》第 6 卷第 1—2 期，1941 年，第 100 页。

② 黄组方：《工商业收受存款之检讨》，《信托季刊》第 6 卷第 1—2 期，1941 年，第 100 页。

类别	资本与负债比率	资本 1 元可用外资之数
贸易业	350—500	20.0—28.6

资料来源：黄组方：《工商业收受存款之检讨》，《信托季刊》第 6 卷第 1—2 期，1941 年，第 100 页。

表 4-13 中所列的行业每 1 元可用外资之数为 20 分至 66.7 分。换句话说，资本与负债比率应保持在 150% 至 500% 之间。这一比率是否能够反映全国行业企业的一般情况，是一个值得探讨的问题。"此种标准能否适合吾国一般事业之用，实不无可以讨论之处。但据吾人之研究，则以企业社会组织之不健全，与夫金融机构之不灵活，故此项比率在国内事业界中，太宽则有之，太严则决不致也。如是吾人若以百分之三百及百分之三百五十视为制造业及贸易业资本与负债比率之最低标准，并以……'其他'一项归入贸易业中，从而与标准相比较，则可知十五家公司之中，对于此种财务测验可以及格者，亦不过三分之一耳。"[1] 这样一种情况反映在表 4-14 中。

表 4-14　资本与负债实际比率与标准比率的比较

单位：%

类别与公司		资本与全部负债比率		资本与减去存款后的负债比率	
		实际比率	较标准大（+）或小（-）	实际比率	较标准大（+）或小（-）
公用事业标准：150	甲公司	265	+115	338	+188
	乙公司	105	-45	120	-30

---

[1]　黄组方：《工商业收受存款之检讨》，《信托季刊》第 6 卷第 1—2 期，1941 年，第 100—101 页。

续表

类别与公司		资本与全部负债比率		资本与减去存款后的负债比率	
		实际比率	较标准大（＋）或小（－）	实际比率	较标准大（＋）或小（－）
交通事业标准：200	丙公司	348	＋148	663	＋463
	丁公司	68	－132	94	－106
制造业标准：300	子公司	396	＋96	546	＋246
	丑公司	336	＋36	336	＋36
	寅公司	137	－163	253	－47
	卯公司	85	－215	133	－167
	辰公司	190	－110	299	－1
	巳公司	119	－181	301	＋1
贸易及其他标准：350	午公司	400	＋50	1600	＋1250
	未公司	43	－307	111	－239
	申公司	215	－135	1400	＋1050
	酉公司	96	－254	106	－244
	戌公司	300	－50	300	－50

资料来源：黄组方：《工商业收受存款之检讨》，《信托季刊》第 6 卷第 1—2 期，1941 年，第 101—102 页。

在分析这 15 家公司的资本与负债比率之前，先对近代中国企业资产负债表中的数字准确与否给予特别说明。近代中国企业对"损益"一项的计算，并没有统一的标准，也没有一贯的政策，导致"损益"一项的计算常患错误，并导致资本的实际数额在资产负债中不能准确的记录下来，或者因为资产负债表分类不当，或对于资本及负债等项目，并不给以确定意义的名称以及适当的排列。因此，即使"损益"一项计算无误，而资本及负债的总额仍未必与实际情况相符。在上述 15 家公司之中，这种现象是否存在不得而知。

为了谨慎起见，黄组方在解释资本与负债的比率时，"实有采取相当宽大态度之必要"。例如，账面上资本为 200 元，负债为 100 元，如果负债中有 10 元应归为资本，则照其账面计算资本与负债的比率为 200%，若照实际计算，当为 233.3%。黄组方假定各家公司的资产负债表中的数字是准确的，则各公司能符合理想标准的，仅有甲、丙、子、丑、午五家公司。其余十家公司，即使假定资本中有 20% 之数被误认为负债，"借以隐匿盈余者"，则改正后的资本与负债比率大多仍然不能达到理想标准。"由此可知，此十家事业仰赖于外资以供正常营业之周转，程度实甚可观"。[①]

我们再返回到表 4 - 12，在这 15 家企业之中，除了"丑公司"和"戊公司"没有吸收存款之外，其余 13 家企业都吸收存款，"且此项存款所占全部负债之比率相当可观"，最少者为 9.6%，最大者为 84.6%。这 13 家吸收存款的企业，负债总额为 4858 万元，其中存款为 1534 万元。这 13 家公司吸收的存款占其负债总额的比重为 31.6%，"此又足以证明'收受存款营业'对于企业理财上之重要也"。[②] 存款对于"举债经营"的重要性，我们从表 4 - 12 中的资本与减去存款后的负债的比率一栏以及表 4 - 14 中的资本与减去存款后的实际比率与标准比率的比较可知，存款占 13 家公司所用全部资金（1.18 亿元[③]）的 13%（1534 万元除以 1.18 亿元）。

---

① 黄组方：《工商业收受存款之检讨》，《信托季刊》第 6 卷第 1—2 期，1941 年，第 102 页。
② 黄组方：《工商业收受存款之检讨》，《信托季刊》第 6 卷第 1—2 期，1941 年，第 103 页。
③ 13 家公司资本总额为 7088 万元，负债额为 47.2 万元，资本总额加上负债额为 1.18 亿元。

3. 基于荣家企业的数据分析

下面我们再以当时最大的民族企业荣家企业的财务数据为例，分析存款在荣家企业资本结构中的地位。荣家企业的经营范围主要集中于纺织、面粉工业，对荣家企业资本结构的考察，有利于我们从微观的视角剖析借款及存款在企业资本结构中的地位。同时，也可以印证前面所分析的100家企业和15家企业所呈现的一些特征。相关问题如荣家企业的自有资本情况如何？其是否更容易获得银钱业的贷款支持？存款在荣家企业资本结构中的地位如何？等等。荣家企业借入资本情况如表4–15所示。

表4–15 荣家企业借入资本情况

单位：千元，%

年份	借入资本		资产总值	自有资本	借入资本占资产总值的比例	借入资本与自有资本的比率
	金额	指数（1923年=100）				
申新纱厂系统						
1923	11662.20	100.00	17303.31	6563.09	67.40	177.69
1925	17282.82	148.20	23269.51	5989.92	74.30	288.53
1929	27692.25	237.40	37318.26	6641.11	74.21	416.98
1932	43740.68	375.00	64231.80	18022.18	68.10	242.70
福新面粉厂系统						
1923	5468.05	100.00	8630.76	2968.14	63.40	184.22
1925	5847.16	106.90	11376.41	3084.43	51.40	189.57
1932	12683.81	232.00	22218.75	8159.41	57.09	155.45
茂新面粉厂系统						
1923	1687.31	100.00	2392.15	879.13	70.54	191.93
1925	1411.77	83.70	2582.41	774.02	54.69	182.39

续表

| 年份 | 借入资本 | | 资产总值 | 自有资本 | 借入资本占资产总值的比例 | 借入资本与自有资本的比率 |
	金额	指数（1923年=100）				
茂新面粉厂系统						
1932	638.83	37.90	3938.90	2949.58	16.22	21.66

注：在分析荣家企业的资本结构之前，先对材料选取的情况和各项指标做出说明。1. 本表根据荣家企业资产负债表编制。2. 自有资本包括资本、公积金、准备金和盈余滚存。3. 借入资本包括借入款项、存款及荣家企业系统间的往来；借入款项系指长期押款，银行、钱庄信用借款和透支，以及抛出而未付出（是指货物已经预先售出并取得货款，但是没有交付货物的情况，因此这里所取得的款项记入借入款项）的纱布订单等；存款系指客户、股东、职工等的私人存款；荣家企业系统间的往来系指总公司同面粉厂之间往来的借款，主要是总公司垫借款项，总公司的资金则来自银行、钱庄借款和储蓄部所吸收的存款，因而仍然是对外的负债。4. 因为资料不全，仅选择资料完备的 1923 年、1925 年、1929 年（只有申新纱厂系统数据）和 1933 年四年的数据做比较。

资料来源：上海社会科学院经济研究所经济史组编《荣家企业史料》（上册），上海人民出版社 1981 年版，第 278 页。

由表 4 - 15 可见，在 1925 年至 1929 年间，申新纱厂系统的借入资本与自有资本的比率增长非常迅速，由 1925 年的 288.53% 一跃升至 1929 年的 416.98%。增长之所以如此迅速，实与荣氏企业 1929 年开设同仁储蓄部大力吸收社会存款有很大的关系。福新与茂新两面粉厂系统，借入资本与自有资本的比率，在 20 世纪 20 年代基本保持在 180% 以上，并没有像申新纱厂系统那样有急剧的增加。需要说明的是，表 4 - 16 中的数据反映了总公司本身借入资本的变动情况。

由表 4 - 16 可见，1931 年与 1927 年相比，总公司负债总额增加了 137.76%，可见增长速度之快，这主要是荣家企业集团负债扩张的速度过快所致。负债总额快速增长的一个重要原因就是附属企业垫款需求增加。另外，总公司由于投机过多，向银钱业借款和吸收社会存款的数量也大大增加，这

表 4 - 16　1927 年与 1931 年剔除垫款后的荣家企业
总公司本身借入资本情况

单位：千元；%

项目	1927 年	1931 年	1931 年较 1927 年增加百分比
负债总额	17210.39	40919.17	137.76
垫借给各厂数额	13863.44	24535.34	76.99
减除垫借给各厂后的负债额	3346.95	16383.83	389.52
资产总额（减除垫借给各厂数额）	3917.39	7147.53	82.46
负债（借入资本）与资产的百分比	85.44	229.22	168.28

注：借入资本加自有资本之和与资产总值相差的数额，即为当年的盈亏数。

资料来源：上海社会科学院经济研究所经济史组编《荣家企业史料》（上册），上海人民出版社 1981 年版，第 279 页。

是负债与资产的百分比由 1927 年的 85.44%，一跃升至 1931 年的 229.22% 的主要原因。接下来，考察一下荣家企业的负债情况（见表 4 - 17）。

由表 4 - 17 可见，在考察的时期内，无论是申新纱厂系统，还是福新、茂新面粉厂系统，在预付资本中，自有资本所占比重总体并不大。1923 年、1925 年、1929 年和 1932 年，这四年申新纱厂系统的自有资本、各项借款、存款在预付资本中的占比平均分别为 27.55%、18.2%、9.25%。1923 年、1925 年和 1932 年，福新面粉厂系统的自有资本、各项借款、存款在预付资本中的占比平均分别为 35.6%、25.4%、37.7%，茂新面粉厂系统的自有资本、各项借款、存款在预付资本中的占比平均分别为 50.6%、11.6%、11.0%。

由上面的数据可以看出，在上述三个系统中，自有资本最高的为茂新面粉厂系统，也只不过占预付资本的 50.6%。存款占比最高的为福新面粉厂系统的 37.7%，最低的为申新

表 4-17　荣家企业的负债情况

单位：千元，%

年份	自有资本		各项借款		存款		企业系统间往来		预付资本合计	
	金额	百分比	金额	百分比	金额	百分比	金额	百分比	金额	百分比
申新纱厂系统										
1923	6563.09	36.0	1849.80	10.1	466.33	2.6	9349.07	51.3	18228.29	100.0
1925	5989.92	25.7	1456.44	6.3	2968.03	12.8	12858.35	55.2	23272.74	100.0
1929	6641.11	19.3	2975.60	8.7	5813.55	16.9	18903.10	55.1	34333.36	100.0
1932	18022.18	29.2	29443.09	47.7	2913.00	4.7	11384.54	18.4	61762.81	100.0
福新面粉厂系统										
1923	2698.14	33.0	2706.44	33.1	2690.27	32.9	71.34	0.9	8166.19	100.0
1925	3084.43	34.5	1287.37	14.4	4559.79	51.1	—	—	8931.59	100.0
1932	8159.41	39.1	5961.79	28.6	5857.30	28.1	864.72	4.2	20843.22	100.0
茂新面粉厂系统										
1923	879.13	34.3	316.41	12.3	423.36	16.5	947.54	36.9	2566.44	100.0
1925	774.02	35.4	148.63	6.8	318.42	14.6	944.72	43.2	2185.79	100.0
1932	2949.58	82.2	566.03	15.8	72.80	2.0	—	—	3588.41	100.0

注：同表 4-16。

资料来源：上海社会科学院经济研究所经济史组编《荣家企业史料》（上册），上海人民出版社 1981 年版，第 280 页。

纱厂系统，也有 9.25%。由此观之，即使像荣家企业这样的
大型民族企业，社会存款在企业资本结构中的地位以及在企
业发展中的作用都是至关重要的。这种重要性体现在同仁储
蓄部将其吸收的社会存款放给荣家企业的内部企业，或为流
动资金，或为其添置固定资产之用。这些将在下一节详细论
述，在此不做展开。

三　企业吸收存款的长期资本化

（一）企业吸收存款的性质与作用

将吸收到的存款当作短期借款使用还是当作长期借款使
用，对企业吸收存款目的的实现是至关重要的。由于储户拥
有随时提取存款的权利，企业不得不保持一定的流动性资
金，以备储户随时提取之用。然而，这里存在一个现实的矛
盾。那就是，如果企业保持较多的流动性资金，势必与它们
吸收存款的目的"欲收举债营业之利益"相背驰。因此，从
企业财务管理的角度来说，将储蓄存款视为短期借款以保持较
高流动性和视为长期借款以收举债营业之目的实则是一个矛
盾。[①] 那么，企业所吸收的社会存款，在其财务结构上，究竟
属于何种性质（长期还是短期），实有加以详细研究的必要。

1. 社会存款的长短期性质

近代中国企业吸收的存款应该被视为短期借款，还是被
视为长期借款？对于这一问题，我们颇难判断，主要是因为
各家企业运用存款的途径是不同的。"在收受存款之企业，

---

① 黄组方：《工商业收受存款之检讨》，《信托季刊》第 6 卷第 1—2 期，1941
年，第 104 页。

其最切要之问题，莫若如何保持存款之流动性，而同时又得使其充分发挥举债营业之利益。实务上对于此点，究采何种策略，吾人实不得而知。盖各企业之办法并不一致，而此种办法又无比较之研究，且皆系各企业理财当局从经验上体验而得之心得，故局外人极难得以蠡测。"① 不过，黄组方依据本章第三节表 4－12 中的 13 家公司的存款占全部资金的比例做过推算（见表 4－18）。

表 4－18 13 家公司收受存款占全部资金的比例

单位：%

公司及行业性质		存款占全部资金的比例
公用事业	甲公司（电力）	9.1
	乙公司（水电）	6.0
交通事业	丙公司（长途汽车）	10.6
	丁公司（轮船）	16.8
制造业	子公司（煤矿）	6.4
	寅公司（棉纺）	16.4
	卯公司（食品）	13.5
	辰公司（卷烟）	10.2
	巳公司（印刷出版）	27.7
贸易业	午公司（批发）	15.0
	未公司（零售）	42.9
	申公司（批发零售）	26.8
其他	酉公司（仓库）	20.3

资料来源：黄组方：《工商业收受存款之检讨》，《信托季刊》第 6 卷第 1—2 期，1941 年，第 105 页。

---

① 黄组方：《工商业收受存款之检讨》，《信托季刊》第 6 卷第 1—2 期，1941 年，第 104、106 页。

表 4 – 18 所列的 13 家公司收受存款的限度，是依据经营周期长短而定的。"以其经营周期之久暂，作为调节决定之因素"。需要特别说明的是，这 13 家企业的数据能否代表它们的谨慎态度，"殊难予以肯定之界说"。但是，以存款占全部资金的比例，来判断企业保持存款的必要流动性，或使正常的营业收入足以应付存款的正常提取，为收受存款的最高限度，"则未始不有相当可靠之根据，此点就表四观察，更觉可信"。①

公用事业企业的正常收入在四类企业中是最为稳定的，而且股东的报酬也是比较固定的，所以存款与全部资金的比例也是最低的。交通事业企业的收入比公用事业企业的收入波动大，但是比制造业企业的收入波动小，"故存款所占全部资金之比例亦大于公用事业，而小于制造业"。至于制造业企业，因为它们的经营周期比贸易业企业的周期长，所以其存款与全部资金的比例低于贸易业。就以上情况来看，存款的性质"显属应作短期债款处理，此不特在财务策略上比较稳妥，亦且符合'存款'之基本特质"。但是，从企业财务结构的另一面观察，将存款视为短期债款，"将使企业之流动地位大受打击也"。②

如果仅将存款作为短期债款加以运用，并不能真正起到辅助企业长期发展的作用。也就是说，只有相当部分的存款被作为长期借款使用，企业才能真正实现"以图长期发展"的目的。要弄明白其中道理，需要了解存款在企业"运用资

---

① 黄组方：《工商业收受存款之检讨》，《信托季刊》第 6 卷第 1—2 期，1941年，第 106 页。表四即本书表 4 – 18。

② 黄组方：《工商业收受存款之检讨》，《信托季刊》第 6 卷第 1—2 期，1941年，第 106 页。

本"中的地位。在分析这个问题之前，需要了解流动资产、流动负债、流动比率与运用资本这几个会计科目的含义及彼此之间的关系。

（1）流动资产，是指通货及在企业经营周期内以变成通货为目的而持有的各种财产。

（2）流动负债，即企业的短期债款。

（3）流动比率，是流动资产与流动负债的比率，这个比率可以用来测验某一企业偿还债务能力的强弱。

（4）运用资本，是指流动资产超出流动负债的部分。如果流动负债超过流动资产，超出的部分，被称为"负运用资本"。

对于任何企业而言，如果要避免资金周转不灵情况的发生，必须要有足够的可用资本，以应付经营上的种种支出。但是，如果保持过多的运用资本，或者说保持过多的流动资产，则会引起资金的浪费，提高不了资金的运用效率。相反，如果运用资本不足，资金的周转就会不灵，将会对企业的正常运行产生不利影响。用现代话来说，流动性资金链断裂，将会导致企业的倒闭与破产。"而影响所及，终至停止支付或竟就此而倒闭。"[1]

需要说明的是，并不存在一些评判标准，可以用来判断某一企业的流动比率与运用资本数额是否适当。从财务稳健的角度来说，流动比率应该在200%以上，换句话说，企业的流动资产应该是流动负债的两倍以上，才能保障随时支付的需要。同样，运用资本的数额，应在流动资产的一半以

---

[1]　黄组方：《工商业收受存款之检讨》，《信托季刊》第6卷第1—2期，1941年，第108页。

上，方能称为财务稳定。如果某一企业的资本及长期负债没有变动，则其运用资本的金额也不会发生变动，所以它的运用资本并不会随着营业的旺淡季而变动。只有企业的资本及长期负债发生变动时，运用资本的金额才有发生变动的可能。为说明其中的缘由，我们现在以一个经营业务受季节变化影响的企业为例，做一个比较直观的分析。

假设某一年的年初，有一家企业的流动资产为40元，流动负债为1元，则它的运用资本为39元。如果在旺季开始之前，该企业向人赊进原料80元，则此时流动资产的总额由原来的40元增至120元，而其流动负债变为81元，故运用资本仍为39元。等到旺季将过，即原料经过加工变为产品且全部售出之时，假定产品售价为120元，其中有营业收益40元。此时，该企业的所有流动资产变为160元，而流动负债仍为81元。于是，运用资本的金额因营业利益留存在流动资产之中，由39元变为79元。但是，企业如果将营业收益以股利的形式全部分派出去，则运用资本的数额仍为39元。由此可知，运用资本的数额虽然能够显示流动资产与流动负债的关系，但是并不能用来测验举债营业对公司财务上的影响。[1]

相比运用资本而言，"流动比率"这个指标可以较好地反映"举债营业"对公司财务的影响，即"流动比率"对"财务状况之感应性，乃较敏捷"。除非流动资产的总额与流动负债的总额，在举债营业之前就是相同的。换句话说，"流动比率"会因企业举借外债或偿还旧债而变动。

假设流动负债发生变化之前的"流动比率"低于100%，

---

[1] 黄组方：《工商业收受存款之检讨》，《信托季刊》第6卷第1—2期，1941年，第108页。

现在企业举借一笔短期债款，并将该笔短期借款全部投入到流动资产之中。那么，该企业的"流动比率"会随之增大；反之，如果以流动资产偿还到期的流动负债，则"流动比率"会随之减小。如果流动负债发生变化之前的"流动比率"在100%以上，情况则正好相反，如果以流动资产偿还到期的流动负债，则"流动比率"会随之增大；如果用举借流动负债的方式，来增加流动资产，"流动比率"会随之减小。为充分说明其中原因，我们仍以上面的例子分析之。我们先看一下流动比率对公司财务敏感反映的相关指标。

相比上面的例子，表4-19中加了一项，即假定在旺季过去之后，该企业将其旺季开始前所赊欠的原料价款，全部偿还完毕。这样处理有个非常明显的优点，即我们对于流动资产与流动负债的变化，以及"流动比率"与运用资本之间的关系，会有更清晰的认识。

表4-19 流动比率对公司财务敏感反映的指标体现

单位：元，%

时间	流动资产	流动负债	流动比率	运用资本
年初	40	1	4000	39
旺季开始时	120	81	148	39
旺季结束时	160	81	198	79
原料价款全部清偿后	80	1	8000	79

资料来源：黄组方：《工商业收受存款之检讨》，《信托季刊》第6卷第1—2期，1941年，第109页。

由表4-19可见，年初与旺季开始之时，该企业的流动资产与流动负债虽然大不相同，但其运用资本的金额并没有发生变化，均为39元，但是流动比率则自4000%直接降至

148%。从短期债权人的角度观之，简直不可言喻。在旺季结束时，营业获利与运用资本的数额随之增加，同时流动比率也有所增大，升至198%。等到旺季开始时赊欠的原料价款全部偿还后，流动比率升至惊人的8000%，较年初增加1倍，运用资本升至79元。

由上面的例子可见，流动比率能够充分反映公司财务状况的好坏。换句话说，流动比率是反映企业偿债能力强弱的一个重要指标。我们在分析与判断社会存款是作为短期债款还是长期债款使用时，要特别查看"流动比率"这一重要指标，它是我们做出性质判断的主要依据。我们继续用黄组方选用的13家公司的财务数据，来测验社会存款在企业财务中的使用情况，详见表4-20。

表4-20　13家公司流动比率与运用资本

单位：万元，%

公司及行业性质		流动资产	流动负债		流动比率		运用资本	
			包括存款	除去存款	包括存款	除去存款	包括存款	除去存款
		1	2	3	4	5	6	7
公用事业	甲公司（电力）	338	286	185	118	183	52	153
	乙公司（水电）	246	284	193	87	127	-38	53
交通事业	丙公司（长途汽车）	5	14	4	36	125	-9	1
	丁公司（轮船）	220	254	153	87	144	-34	67
制造业	子公司（煤矿）	394	96	25	410	1576	298	369
	寅公司（棉纺）	1424	1473	902	97	158	-49	522
	卯公司（食品）	40	47	35	85	114	-7	5
	辰公司（卷烟）	1544	661	466	234	331	883	1078
	巳公司（印刷出版）	930	490	193	190	472	440	737

续表

公司及行业性质		流动资产	流动负债		流动比率		运用资本	
			包括存款	除去存款	包括存款	除去存款	包括存款	除去存款
		1	2	3	4	5	6	7
贸易业	午公司（批发）	15	4	1	374	1500	11	14
	未公司（零售）	69	49	19	141	363	20	50
	申公司（批发零售）	47	26	4	181	1175	21	43
其他	西公司（仓库）	362	170	140	213	259	192	222

资料来源：黄组方：《工商业收受存款之检讨》，《信托季刊》第 6 卷第 1—2 期，1941 年，第 107 页。

我们首先来看"流动比率"一项，该项之下分为两栏，第 4 栏为流动资产与全部负债的比率，第 5 栏为流动资产与除去存款后之流动负债的比率。前者最高的比率为子公司（煤矿）的 410%，最低的比率为丙公司（长途汽车）的 36%；后者最高的比率为子公司（煤矿）的 1576%，最低的比率为卯公司（食品）的 114%。

我们再来看"运用资本"一项，该项之下同样分为两栏，由第 6 栏可见，在 13 家公司中，竟有乙、丙、丁、寅、卯五家公司的运用资本为负。此种情形，"不能以正常之理财原则加以解释"，因为从西方公司理财的角度而言，"企业若无运用资本，则决无挣扎生存之余地也"。[1] 但是，这些中国企业并没有像西方公司理财准则所判断的那样倒闭。何以至此？这主要归功于存款在企业中的运用。接下来，我们结合表 4 - 20 中的数据来分析其中的道理。

---

① 黄组方：《工商业收受存款之检讨》，《信托季刊》第 6 卷第 1—2 期，1941 年，第 109 页。

倘若存款不被视为流动负债，各家公司的流动比率与运用资本（即表4-20中第5栏和第7栏所示），在绝对或相对的方面，均有较大的改善。另外，在运用资本十分脆弱的五家公司之中，乙、丙、丁三家公司的营业收入极为稳定，寅、卯两家公司因为经营周期较一般制造业及贸易业较为短促，它们的流动债务的期限可以短于经营周期。因此，它们的运用资本"即使分文无着，亦不致受债务压迫之害，何况流动负债中之一部分，又为毋庸时常全部清偿之存款乎？"[1]

从表4-20的数据，我们可以看出，凡是收受存款的公司，它们的偿付能力几乎都呈现脆弱的表象。但是，它们并没有因为偿付能力的脆弱而倒闭。正如黄组方所言，"据余所知吾国企业之情形，大都皆属如是。但此等企业，既未曾见其有风雨飘摇之患，抑竟有欣欣向荣，年盛一年之概。此种情形，殆足以推翻财务学上之基本的概括的原则。然考其问题之症结，一言以蔽，要在存款一端耳"。[2]

依据表4-20中的第7栏，即13家公司的存款不作为它们的流动负债，那么所有公司均有可用资本。再就该表第5栏观察，如果存款不作为流动负债，则各家公司的流动比率均见改善。"吾人虽无明确之资料可供进一步研究之用，然亦深信其致此之由，实缘存款系投入流动资产以外之'固定资产'之故，否则此等企业决不能安然无事也。"[3]

就表4-20第5栏而观，流动资产与除去存款的流动负

---

① 黄组方：《工商业收受存款之检讨》，《信托季刊》第6卷第1—2期，1941年，第110页。

② 黄组方：《工商业收受存款之检讨》，《信托季刊》第6卷第1—2期，1941年，第110页。

③ 黄组方：《工商业收受存款之检讨》，《信托季刊》第6卷第1—2期，1941年，第110页。

债的比率，除了甲、乙、丙、丁、寅、卯六家公司，其余均在200%以上。这是因为公用事业与交通事业企业的营业收入比较稳定，它们的流动比率比其他企业更低。制造业中的寅、卯两家公司因为经营周期短，它们的流动比率较低而不用担心债务的压迫。在流动比率低于200%的六家公司之中，"吾人深信其收受之存款皆系投资于生产设备之中，公用交通事业之需要大量设备，尽人皆知，而棉纺及食品制造业等之设备，其所需资金占全部资金之比例，在上例五种制造业中，亦比较巨大，故其理财策略以存款购置生产设备，实为极可能发生之情形也。照此推论，存款依其本质而言，虽为短期债务性质，但如欲收举债营业之利，则非视为长期债款利用之不可"。①

由上可见，企业不将存款视为流动负债。换句话说，企业将其吸收的大部分存款作为长期债款之用。这不仅会极大地改善企业的财务状况，还可将存款投资于生产设备、厂房地基等固定资产之中，从而达到促进自身长期发展的目的，这正是近代中国企业吸收与运用存款的精义所在。

2. 存款作流动资本之用的实证

黄组方在《工商业收受存款之检讨》一文中指出，企业只有在以下两种情况下举借短期债款，"始可加以采用"。换句话说，只有在以下两种情况下，企业举借短期债款才被认为是合适的。

一是为了弥补暂时性的资金短缺。这里所谓的暂时性的资金短缺，是指企业或因若干偶然因素发生意外情形，造成

---

① 黄组方：《工商业收受存款之检讨》，《信托季刊》第6卷第1—2期，1941年，第110页。

流动资金无法满足暂时性的支付，而发生的短期借款；但是，偿还短期借款所需的资金，已有确实的筹措办法。例如，一家企业遭受火灾的损害，其保险赔偿金，不日即可领取，或应付意外情形所需的资金，不久可由"资本负债"供给者（例如企业股东会已经通过增加股本或发行公司债的决议，且得政府主管机构的允准）提供，则在赔偿金未领到之前或"资本负债"未曾成立之前，"以举借短期债款之方式，弥补资金暂时的短绌者，自认为适当之救济措施。良以在此情形下所举借之短期债款，在其到期之前，企业当已筹有的款，可作偿付之用也"。①

二是为了多置办季节性货物发生的短期借款。一些企业的生产原料具有较强的季节性，例如纱厂、丝厂等企业在棉花、蚕茧等产品上市的时期，为了大量收购生产原料而举借短期债款，"为调节旺月资金不足，与淡月游资之过多起见，在旺月将临之时，以短期债款之方式，筹集旺节所需资金之一部分，以适应扩展之营业，自属最为适当而可推许之举"。②

然而，近代中国企业不仅在上述两种情形发生时举借短期债款，在"增至存货"和"增放客帐"方面也多依赖短期债款，而这两者"皆不应仰赖短期债款之调剂。盖任何企业因扩充营业范围而增加运用资本之需要时，其筹款之办法，唯有增加资本与举借长期债款之两项办法，否则企业对于偿付到期债务之能力，将大见削弱矣"。③

① 黄组方：《工商业收受存款之检讨》，《信托季刊》第 6 卷第 1—2 期，1941年，第 96 页。

② 黄组方：《工商业收受存款之检讨》，《信托季刊》第 6 卷第 1—2 期，1941年，第 96 页。

③ 黄组方：《工商业收受存款之检讨》，《信托季刊》第 6 卷第 1—2 期，1941年，第 96 页。

为什么近代中国企业在很多不宜大举短期债款的经营业务上，大举短期债款呢？这自然是企业自有资本不足引致的流动资本不足造成的。正如时人指出的那样，"工业资金原应以股本为主，但据王宗培氏统计，在九十八家股份有限公司组织之企业中，自有资本仅占百分之五十九又四九，其余则赖银钱业借款及自身吸收存款为挹注。各种事业既因股本薄弱，其经济基础自最初期起，即建筑于短期债务之上"。[①]这一点，我们通过下面的几个案例可以得出。

在1924年12月14日华商上海水泥公司第三届股东会会议上，监察人杨奎侯提议将该公司股本增至300万元，他的理由如下："查本公司实收股本连同上年之变息为股之十三万余元，统共不及一百四十万元，而借贷对照表内资产项下，首列之六项，即地基、房屋、机器及生财等已达二百六十余万元之巨。此外尚有开办费用以及石泥各山之买价，约合洋九万余元。以上统计约在二百八十万元左右，是本公司之固定资产比较已有资本，几乎超过一倍……不宁唯是，凡办一厂，固定资本之外，应有相当之流动资本，其营业方能成立。就本公司现状而言，固定资本尚且所差甚巨，流动资本自是更谈不到……就敝人所概算，流通资本至少非五十万元不办。"[②]

从杨奎侯陈述的理由可见，华商上海水泥公司之流动资本的不足，主要是该公司的资本不足以支撑固定资本投资之需引致的。"此项流动资本可恃公司信用，在外通融应付。"这里所言的"在外通融应付"，除了向银钱业高利借贷外

---

① 胡元民：《解决工业资金问题之对策》，《金融知识》第2卷第5期，1943年，第49页。

② 上海社会科学院经济研究所编《刘鸿生企业史料（1911—1931年）》（上册），上海人民出版社1981年版，第178—179页。

（在 1922 年至 1930 年间，该公司向安康钱庄和四明银行共举借外债规元 630 万两，其中向安康钱庄借款的利率为年利12%，向四明银行借款的利率为年利10%），① 其中相当一部分所需的流动资本，是通过吸收社会存款实现的。至 1935 年8 月 20 日，华商上海水泥公司主要股东刘鸿生仅亏欠同益银团（刘家亲属存户共同组织）的存款就有 31 万余元，尚不包括其他所欠存款。②

很多企业和华商上海水泥公司的情况基本一样。刘鸿生投资入股的章华毛呢纺织公司资本总额为 80 万元，但在开办之后，固定资本已花去 70 万元，"为多备原料及改进纺织机器效能以应市销计，现有流动资本实觉不敷周转"。③ 为了解决流动资金不足的问题，该公司不得不将其吸收的一部分社会存款用作流动资本。④ 大通煤矿公司将其吸收的有息、无息和暂记等各类存款 18 余万元视为流动负债。⑤ 上海闸北水电公司明确将其吸收的 90 余万元社会存款视为短期负债。⑥ 上海丽华公司尽管对外宣称，"本公司创办至今（1931年），已有六载，历年营业，所用流动资本，纯赖股本周转"，其实，该公司同样吸收一些社会存款充作流动资金，

---

① 上海社会科学院经济研究所编《刘鸿生企业史料（1911—1931 年）》（上册），上海人民出版社 1981 年版，第 180 页。

② 上海社会科学院经济研究所编《刘鸿生企业史料（1911—1931 年）》（上册），上海人民出版社 1981 年版，第 44 页。

③ 上海社会科学院经济研究所编《刘鸿生企业史料（1911—1931 年）》（上册），上海人民出版社 1981 年版，第 254 页。

④ 荀如：《一百家中国公司底资本结构之分析（上）》，《银行周报汇编》第 26 卷第 17—18 期，1942 年。

⑤ 《交通银行业务部同上海商业银行总行联合承放大通煤矿公司凿井贷款二百万元》，1936 年，上海市档案馆藏，档案号：Q55 - 2 - 696。

⑥ 《交通银行业务部、各同业关于上海闸北水电公司借款及发行公司债有关函件》，1933—1936 年，上海市档案馆藏，档案号：Q55 - 2 - 699。

"十九年秋，因见股东及职员常有款项附入，遂有存款"。[①] 不难想见，其吸收存款之目的。

新中工程公司同样如此。"1933 年，以 12 万元之资本做 11 万元之生意，第二年生意增至 28 万元，第三年增加至 33 万元，去年增至 54 万元，而资本仍为 12 万元，仅为全年营业总数之五分之一，周转之困难可见。本公司原有 12 万元之股份，已全数投资于厂屋、基地、机械工具等设备之中，当此金融枯竭、存货滞销之时，承造七八十万之桥工，其于调度经济，虽十分节俭，自非易事，所恃以周转流动者，惟信仰本公司同志之存款 12 万元。"[②]

将存款作为短期借款使用，不仅可以增加企业可用的流动资本，有时还能起到挽救企业，使其免于倒闭的作用。1917 年中华书局受通货膨胀、同业竞争激烈等多种因素的影响而陷入资金困境，"负债共一百二十万元"。[③] 在负债如此巨额情况下，幸得各债权人给予通融方才渡过难关。"幸得宋曜如先生、子文部长之尊人也，公正刚直，情理兼顾，民六恐慌之时，公为股东，又为大存户，首与公司订分年摊还之约。且责起诉者曰：吾人当明是非，当与公司当局者共谋维持之方，若冒昧破坏，损失恐更大。且不时惠顾，勖以努力恢复，屡言外国公司失败再兴者，方为真成功也。"[④] 在宋氏等人的大力坚持下，中华书局"现已出租，将租金分年还存、押各款，押款各户均已赞成，存款各户亦多数赞成。良

---

① 佚名：《丽华公司未设储蓄部》，《申报》1931 年 3 月 11 日。
② 中国社会科学院经济研究所主编《上海民族机器工业》（下），中华书局 1979 年版，第 508 页。
③ 佚名：《中华书局被控第一次堂讯》，《申报》1917 年 9 月 22 日。
④ 陆费逵：《中华书局二十年之回顾》，《中华书局图书月刊》1931 年第 1 期，第 2 页。

以继续营业，所有债务不惟本可清还，并利亦有着。万一破产，不惟股本、存款无着，押款亦恐难如数清偿"。① 正是在利益一致的情况下，"多数债主见该公司自办，因数年交谊，均愿维持，仍照出租例，每月提一万三千元，分年付还本息"。② 借助于存款，中华书局最终度过了困难时期。

张謇兴办大生纱厂时，招股 50 万两，费时 4 年 8 个月，还少 7 万余两股本尚未收齐。"其时工厂已成立，急待出货，而无钱买棉花，一日七次急电股东交股，如石沉大海。不得已，向至亲好友，零星借资（拉亲友存款）两万元，购买棉花，勉强开工。幸出货甚好，定者纷来，不及半年，居然得有红利。"③ 正是凭借至亲好友的短期借款与存款，大生纱厂得以渡过难关。

3. 存款作长期借款之用的实证

企业要发展，特别是置办机器设备、厂房地基等，通过短期借款是难以实现的。"照理财学之原则，及稳值之立场言之，企业如因扩充生产设备而须筹集新资金者，则其举债营业所可采用之办法，唯有举借'长期'债款之一法。盖唯有举借债款，企业始能避免债务之高度压迫，而得就以后新增的收益中，按期归还债款之本息也。"需要说明的是，黄组方所指的"长期"与"短期"，"乃以事业之正常经营周期为区别之标准，申言之，在寻常或一般状态下，由原料制成可售之货物，或购买货物时，将其出售而取得现金之时期

---

① 佚名：《中华书局被控第一次堂讯》，《申报》1917 年 9 月 22 日。
② 佚名：《中华书局股东会后之状况》，《申报》1917 年 12 月 28 日。
③ 景本白：《久大精盐公司创立史》，《盐迷》第 1 卷专刊，1935 年。

也，是项时期，在多数事业，大抵在一年之下"。[1]

正如在第二章所分析的那样，由于近代中国资本市场不发达，企业难以通过资本市场这个公共平台筹集到发展所需的长期资本。同时，由于信用制度的不完善，企业也难以通过长期抵押或担保借款的方式，从银行等金融机构那里获得长期借款。另外，企业对于抵押借款带来的各种不方便也有颇多顾忌，"在拥有相当数额之财产可以担保长期债款之企业，其当局是否愿以财产质押借款，仍属疑问。此种犹豫不决之态度，实以金融界对于工商业之放款缺乏兴趣为要因，而事业当局每存以财产质押借款有损名誉之错误观念，亦使事业筹借长期债款以收举债营业效果之办法，即在可能采用该法之情形，亦每每并不采用也"。但是，这并不说明近代中国企业不能从事长期负债经营，"国中一般事业用收举债营业利益之利器，即收受存款也"。[2]

从史料中可见，近代中国企业多将吸收的社会存款作为长期借款使用。这是因为，如果只将存款作为流动资金使用，有时会使企业吸收社会存款的作用大打折扣。"照企业内部理财上之立场观之，企业所以收受存款者，盖欲收举债营业之利益耳。故此项存款之运用，当属以充正常固定运用资本，或竟投资于生产设备之中，始得充分加以利用。若作为短期债款，则理财当局常须保持其流动性，如是则存款之利用，势将大受限制。且此种流动性之保持，在事实上，既非必要，而亦与企业当局收存款之初衷相背驰，故企业如欲

---

① 黄组方：《工商业收受存款之检讨》，《信托季刊》第 6 卷第 1—2 期，1941年，第 96 页。

② 黄组方：《工商业收受存款之检讨》，《信托季刊》第 6 卷第 1—2 期，1941年，第 97 页。

以全部存款常保充分之流动性，则收受存款实无可图也。"①

因此，很多企业将其吸收的社会存款当作长期资本使用。"通常借款（存款）一项，多构成企业长期投资之一部。不问此种借款之用途为何，或用以购置固定资产，或作暂充推销货品垫本之用。总之，此种方法已为各业所普遍采用，或成为近代商业中必要业务之一部。企业之成功有赖于借款能力之处最多。"② 事实也的确如此。

南通大生纺织公司自 1899 年开办之后，经过二十多年的发展，有了很大进步。"初起只有纱锭两万余，陆续添置崇、海两厂，纱锭增至十六万有余，布机增至一千五六百张，统计机器、房屋共用成本规元九百余万两，股本五百七十万两，成本短三百三十万两。"所短之资本，其中部分受益于存款的长期使用，"历届因有公积、折旧及存款可以周转，故未提议加股"。③ 1932 年，上海闸北水电公司就用其吸收的 75.5 万元社会存款重新添置厂房与机器设备。④

截至 1931 年 3 月 15 日，上海永安公司银业部总部共吸收社会存款 5476357 元，上海虹口分部共计收各种储蓄款 1494591 元。这些社会存款多被抵押给永安公司内部企业。永安纺织第一厂和第二厂向永安公司银业总部抵押借款 3887477.88 元（其中一厂抵押 1341143.49 元，二厂抵押 2546334.39 元），作为购置机器与工厂扩建的资本。"该公司

① 黄组方：《工商业收受存款之检讨》，《信托季刊》第 6 卷第 1—2 期，1941 年，第 104 页。

② 杨汝梅：《商誉之性质及其与企业受益之关系》，《会计杂志》第 6 卷第 5 期，1935 年，第 33 页。

③ 佚名：《大生股东查账委员会之消息》，《申报》1923 年 8 月 10 日。

④ 《交通银行业务部、各同业关于上海闸北水电公司借款及发行公司债有关函件》，1933—1936 年，上海市档案馆藏，档案号：Q55-2-699。

总部分部所收各种存款，其用途支配系经营抵押放款及抵押透支两种，业务放出款项所得抵押品大部分系该公司或其他同等公司之有价股票；至其放出款项有少量系信用放款，保证手续亦甚妥当。余如永安第一、第二纱厂透支款项，系由永安纺织公司出其抵押契据，并规定以该二纱厂之地基、房产及全部机器等项作抵。"①

（二）企业吸收存款长期资本化的原因

存款能被企业作为长期资本使用，与储户不常提用、企业将存款长期化的策略有关。对企业将存款长期化策略的考察，有利于我们理解近代中国企业在利益分配、融资方面呈现出的特殊性。

1. 储户不常提用存款

近代中国企业私下吸收的存款，大多数是企业的股东、管理者和职工的亲朋好友的存款。这些存款往往是由企业的股东、管理者和职工介绍存入的。例如，1935 年 10 月 4 日申新同仁储蓄部的存户谢瑞章写信给该储蓄部的执事先生称："敝人前供职上海九江路念式号联德洋行时，由敝友天利洋行荣永春君介绍存入。"② 这样的例子不胜枚举。如果没有熟人介绍，储户有时甚至难以将存款存入企业之中。"考一般实务，对于存户之限制，可称相当严密。实际上企业中之大多数存户，乃系资主、职工及当局之戚友。在信用昭著之企业，若非为管理者所熟识之人，每难以存入，且存户每

---

① 《王海帆会计事务所受理查核永安公司银业储蓄部账目一案》，1931 年，上海市档案馆藏，档案号：Q93 - 1 - 72。

② 《同仁储蓄部存户来信》，1931—1935 年，上海市档案馆藏，档案号：Q193 - 1 - 557。

以收受存款，为企业或其当局对其有特别好感之表示，故就一般而言，存户一经以款项存入，非因万不得已，决不愿轻易提用。"①

企业与存户之间的这种私人关系，有利于它们将存款转化为长期资本使用。"企业与存户之间关系，系于私人情感者甚切，故存户即欲提款，如企业正当需款孔急之时，亦可情商缓提，此种办法，在重财轻义之社会上，自有极大之力量，是以企业对于存款，尽可用诸于生产方面，广求利殖，而无患因存户之提取而受到威胁。此种私人情感之维系，实为许多企业缺乏运用资本而能顺利经营之真正原因也。"②

虽然储户有"随时可以提取"的权利，且"定有期限者，亦多不逾一年（实务上大致如是，或偶有为期较长者），故其为短期债款之特性，万不可以忽视。理财当局对于提取存款之应付办法，固须时时出以相当稳健之态度"。但是，"观于存款提取之比例每属极小，其随时可以提取之特性，在事实上，实觉不甚重要，故不妨按照以往之经验，仅须以其日常提取之一部分视为短期借款，而以其余部分概作长期借款"。③

苏州市公所在清末时，将地方公款银 2 万余两存放于祝兰舫所办之苏州振兴电灯厂。直到 1920 年，苏州市公所才向振兴电灯厂提出取款的请求。镇江的黎某于 1912 年将银5119 两存放于镇江大照电灯公司，该项存款直到 1919 年才

---

① 黄组方：《工商业收受存款之检讨》，《信托季刊》第 6 卷第 1—2 期，1941 年，第 103—104 页。

② 黄组方：《工商业收受存款之检讨》，《信托季刊》第 6 卷第 1—2 期，1941 年，第 104 页。

③ 黄组方：《工商业收受存款之检讨》，《信托季刊》第 6 卷第 1—2 期，1941 年，第 104 页。

被提用。[①]在永安公司的定期存款名单中，有很多存户之存款十几年未曾提用。[②]正是由于很多储户长期不提取存款，将社会存款保持较高的流动性并无必要，企业才可将社会存款作为长期资本使用。

2. 企业将存款长期化

企业之所以能将存款作为长期资本使用，除了很多储户长期不提取存款这一原因之外，还与其吸收存款的策略有关。企业将存款长期化的策略，主要有以下几种方式。

（1）企业将存款转化为股本

将存款转化为股本，是企业长期使用存款的重要策略之一。例如，1894年仁济和保险公司的业务颇不景气，"保费既无起色，存息又不如前。一遇赔巨款，恐须掣动正本，不能不统筹全局"。该年又恰逢上海织布总局发生大火，仁济和保险公司存放在该局的8万两存款也难以收回。为巩固赔偿能力，仁济和保险公司董事会最后决议，将原先存放在招商局的20万两存款提回，另外又从外国银行提回存款12万两，"附入上海织布总局所改之华盛纺织总厂作为股份，官利、余利悉归公司，连前存款八万两，共成四十万两。数年之后，非特八万之款借得弥缝。其纱布所获之股利，较银行存款之期息厚薄悬殊。数年后再行察看局势，届时或将股票售出，仍归银行生息，亦无不可"。[③]

1937年5月，上南交通股份有限公司董事长朱叔源呈报

---

① 佚名：《追还振兴存款之纠葛》，《申报》1922年9月14日；佚名：《声明作废》，《申报》1920年8月22日。

② 佚名：《永安有限公司沪行定期存款分户帐》，1944年，上海市档案馆藏，档案号：Q225 - 4 - 477。

③ 佚名：《光绪十九年仁济和保险节略》，《申报》1894年3月30日。

交通部上海航政局，声称早在 1927 年该公司的储户恒大公司就将其存款转换为该公司的股份。"查恒大存款于（民国）十六年（1927 年）6 月 3 日止计 101565 元，经股东大会议决改作增股股本，即发股票交恒大收执，户名系恒大。嗣于（民国）二十二年（1933 年）依照公司法改换股票，为每股 30 元，所有恒大股东先后由该户前来过户。现在有一部分股东，即系恒大户转换过户而来（列表附呈）至本公司。发息向凭股单，为准于发息时，在股单后加盖印鉴。（民国）22 年前股息在过户前，经恒大收讫，22 年后所发股息亦由承受人先后领取。"[①] 1946 年 9 月 7 日，上川交通股份有限公司的储户傅佐衡写信给该公司经理顾伯威，愿意将其存放于该公司的 5500 元社会存款转为"常年一分，保息六年"的优先股。[②]

（2）规定储户不得随意提取存款

为了将存款作为长期资本使用，很多企业在存款章程中规定，储户不得随意提取存款。

例如，1937 年华丰纺织印染厂的同仁储蓄章程中就严格规定：该厂职工平时不得随意提取储蓄存款，只有至退休时，"且经主管主任签字"，方可向该厂提取存款本息；存款员工只有在婚丧大事或生疾病用钱时，"经主管主任签字证明"方可提取，并且需要向该厂储蓄部出具抵押借据，而且在抵借时，需要另签抵押凭据，并将存折交押该厂。

① 《上南交通股份有限公司关于恒大存款改股致铁道部呈》，1937 年 5 月，上海市档案馆藏，档案号：Q410 - 1 - 40 - 29。
② 《上川交通股份有限公司关于退休金、职工存款、抚恤金等与各职工及有关单位往来文件》，1946 年 9 月，上海市档案馆藏，档案号：Q409 - 1 - 380。

该厂抵押借款的具体规则如下："一、欲将存款抵押者，须预向本股（该厂会计科同仁存款股）通知，填具抵押借据，连同存折，向本股商做抵押借款。二、抵押借款额，至多不得超过存款金额之百分之七十。三、抵押借款利率，定为常年一分二厘起息。四、抵押借款期限，至多不超过一年。五、抵押到期而无力缴还者，本股得将存款支付轧算，并取消其在抵押期内之特种红利。六、抵押借款者将存折抵押后，本股掣给证明单，以便续缴。"华丰纺织印染厂储户抵押借据样式如下①：

立抵押借据

　　立抵押借据人×××，今因正用，将自己名下之华丰染织厂会计科同仁存款股存折第×号××户，计款额国币　　元　　角　　分，连同存折向同仁存款股抵押借款国币　　元正，期限自　　年　　月　日起至　　年　　月　　日止，到期将借款如数还清，决不拖延，并依照贵股抵押借款规则办理，决无异言。

　　恐后无凭，立此抵押借据为凭

立抵押借据人×××签字

再如，大德新豆油厂对其储户提取存款也有非常严格的规定，存款章程规定："各会员所有存款在迫不得已，如婚丧喜庆方可调度者，如离开，各会员同意时，得其本名下存款拨付一部分，但至少须留存洋五十元以上，不能尽数提清。"② 上海五洲大药房职工储蓄章程规定："储蓄存款有下列事情之一者，经各该店厂经理核准，方得酌量提取之：

---

① 《华丰纺织印染厂股份有限公司会计科同仁存款缘起及规则》，1937—1939年，上海市档案馆藏，档案号：Q199－7－109。

② 《友记同人储蓄会会簿》，1935—1939年，上海市档案馆藏，档案号：Q38－37－13。

甲、父母大故；乙、本人结婚；丙、儿女结婚；丁、特别事故。"①

（3）以较高的回报率诱使储户进行长期储蓄

为了鼓励储户进行长期存款，一些企业不仅给予较高的利息，还给储户分发红利。例如，1928年中法药房、九福公司、中西药房合办的百龄机储蓄会就给储户分发红利，以鼓励人们进行长期存款。"本公司为宣扬百龄机功效起见，联合中法、中西两大药房合办（百龄储蓄会），以三公司全部之资本，保本保息，优给利息，并按月赠服百龄机，使储户常服无间，得以康强逢吉。此次蒙严独鹤先生函述高见，嘱将九福公司营业红利，酌派储户，以助兴趣。经本届股东会公决，在红利中提出一百七十分之六，分派储户。凡定期一年以上之存款，皆得享此权利。"②

当然，更多企业还是以提高利率的方式，诱使储户进行长期存款。1935年民生公司为鼓励职工存款，"以备意外之需用时计，特订立固定储蓄办法。在一定月薪内，须储一定数目，半年结算一次。利息月利一分五厘，较之银行十五年定期存款，月利复利一分一厘均厚，优待职工可谓周到"③。1936年上海闸北水电公司鼓励存户将年息七厘的活期存款转存为年息一分的长期存款。④ 1937年，华丰纺织印染厂为了

---

① 《五洲药房股份有限公司职工储蓄章程》，1930—1935年，上海市档案馆藏，档案号：Q551-1-26。

② 佚名：《中法药房、九福公司、中西药房合办百龄机储蓄新章：分派红利办法》，《申报》1928年6月12日。

③ 张华贵：《民生公司概况》，《复兴月刊》第3卷第6—7期，1935年，第11页。

④ 《闸北水电股份有限公司关于公司存款讨付利息的往来函》，1936年8月—1937年8月，上海市档案馆藏，档案号：Q557-1-361。

提高职工存款的积极性，设立特种红利给予激励，"此项存款已满三年者，得享受本厂盈余内提出之特种红利，由本厂股东会分派，按存款比例分给"。①

鉴于较高利息回报，人们一般很少提取存款，"昔时金融事业未曾发达，人民储蓄咸唯商号是恃，而酱园、典业、银楼、药行各业尤为翘楚……在存款人方面取其信用，一方则利其利息之低微，足以为营业运用之需，乐于收受。年月愈久，积资益厚，而此项存户，大都不甚提取"。②

四 小结

本章充分利用王宗培、黄组方两位学者统计的企业资本结构的数据以及荣家企业的财务数据，详细分析了存款在近代中国企业资本结构中的地位。概而言之，近代中国企业的资本结构有以下几个特征。一是借款及存款与自有资本的比率，除纺织工业之外，多在40%至70%之间。二是存款与自有资本呈反比关系，即企业自有资本越少，越依赖存款；反之，对存款的依赖越弱。三是借款与存款之间存在此消彼长关系，大公司以借款为主，小公司则相反，以存款为主。由此可见，存款在近代中国企业资本结构中占据着十分重要的地位。虽然我们无法知晓究竟有多少比例的存款被当作短期借款使用，有多少比例的存款被当作长期资本使用，但是存款在企业发展过程中发挥着重要的历史作用是不容置疑的，

① 《华丰纺织印染厂股份有限公司会计科同仁存款缘起及规则》，1937—1939年，上海市档案馆藏，档案号：Q199－7－109。

② 有斐：《论商号之收受存款》，《钱业月报》第12卷第12期，1932年，第5—6页。

它们或被当作流动资金使用，或被当作长期资本用来置办机器设备、扩充企业规模。当然，存款能被当作长期资本运用，与储户不常提用和企业将存款长期化策略有关。

本章对上述问题的考察以及所得出的结论，足以使我们清晰地看到存款在近代中国企业发展和工业化进程中的历史性贡献。正是对存款的合理运用，才是那些按照西方公司财务管理标准看似破产的近代中国企业危而不倒并运行良好的真正原因。从中我们可以看出，吸收与运用社会存款是近代我国公司财务方面的一大特色，这既是我国传统经济因素的延续，更是由近代中国特殊融资环境决定的。在近代中国特殊的融资环境中，存款的吸收与运用也充分体现了中国企业在融资、财务管理方面的创新。

第五章　私人信用的存款号召力

近代中国企业能大规模吸收与运用社会存款，有着特殊的社会历史条件。这里有一个至关重要的问题，那就是广大储户何以信任吸收存款的企业？换句话说，近代中国企业是如何取信于广大储户的？要很好地回答这个问题，需要对近代中国的私人信用进行深入研究。在近代中国社会中，人与人之间的信用关系，更多地体现在"私人"的信用关系上，这是一种人与人之间的私有的信任关系。更一般地体现在信任者基于被信任者的人格、声誉、口碑等信息，给予被信任者之信任。在熟人社会中，中国传统信用的治理机制，如声誉机制、连带责任机制、担保机制等在近代中国社会信用治理中依然发挥着重要作用。这些信用治理机制对被信任者仍然有着约束功能，使大多数被信任者重视对私人信用的维护。需要强调的是，信任者与被信任者的信任关系，属于信用关系的精神层面，这远不足以构成近代中国人际信用关系的全部。换句话说，近代中国人际信用关系，还需要物质层面的信用关系给予保障，无限责任制则是这样一种有效的制度安排。

一　对信用的解读

在一个社会之中，人们之间的关系除了需要法律的维系外，还需要社会规范的维系。其中，信用及其制度构成了社会规范的基础。在大力发展市场经济的当下，我们需要认识到市场经济是一种法治经济，也是一种风险经济，归根结底是一种信用经济。信用制度良善与否、完善与否，很大程度上可以反映出某一市场经济的发达程度。因此，信用及其制度的建设至关重要。现在，我们先对信用的内涵做一番考察。

（一）信用的内涵

信用一词，其意甚广，不同学科的学者有不同的理解。经济学者对其也有多种定义。近代学者认为，信用的基本意义"为对于现在所收之价值而展缓付款之谓"，"自放账者（或放款者）之立场言，信用之意义，在信仰及未来。换言之，即对于欠账者的未来稳妥有信仰也"，"自欠账者（或借款者）之立场言，信用之要义，在能力，即信用为借款或购买之能力"。信用之完整定义为"信用者以有价值之物——无论其为金钱、货物或劳役——移转于他人，而相信其在将来有支付'同等物'之愿与能力也"。[1]

有的学者认为，"信用二字之意义，谓一方出资本或劳力，而他方应负之义务，不须别经担保，得随后履行者"。[2]有的学者认为信用是"一种付款的允诺"，是"使用另一人资本的允诺"。以上关于信用的定义，均强调被信任者对未来偿还负债之责任的"允诺"，这种"允诺"既包含物质层面的抵押保障，也包含被信任者在精神层面对自己诺言的遵守。有的学者则认为信用是"某一个人说动另一个人将经济

---

[1] 王秀峰：《信用之分析》，《钱业月报》第 16 卷第 8 期，1936 年，第 25 页。
[2] 严：《论吾业宜注重信用调查》，《钱业月报》第 6 卷第 2 期，1926 年，第 1 页。

物品供他运用而于日后偿还的一种力量"。①

经济学家张维迎认为信用即信誉，他给"信誉"所下的定义是，"信誉就是指掌握信誉的一方不骗对方的承诺"，"就是为长远利益牺牲眼前利益"。② 从上述定义可见，信用或者说信誉的实现，要求被信任者遵守自己的承诺，即在有能力或有机会伤害信任者时而不采取伤害信任者的行动。在中国近代金融市场中，当银行、钱庄等金融机构认为贷款给某某人或某某企业，还款有保障而无须实物抵押时，就称此项贷款为信用贷款。抵押贷款则体现为对物质的信用，即贷款需要一定的担保品作为抵押。但是，这是一个非常狭义的定义。

从市场层面而言，市场主体之间的信用关系的本质是经济利益关系，它是货币经济的一种高级形式，由此形成的信用经济关系涵盖了政府、企业、银行与居民之间以及各自内部之间的各个方面。相应的，全社会的信用运行由国家信用及政府信用、机构或法人信用、私人信用与国外信用共同构成。③ 近代以来的信用关系，是以转让"资本"为主的，债权人与债务人的信用交易，以"资本"的相互授受为主要对象。因此，本书讨论的信用关系，是以资本的信用交易为限度的。

通常人们讨论信用时，对于时间因素的重视程度是远远不够的。其实，自经济层面而言，信用之要义在未来、危

---

① 许桐华：《信用浅释》，《新语》第 13 卷第 23 期，1948 年，第 363 页。
② 张维迎：《产权、政府与信誉》，生活·读书·新知三联书店 2001 年版，第 4、10 页。
③ 艾洪德、蔡志刚：《个人信用制度：借鉴与完善》，《金融研究》2001 年第 3 期。

险、成本及价值之交换。换言之，信用为以未来货物换取现在货物。自法律层面言之，信用之要义，为债权者与债务者之关系。换言之，信用为对于将来偿付之现在的获利也。综合人们对信用之要义的理解，在此，笔者认为"信用"的定义如下：所谓的"信用"乃是一种以将来归还相符数量为条件的资本转让的一种允诺。本书所谓的"私人信用"，是指收受信用者为私人，凡个人信用、商业信用、农业信用、银行信用以及投资信用皆属之。

（二）信用的两个层面

在一个社会之中，信用的运行需要从精神与物质两个层面给予保障。前者是关于债权人对债务人偿还债务承诺的信任；后者则是债务人偿还债务的能力，是债务人将其家产或未来收入作为抵押品的一种机制。

1. 信任

信任，在人们社会生活中至关重要。正是基于互相信任，很多经济活动得以展开。例如，在某一项债权债务关系之中，首先，持有资金的贷款人要对借款人给予"信任"，相信借款人不仅具有偿还债务的意愿，还具有偿还债务的能力，这种能力或是基于借款人已有的资财，或是基于他未来赚取钱财的能力。其次，借款人除了提供物质层面的资产作为借款担保之外（诸如厂房、地产、机器、保证金等物质层面的资产，可通过抵押机制对债权给予一定程度的维护，这个并不难理解），还需要在人格、声誉等精神层面向贷款人表明他/她是值得"信任"的。

来自精神层面的信任，是我们理解一个社会的信用的关键所在。例如，当借款人没有可资抵押的财产，贷款人凭什么"信任"借款人，并愿意把资本借给后者？在面临借款人在未来不还债款风险（无论是无力偿还，还是抵赖不还）的情况下，贷款人为什么还会贷款给借款人？只有对"信任"这个至关重要的概念进行深入的理解，我们才能对信用的本质有深刻的认知，从而将信用及其制度纳入具体乃至更为宏观的问题分析之中。

我们回归到信用中的信任问题的探讨上。就精神层面而言，"信用"又包含两个方面的含义。就"信用"一词的意义而言，包含债务人的"信实之受用"与债权人的"信任之授用"两层含义，即信用的授受。债务人的"信实"须依赖债权人的"信任"，始能接受其实惠；反之，债权人的"信任"亦不能缺少债务人对"信实"的接受。否则，仍不能发挥其使用效能也。正如时人所言，"'信'者何，人之所言也，苟其言出由衷，诚信切实，必也。博得'信实'之美誉。换言之，即其人所言，确无虚伪，众口同声皆'信任'之也。是知'信'乃基于受信人之'信实'及授信人之'信任'而构成其内涵"。① "信实"与"信任"的上述关系，构成了"信用"的一部分基础内涵，即从精神层面决定着债务人偿还债款的意愿。

需要强调的是，在信用授受的过程中，债权人必定承担风险，否则将构不成债权人对债务人的信任，信用也因此而无法运行。无论是在西方社会，还是在东方国家，莫不如此。所谓的信任，正如美国著名的社会经济学家格兰诺维特总结的，"海量的讨论信任的文献有着或明示或隐晦的不同，但它们都大致同意信任是一种信念，相信对方即使在能够伤

---

① 蔡世英：《信用论》，《工商经济月刊》创刊号，1947 年，第 12 页。

害你的情况下也不会伤害你"。这种"信任者"的信念往往指向"可信的行为"——在做出其行为之前先假设"被信任者"将会使用"可信赖的"方式。"一个信任者会因为他/她的信任之念与行动将自己置于险境之中，所以这样的险境几乎是所有信任定义的核心要件。"①

2. 信用的保证

仅有精神层面的偿还债款的意愿，远不足以构成"信用"的全部含义。人们对信用的维护，还要有物质层面作为后盾。

信用的保证，债务人对其所负之债款不仅要有偿还的意愿，还要有物质方面的能力给予保证。"'信实'与'信任'仅在精神层面上获得慰藉或发生企慕，而未尝在物质上发挥作用，即对于整个经济社会，仍无甚裨补。故信用者，基于物质上之'信实'与'信任'之受授而促进社会经济之发展，乃为基本要求。至'信实'者之能获得人之'信任'，必寄托于其才能、能力，保证于未来确不致失信于人。而'信任'之授与，亦必视对方'信实者'究有无'信实'条件存在，必也。"总之，"受授两方各具备应有条件而取得同意后，'信用'始能构成。否则，'信实'与'信任'仍滞留在精神基础之上耳"。②

西方国家盛行抵押贷款，抵押品即为信用的物质保障。这种机制的核心要义，即在于债务人在债务到期时，不能准时偿还欠款时，银行等金融机构则将抵押品放在市场上拍卖，用所拍卖的钱偿还债务人的欠款。近代中国盛行的信用

---

① 〔美〕马克·格兰诺维特：《社会与经济：信任、权力与制度》，王水雄、罗家德译，中信出版社2019年版，第95页。

② 蔡世英：《信用论》，《工商经济月刊》创刊号，1947年，第12页。

放款，其实也是有物质保障的，那就是债务人以其信誉、家产乃至未来收入为借款保障。只是这种物质保障与西方的不同，西方的抵押借款乃是在贷款发放前提供抵押品，中国则是在债务人不能偿还时才提供物质保障。

（三）信用制度

当经济发展到一定的水平时，就需要形塑相应的制度与社会规范对信用进行维护，这是信用关系中的信任行为发生的重要原因之一。正如美国著名的社会经济学家马克·格兰诺维特所言，"很多关于信任的文献都有一个共同的主题，那就是一个人信任别人源于制度安排，使欺骗与背叛无法实现"。主张制度在信用维护方面具有重要性的论述，有时会采取一种演化的观点，因为信用原来是适用于人际或小范围群体的，但是随着社会经济关系的复杂化与高度分化，经济中的信用就不太可能再以原有的方式产生了，所以必须发展出制度，以支持人们面对（相对于小规模情境里）较不熟识的人时也能敢于承担风险。①

关于信用制度，在相当长的时期内，很少有人给其下过明确而严谨的定义。这从一个侧面可以看出，即为"信用制度"下一个能被大家普遍接受的定义，本身就是一件十分困难的事情。鉴于信用制度的重要性，著名经济史学者杜恂诚教授综合经济学中的交易成本理论、信息不对称理论、博弈论理论等，给信用制度下过一个十分精辟的定义。他认为所谓的信用制度，是指为了降低市场经济中信息不

---

① 〔美〕马克·格兰诺维特：《社会与经济：信任、权力与制度》，王水雄、罗家德译，中信出版社 2019 年版，第 110 页。

对称程度而给交易方式或交易范围定型的一套规则。通俗地说，信用制度就是为了增加诚信度的市场规则的总和。他还特别强调，在以市场为主导的诱致性制度变迁过程中，信用制度逐渐丰富它的内涵；同时，信用制度并不是一项独立的、与其他制度相隔离的制度，而是渗透在市场经济的各项制度之中。①

关于信用制度，我们可以将之理解为维护信用运行的一种制度安排。所有成功的信用制度，无论是在理论上的还是在实践中的，都是让人们在采取行动获得当前私有收益的同时，承担一个未来成本。该成本的本质和大小在不同情形下变化很大；一般的要求是未来的成本应该超过个人依据他自己的偏好计算的当前收益，他的偏好可以是物质层面的，也可以是社会地位、内心的负罪感或其他类型的。

理论和案例研究一致认为，要很好地维护信用制度的运行，或者说对信用制度进行有效的完善，需要一些重要的社会经济条件。最重要的条件是人们应该对未来有足够的重视。如果未来收益是以货币形式表现的，则要求未来的贴现率低。在此情况下，人们能较好地遵守自己的承诺。如果未来收益是主观形式的，它要求人们要更有耐心。但是，降低人们心中的未来重要性的一个潜在力量是人们之间关系的持续性是不确定的。因此，要成功维护信用的运行，像在大部分案例研究中的情况一样，需要一个稳定的群体。②

---

① 杜恂诚：《二十世纪二三十年代中国信用制度的演进》，《中国社会科学》2002 年第 4 期。
② 〔美〕阿维纳什·迪克西特：《法律缺失与经济学：可供选择的经济治理方式》，郑江淮、李艳东、张杭辉译，中国人民大学出版社 2007 年版，第 64－65 页。

二　中国社会的"私人信用"信任传统

进入近代以后，与中国传统信用相适应的社会基础发生了重大变化。传统的价值观念受到冲击，小农经济因资本主义侵入逐渐解体，社会关系网络随着经济交往范围的扩大而变得日益复杂。在社会剧烈变动的大背景下，国人重诚守信的观念日薄，兼之人们善守秘密，信用调查困难。然而，适应新式经济往来的现代信用制度的建设并不是一蹴而就的。在传统信用制度难以满足新式经济发展的需求而现代信用制度又尚未建立起来的情况下，私人信用则继续起着维系人们之间经济关系的基本作用。我们在分析私人信用能够继续发挥作用，特别是在企业吸收社会存款中的作用的原因之前，先论述其被继续信仰的主要原因。

（一）私人信用

私人信用是社会信用制度的重要组成部分，是由国家、社会与市场共同形塑而成的，是为了降低私人之间信息不对称导致的欺骗的概率而给交易方式或交易范围定型的一套规则。这套规则既包括国家及政府制定的包括法律在内的正式制度安排，也包括约定俗成的社会秩序与良俗观念，同时包含正式的与非正式的市场制度与规则。通俗地说，一个人拥有私人信用，是指他个人的社会"信誉"与资产状况值得他人与社会信赖。

在近代中国社会转型过程中，亟须构建新的信用制度以适应新的经济关系。然而，由于近代中国社会与市场的分割（这种分割表现为血缘、地缘和行业的分割）以及利益共同体和信仰共同体的阙如，"人们无法像西方国家那样凭借利益共同体和信仰共同体来打破血缘和地缘的界限，使各种规范得以运行，信用得以树立，交易成本得以降低"。[①] 但是市场又必须构建网络，企业也必须进行人力治理。为了减少相互欺骗的概率，为了提升信用度而降低交易成本，人们缩小了搜寻范围，先是血缘性的家庭、家族，后来扩大到地缘性的同乡，进而构建了一个以血缘、地缘与业缘为交易对象和授受信用的网络。

将信任与交易限定于自己熟悉的群体内，体现了中国传统信用的延续，即信任只适用于"熟人"之间。在中国人的信任观念中，人们相信只有熟人才是值得信任的，"衣不如新，人不如旧"充分体现了这种观念。这样的信任关系，建立在信息对称的基础之上，这也体现了费孝通先生的"道德在熟人间"的理论依据，"乡土社会在地方性的限制下，成了生于斯死于斯的社会，常态的生活是终老是乡。假如在一个村子里的人都是这样的话，在人和人的关系上也就发生了一种特色，每个孩子都是在人家眼中看着长大的，在孩子眼里每个人也是从小就看惯的，这是一个'熟悉'的社会，没有陌生人的社会"。[②]

在缩小了的交易范围内，私人信用在维系经济运行方面，仍然发挥着重要的作用。私人信用往往具体化为个人的信誉与人格。为了降低被欺骗的风险，人们更偏好与"私人信用"良好的"熟人"交往，因为"双方交易者多属数年或数代之相识，互相洞悉双方之资产、人格以及其

---

① 杜恂诚：《近代中国金融业发展模式与社会转型》，《中国经济史研究》2015 年第 3 期。

② 费孝通：《熟人里长大的》，《世纪评论》第 2 卷第 3 期，1947 年，第 16 页。

他种种之状况"。① 例如，在中国近代金融业的经营活动中，当金融机构认为贷款给某某人或某某企业，还款有保障而无须实物抵押时，就称此项贷款为信用贷款。这里所谓的"还款有保障"则是以借款人的信誉与人格为保障的，而金融机构对借款人的信誉与人格的信仰，更多来自对"熟人"信息的认知与判断，"所谓的信用调查，即注意商号经理及其股东之行动品格，以体察其是否顾全大局，顾全名誉"。②

企业能够大规模地吸收社会存款，正是储户对"熟人"的私人信用（对企业股东、经理或职员的精神层面的信任及对"熟人"提供"存款保障"的物质层面的信用）信仰的结果。"商店的收受存款，有许多原因。其一因为我国的银行业务不发达，人民对于金融机构的信任还不及于个人。因此有熟悉的人在经营某项事业时，很愿意以自己的资金供给他运用生利。又因为从前我国的金融管理不严密，每遇金融机关的清理，除了有信用的股东以外，此外发还时，或者要受到折扣。商店虽有时也要清理，可是在存户的心目中，以为商店一定有许多商品，即使商店是宣告清理了，而那些商品一定是存在的，这是存户方面愿意存款的理由。至于商店本身呢，越是历史较久的商店，其资本一定是不大的，但为扩张其经营范围，以应付其环境计，不能不增加资本。然而同时增加资本，又非事实所许，或者是事实上的困难，因此有存户愿意把资金供给作施展的用途时，自然是表示同情的。存户愈多，范围愈大，就愈能得到存户的信任，如是川流不息，营业的范围如果在进展中，则存户的加入也愈多，

① 资耀华：《中国金融界有急须创办信用调查机关之必要》，《银行周报》第12卷第41期，1929年，第99页。
② 杨荫溥：《信用放款》，《经济常识》1935年第3期，第74页。

此项存款，实在比招股来得便利。业者曾经考察过，去年搁浅的一家商店，他的资本不过十万元，而存款倒要在一百二十万元以上，这诚是可惊的发展了。"①

私人信用在社会交往和经济活动中继续发挥重要作用，很大程度上归因于群体组织的自我治理。随着社会经济活动的日趋繁盛，寄寓他乡的商人，往往会以会馆、行会、同业公会等群体方式组建一个"熟人圈子"，这个"熟人圈子"仍然起着为内部成员提供担保并进行约束的作用，不守信用会产生连带效应，不仅使家乡族人蒙羞，而且会对"熟人圈子"内的其他人产生负面影响，从而使得圈子内的其他人有动力对违规失信者进行内部惩戒，以达到维护群体声誉的目的。②

中国传统的私人信用是人们在长期实践中形塑而成的一种预防互相欺骗的较为成功的机制，遵守这种机制的人们可以得到直接预防的"好处"。因此，人们还是比较重视私人信用的。正如当时著名会计师徐永祚指出的，虽然中国人对公司企业缺乏公共观念，"吾国人未惯共同生活，团体观念极为薄弱"，但是，对于独资、合伙企业的人们而言，还是比较重视个人信用的，"私人营业，因利益切身，故加注意"。③

相反，如果不守信约则会受到群体内的惩罚。中国传统的私人信用，本质上是一种关系型制度，它在以大家庭、邻里关系、亲朋好友和同乡故里为纽带联系起来的小群体中发挥作用，因为这些联系便于重复交往和良好地交流。尽管经

① 陈言危：《商店搁浅与收受存款》，《钱业月报》第 15 卷第 2 期，1935 年，第 7—8 页。
② 汪火根：《传统信用的运行基础与现代信用制度的重建》，《求实》2012 年第 12 期。
③ 徐永祚：《对于吾国公司企业的观察》，《社会月刊》第 1 卷第 5 期，1929 年，第 3 页。

济学家们认识到，关系型制度随着经济交易规模的扩大确实失去了它相对的功效，但是，在今天许多欠发达和落后国家仍承担着维系经济、社会关系的重要功能。①

（二）私人信用的维护机制

在一个以血缘性的家庭、家族与地缘性的同乡为纽带的熟人社会之中，人们被要求自觉维护私人信用，同时一些机制在规范个人维护私人信用方面，也发挥着重要的作用，其内在机制表现在以下几点。

首先，诚信观念内化为个人自觉要求的传统依然延续。在中国传统社会之中，人际交往非常推崇儒家伦理中"诚实""守信""信义"的行为。正如学者汪火根指出的，"儒家伦理对诚信的推崇，一方面将之上升到天道的高度，另一方面在日常生活中对其加以灌输，使之成为日常五伦之一，使诚实守信内化为个体的自觉要求，并逐渐积淀为集体无意识"。如果说"诚"强调社会主体的自我修养和对自身单向约束的话，那么"信"则是针对特定关系网络或群体中人们之间的双向约束。②信用作为中国传统社会伦理道德的基础，带有浓厚的"人伦"色彩。

近代以来，虽然中国社会信用随着社会经济的日益复杂而渐有破坏，但是大多数人还是受传统诚信观念内化的影响而遵守信约。如果某个人对其身边的"熟人"不讲信誉，或不按规矩行事，就会遭到人们的谴责，甚至是惩罚，这会使

---

① 〔美〕阿维纳什·迪克西特：《法律缺失与经济学：可供选择的经济治理方式》，郑江淮等译，中国人民大学出版社 2007 年版，第 71 页。

② 汪火根：《传统信用的运行基础与现代信用制度的重建》，《求实》2012 年第 12 期。

不守信用者的内心充满羞愧感与负罪感。正如费孝通所言，"道德是社会舆论所维系的。做了不道德的事，见不得人；那是不好，受人吐弃，是耻。礼则有甚于道德，如果失礼，不但不好，而且不对、不合、不成。这是个人习惯所维持的。十目所视、十手所指的，即是在没有人的地方也会不能自已"。① 这种长期被熏陶出来的内化为个人道德标准的"规矩"，在维护私人信用方面起着重要作用。下面举几个例子示之。

在 1887 年 8 月 10 日的《申报》上刊登了一则新闻，说"上月二十五日"苏州察院巷口的某一家衣庄发生大火，店中一切财物焚烧殆尽。"据称该店所有之货价值三万多金。苏州风俗，庄号店铺无论大小，皆有殷实之家存放银两生息。"该衣庄吸收存款多至万余金，"且放主不皆殷实，以该衣庄局面宏敞，故孤独之子、鳏寡之人所有积蓄，类皆存放该店，以期缓急，取用便捷"。如今该店因大火焚毁殆尽，"各户恃此为生计者，均向司帐某甲商酌"。某甲无以应对，其"念各户之按月取息，以养生者数十人，而支本以送死者亦数十人"；"一念之仁怒焉，莫释"。"本月初四日"，"某甲暗中密书一纸，留寄各存款之人，中有有何面目见江东父老等语，遂投缳自缢"。在此案例中，某甲因为无法面对众多存户的取款要求，感觉失信于人遂羞愧而死，很好地印证了诚信观念内化为个人的自觉要求。正如该则新闻记者所评论的那样，"该店之遭回禄也，天也。人固不得归咎于该司帐也。该司帐不忍于各户，而竟捐生以殉，其居心则善矣，

---

① 费孝通：《礼治秩序》，《世纪评论》第 2 卷第 21 期，1947 年，第 15 页。

而设计则未为得也"。①

　　1935 年，一位在上海开设商号的名叫杨松年的人在《申报》上敬告他的亲朋好友，说因受地产不景气的影响，他的商号陷入资金周转不灵的困境并因此而搁浅，以致亲朋好友的存款受到影响，对此他内心深感愧疚与不安，并说他会尽其所有偿还诸位亲友的存款，乞求亲友的谅解与宽恕。"鄙人一生谨慎，对于业务凡是必亲，未敢稍涉疏忽，岂料此番小庄受地产呆滞影响，一时周转不灵，遽尔搁浅。追溯二十余年缔创心血为之痛苦流涕。今迫不得已，委托张骧律师清理，对于存款诸亲友，实觉无颜见面。兹惟本我天良，努力于清理账目，但求早具眉目，即当按成分派，以翼减轻罪责，至鄙人本身一生辛蓄，亦尽在此中，并未丝毫提动，耿耿此心，可矢天日。伏乞诸亲友，特别鉴宥，无任企幸。杨松年谨启。"②

　　1937 年，淞沪会战爆发，在日军进攻上海时，虹口地区的借款客户有很多逃至公共租界内，为了信守承诺、维护自己的信用，他们想尽一切办法，多方筹措资金，偿还到期的钱庄贷款。"因为信用放款的主顾大半是多年的老往来户，以情面关系，反不好赖账。听说虹口的借户，信用好的，逃到租界后仍多方筹款还债。所以，钱业旧放款的催收尚无多大问题。"③ 由上述案例可见，无论是杨松年表现出的"痛哭流涕""实觉无颜见面""以翼减轻罪责"等言辞，还是上海钱庄业客户在战火纷飞的时局下"仍多方筹款还债"，都

---

①　佚名：《司帐投缳》，《申报》1887 年 8 月 10 日。

②　佚名：《杨松年敬告亲友》，《申报》1935 年 5 月 30 日。

③　王仁：《战后上海的银钱两业》，《银钱界》第 3 卷第 6 期，1939 年，第405 页。

是中国传统诚信观念内化为个人自觉要求的充分体现。

其次，维护私人信用会从群体内获得收益。身处相对稳定群体之中的人们，彼此之间相互交往，他们知道要去相信谁，并且形成了一些共有的规范与互惠互利方式。在一个熟人社会中，成员遵守社会规则，维护私人信用，会使他们拥有良好的"声誉"①，而良好的"声誉"会使维护信用者受益良多。下面我们以商业票据的发行与支付为例，来说明塑造和拥有良好声誉的价值。

自明清以来，商业票据逐渐应用于商业往来之中，但是它的支付缺乏现代商业票据的保证方式，其流通则是完全依赖开票人的个人声誉。"我国商业社会关于票据之付款，向无保证之方式。实际上支付困难，多由同业者或好朋友处，暗中通挪，习为故常。某票据之付款，将来届期，有无认付能力，则查其同业组合是否坚固，其发行票据人是否有资力，即可决其习惯的保证之有无，从未有一定之保证方式。"其之所以如此，"盖因我国社会向来颇重体面。凡关于自己所发行之票据或业经自己承受付款之票据，必不肯使他人于票上批明保证字样，以保爱自己已有信用之体面。他人查此种情节，心心相印，是以绝无于票上表示保证之旨者矣。我国俗谚所谓'保全面子'者，实为一般社会之常情，不独商界为然也"。②

---

① 声誉，是指某人在他人眼中的名誉与声望，为褒扬之义。在中国社会之中，一个拥有良好声誉或者说比较讲究体面的人，拥有良好人格尊严，良好的声誉不仅可以使他得到客观公正的社会评价、得到精神上的自我满足、获得社会更多的尊重，还可以给其经济活动带来很多便利与好处。因此，树立和维护良好的社会声誉具有较强的社会激励作用。

② 李炘：《票据保证制度之商榷》，《银行周报》第 7 卷第 29 期，1923 年，第 8 页。

维护信用和声誉的好处，远不止上面一点。自明清以来，随着商业活动范围的扩大，寄寓他乡的客商开始组建同乡组织会馆或公所，其目的是从自己熟悉的群体中获取经济的或是生活上的好处，"或在于供应旅外同乡的宿住，或在于同乡客死者的祠祀与厝葬，或在于同乡商人对抗土著和他籍商人以维护商业上的利益"。① 商业上的互助，更是成为旅外客商维护现实利益的主要诉求，"当时的同乡组织大都以同乡商人为主体，商业上的互助是他们的切身利害，不有同乡组合，不惟不足以对抗土著行商，亦无与他帮竞利"。②

民元以后，中国社会经历了巨大的变迁，新的组织纷纷涌现，但固有的社会组织除一小部分已转化为新的社会组织外，"因为实际的需要，人的支持，和礼俗的认许，大部分还是普遍的维持存在，并蕴藏着无限的力量，具有发展的可能性。有若干证例使我们感于这种固有的社会组织的力量较之新的社会组织实在是有过之而无不及。这是因为新的社会组织还未曾与基层社会生活型打成一片，它的事业还未曾经过有力的发动，它的组织本身的功能还未曾被民众深切自觉的了解其迫切需要。固有的社会组织有着相当悠久的历史，它与基层社会融而为一：而在这个相当悠久的历史中间，不但建立下多少显赫的事功，便是现在也还经常的踏实的热烈的举办着有益于国家和人民的若干事业"。③

在众多社会组织中，类似于会馆与公所的同乡组织（后来演变成同乡会）不仅继续发挥着以往商业互助的功能，还为维护与争取更多的同乡利益，而衍化出更多的新的功能，

---

① 窦季良编著《同乡组织之研究》，正中书局1943年版，第67页。
② 窦季良编著《同乡组织之研究》，正中书局1943年版，第71页。
③ 窦季良编著《同乡组织之研究》，正中书局1943年版，序言，第1页。

包括丧葬、公祭、公庆、公宴、康乐、医疗、济贫、教育、托事以及职业介绍、纠纷调解、法益维护等。例如，宁波旅渝同乡会章程中，明确规定了它的功能：联合团体以资互助，保卫乡人以安行旅，提倡实业以挽利权，兴办教育以开智识，勉行慈善以尽天职，排解纷难以保和平。在实践中，同乡组织也在积极彰显其功能。试举例子示之。

比如，在法益维护方面。当个人法益被侵害而又无力自谋恢复时，同乡会组织便以乡谊关系起而维护之。1929 年，宁波旅渝同乡会会员陈顺生因"江陵"轮船损坏，"大车"名下应得工资无着，要求同乡会致函"川宇公司"质问理由。宁波旅渝同乡会公议，"由会致函该公司经理，所欠'大车'工资应即缴还"。[①] 由于维护同乡人的法益，而演变成以同乡会声援同乡人的诉讼，也是偶有发生的。

1929 年，重庆城下都邮街上的一店铺失火，殃及浙江成大海味铺等数十家。成大被控纵火，请求援助。"查成大股东之一，即系'四明同乡会'即民十八年以后的'宁波旅渝同乡会'的第七届交际科员，与该届执行委员会某君有亲属关系。该会接受请求，召集浙甬两同乡会联席会议，推定同乡十二人主办其事，聘请法律顾问，选定出庭代表，规定每日会议时间。经费暂由两会分垫。并由两会具呈法院共同证明，与各报社接洽请主张公道。一面还函请'八省公益协进会'证明并协助。在开庭期前，约集各商号同乡前往旁听'以壮声势'。嗣以法院侦查终结，依法提起公诉，同乡集议，有主张继续援助者，有主张和解者，有主张由会登报证明暂行脱离本案责任者。后来由投票方法决定，结果以二十

---

① 窦季良编著《同乡组织之研究》，正中书局 1943 年版，第 95 页。

二与二之比，还是主张继续援助者举起多数。一面复拟函请各埠同乡援助，一面向同乡商店逐家借垫用费，并公议'无论如何发生障碍，必须积极进行'。此项事端，自十八年六月至十月，历五阅月始息。"①

宁波商人遍布长江南北各大商埠，他们不论走到哪里，都可以较为容易地得到同乡人开设的金融机构的信用贷款。因为在各大商埠开设钱庄的宁波钱商更倾向于对同乡开设的企业、商号投资或给予金融上的便利。而得到同乡金融业支持的浙帮商人才能在与外帮商人的竞争中胜出。例如，在汉口"浙商所经营之绸缎、银楼、五金、颜料等业，皆占汉埠第一位，因而该帮金融业势力随大。且浙帮各庄，经营得法，又能通力合作，呼应灵通，一面与各银行接近，一面竭力与他帮竞争，复以其资本雄厚，冠于各帮，长袖善舞，多财善贾，造成今日之局势，良非偶然"。②

在享有同乡会带来的各种"好处"的同时，同乡必须遵守各种"规矩"与保有诚信，否则会被逐出同乡会。例如，宁波旅渝同乡会章程中明确规定，"凡同乡品行端正经本会会员之介绍例纳入会费者，均得入会为会员"。但是，有以下情形者将被逐出同乡会，"有害同乡公益者、有不法行为查明事实者、有不正当营业违犯禁令者、有借本会名义在外招摇致本会名誉有损者、不纳年捐三年以上者"。③广东旅渝同乡会章程也规定，广东同乡须经两位会员介绍并填写申请书和缴纳会费方可入会。同时规定，会员不遵守会章或假借

---

①　窦季良编著《同乡组织之研究》，正中书局1943年版，第95页。

②　张克明：《汉口金融机关概况（上）》，《银行周报》第17卷第48期，1933年，第22—23页。

③　窦季良编著《同乡组织之研究》，正中书局1943年版，第104页。

名义妨碍该会名誉者，经会员检举，经监事会查明其情节之轻重给予下列处分：劝导、察告、取消会籍（如系理监事并同时停止其职务）、登报开除、送法院究办。①

　　一方面是面对同乡组织对其信用的监督，一方面是享受同乡组织带来的各种"好处"，身处其间的人们在没有足够动机或困难的情况下，不会轻易违背信约，在更多时候则是尽力维护自己的信用。即使人们有动机违背信约，也必须在当前利益与未来付出的成本之间做出权衡。在未来付出的成本之中，则有一部分是来自熟人社会中的类似同乡组织、同业组织的内部惩罚。

　　最后，失信于人者会得到群体内部的惩罚。在中国传统社会，私人信用更多适用于关系型的群体。相关研究表明，无论是在西方社会，还是在东方国家，私人信用之所以被人们自觉维护，除了不同文化中的诚信价值观念内化为个人自我要求之外，来自群体内部的惩罚也是人们维护私人信用的保障制度。在不同的群体中，普遍存在着许多具有震慑力的惩罚措施。在中国传统社会中，来自群体内的惩罚主要有以下几种方式，这些惩罚措施一直延续到中国近代。换句话说，在近代中国社会中，这些惩罚措施在维护私人信用方面依然发挥着重要作用。

　　一是内部惩戒。近代以来，随着社会经济活动的日趋繁盛，寄寓他乡的商人，为了降低被欺骗的概率，往往会以会馆、行会、同业公会等群体方式组建一个"熟人圈子"。在熟人圈子里，往往形成了很多规矩与规则来约束内部成员的行为，进而保障人们的信用。"世风日下，人心不古，为商

---

① 窦季良编著《同乡组织之研究》，正中书局1943年版，第114页。

人者，为牟利起见，往往不顾道德，对于同行，互相欺诈，
互相倾轧，互相竞争，各显其手腕，而其结果，两败俱伤，
良可慨矣！有识者为杜绝弊窦计，为维系同业计，为保持同
行利益计，乃有同业团体之组织，如某某同业公会、某某业
公所、某某堂等，更由加入团体组织之同行，订立同行规
律，即同业公会所订之业规，以便遵守。"① 下面试列举几例
示之。

1927 年 2 月 14 日，在上海钱业公会的内园年会上，做
出了驱逐丧失信用的同业人员的决议。决议称："今后无论
入会同业及元字同行经理人，其经理庄家倘有倒欠人款，折
偿未清者，该经理如日后重营钱业，我同业概不认其为同
业；其股东有不将应负责任完全清楚者亦照此办理。"② 应该
说，这是一项非常严厉的惩戒性条款，凡不按照行业规则办
事从而丧失信用的钱庄经理和股东，都会被同业共同驱逐出
这个行业。这对约束钱庄经理和股东的行为是很关键的。这
样的惩戒措施不仅可以维护行业规范，还有利于维护行业
信用。

20 世纪 30 年代，上海市棉布业同业公会的会规对成员
的交易价格、设立、改牌与退出、职工的雇用、责任与义务、
货款清算、客户交涉等内容均有详细的规定，要求成员严格遵
守会规，否则会受到公会的惩罚。"第二十六条，同业如有违
反本业规条款规定，经调查属实者，由本公会执委会议具处罚
制裁办法，呈请市社会局核断执行。"为激励成员严格遵守会

---

① 陈维藩：《商业道德论（续）》，《肇和》1935 年第 12 期，第 2 页。

② 《上海钱业公会内园年会议案录》，1927 年 2 月 14 日，上海市档案馆藏，
　　档案号：S174－1－2；转引自杜恂诚《近代中国无限责任企业的历史地
　　位》，《社会科学》2006 年第 1 期。

规，上海市棉布业同业公会在其会规附则中，还罗列了成员遵守会规的十个好处：（1）营业之弊害，赖以矫正；（2）如有被累，得以维护；（3）倘有外界之侵害，得有保障；（4）消息灵通，市价划一；（5）巩固商人之信用；（6）减少劳资之纠纷；（7）免去彼此之嫉视及倾轧；（8）消灭欺诈之行为；（9）免除无畏之竞争与牺牲；（10）营业发达，可获莫大利益。① 无疑，类似于上海市棉布业同业公会会规的同业规则，在维护商人信用与企业信誉等方面的积极意义是不言自明的。

二是舆论谴责。舆论谴责是一种有损违约者或失信者声誉的一种惩戒措施。在一个以血缘性的家庭、家族与地缘性的同乡为纽带的相对稳定的群体之中，个人机会主义行为很容易被发现，因为人们彼此之间互相熟稔、信息对称，任何个人违背规则和不守信诺的行为都能够被迅速准确地发现。人们一旦发现某人违背信约，不仅用"闲言碎语"降低违背者的声誉，甚至以断绝与其交往为惩罚。②

近代以来，吴兴的钱业素与苏州的钱业往来，后者每年向前者贷放长期信用贷款，在这样一个彼此熟悉的群体内，双方"素来相安无事"。③ 但是，在1931年3月6日的《申报》上，苏州钱业却刊发了一则与湖州钱业绝交的通告，内中声称湖州钱业中的永成、福昌、义成、大生、协和、宏丰、永达等七家开设不久的钱庄，因为上年业务不振而停顿，共计亏欠苏州钱业白银20余万两之巨。"在经理方面有

---

① 陈维藩：《商业道德论（续）》，《肇和》1935年第12期，第5页。
② 张维迎：《产权、政府与信誉》，生活·读书·新知三联书店2001年版，第6页。
③ 佚名：《吴兴钱业对苏州钱业之宣言揭载事实通告》，《申报》1931年3月6日。

逃避无迹者，有一味延约者，有股东有力偿还而经理不向恳切请求，反欲邀人恃势硬断，希图低折者，有以烂帐证券硬挨作抵者，有以不尽不实之产权书立字据哄骗空抵者，有仅欠尾找而图赖不理者。该经理等等种种欺弄苏人之手腕，可谓极施展之能事。在股东方面，或为政界闻人，或为殷实巨商，或为当地富户，或为一邑士绅，或为团体领袖，或为金融界经理、行长，其对于股东应负责任亦未尝不真切明了而一任经理延宕胡为演出，丧失各东信誉之事实，尔许股东竟取同一态度，无一出而主张维持吾业垫款习惯，遑论法律所定连带关系，似此居心，殊令人不寒而栗。"[1] 为此，苏州钱业发出上述措辞严厉的绝交宣言。

1924 年，上海商号黄增和主人黄品良、黄品桂兄弟向信裕、寅泰、同泰和恒兴四家放款钱庄隐瞒经营不善的信息，且蓄意欺诈，毁灭账簿，暗中进行破产事宜，并将剩余资财暗中授予日人（因其与日人有债务关系）。四家放款钱庄忍无可忍，不得不以刑事向会审公廨起诉黄氏二兄弟。[2] 上海钱庄业从黄增和号倒闭事件开始，对违约背信者开始登报公告："同业为放款前途计，为表彰信用计，对于折偿庄款之辈，蠲除私见，打破情面，亟起而遵章报告，由公会月报披露其股东及经理之姓名，俾若而人者，稍知儆戒，兼为吾业营业员（跑街）便于稽考，而于放款前途益裨益匪鲜焉。"[3]

三是承担连带责任。较为成熟的研究表明，如果信息在

---

[1]　佚名：《苏州钱业对湖州钱业绝交宣言并通告各埠》，《申报》1931 年 3 月 6 日。

[2]　同业记者：《黄增和倒闭后思痛录》，《钱业月报》第 7 卷第 5 期，1927 年，第 3 页。

[3]　影：《评黄增和倒闭思痛录》，《钱业月报》第 7 卷第 6 期，1927 年，第 7 页。

某一群体内传递的速度越快，或者说信息越对称，违约行为就越容易被发现，因而失信行为的可能性就越小。因此，信用治理比较有效的方法之一就是采取连带责任机制，使信用治理的难度与成本降低。在中国传统社会中，"家人共还"的观念深入人心，这也体现了连带责任的原理。

例如，唐代建中三年七月十二日，马令痣向护国寺僧人处借钱一千文，"其钱每月头□分生利"，若无钱可还，按俗例，"令痣家资、牛畜充钱，直有剩不追"。双方立有契据，"恐人无故，立私契两共平章书，指为记"。为了进一步保证借款人尽还款责任，在契约借款人签字处，马令痣一家三口全部签字，"举钱人马令痣年廿，同取人母党二娘年五十，同取人妹马二娘年十二"。① "父债子还"更是体现了连带责任的传统观念，"若夫商贾，则信义昭著，皦然不欺，往往他国契约所不凭借者，在我国则片言相诺而不负，纵或其人已殁，而其人子孙，则必一一为之归偿"。②

在商号用人方面，无论是学徒还是伙计的录用，都需要保证人给予担保，这同样体现了连带责任与信用关系。"各业习惯，就业职员必须有保证人。介绍人之介绍职员之出处、人格以及信用，当悉属介绍人范围之内。职员既录用，则介绍人对商号当负全责，而职员对介绍人亦必负责。介绍人如不信用于其所介绍之人，不介绍可也。既介绍矣，亦不得不负其全责。故其担保性质，悉属于个人之信用"。③ 很显然，连带责任有助于克服信息不对称，这样可以有效降低失

---

① 杨莲生：《唐代高利贷及债务人的家族连带责任》，《食货》第 1 卷第 5 期，1935 年，第 36 页。
② 谦益：《论商人之道德》，《钱业月报》第 2 卷第 3 期，1922 年。
③ 五五：《论保证人》，《钱业月报》第 14 卷第 3 期，1934 年，第 4 页。

信的风险。

连带责任也体现在官府判案的强制性执行上。马寅初曾询问晚清状师关于清朝之连带无限责任执行的问题，"据谓前清合伙组织，确为分担无限责任。惟今昔情形不同，自不能为旧例拘束。从前知县官兼理司法，审讯任何案件，动辄以刑罚相加，如有合伙破产，抵赖债务，则债权人可以抓住任何一伙，控告于知县官。彼如不肯承认，即以刑罚相加（如打屁股），故当时名为分担无限责任，其办法实比连带无限责任更加厉害，且刑罚加身。其亲族断然不忍坐视，必将醵资为之取赎，结果亦等于连带无限责任矣"。①

由上所论可见，在经济活动日趋复杂的背景下，虽然近代中国社会的信用日趋薄弱，但是人们又不得不进行交易。为了减少被欺骗的风险，人们将经济活动尽可能限定在熟人社会之中。在熟人社会中，人们之间的经济关系更多地表现为私人信用的关系，私人信用在其中发挥着重要作用。诚信观念内化为个人自觉要求，维护私人信用会从群体内获得收益，失信于人将会受到来自群体内部的惩罚，共同形成了人们注重维护、治理私人信用的机制。当然，私人信用的作用及其机制在企业吸收社会存款中同样得到充分的体现。

三　私人信用对企业吸收存款的助力

私人信用在近代中国企业吸收社会存款中的作用，充分体现在储户对企业的股东、经理以及职员私人信用的认同。

---

① 马寅初：《合伙企业之连带无限责任问题（上）》，《东方杂志》第 19 卷第16 期，1935 年，第 4—5 页。

换句话说，人们将存款存放在企业里面，并不是对企业本身的信任，而是企业的股东、经理或者其他职员的私人信用具有号召力。也正是这个原因，企业均本着"谁招揽谁负责"的原则吸收社会存款。

（一）私人信用的号召力

私人信用在近代中国商业活动中起着非常重要的作用，特别是在企业吸收社会存款方面，有着重要的号召力。正如时人指出的那样，"在信用制度不发达的对人信用时代——就是股份企业也不可称为 Institution……他们的信用，并不是对企业组织这个东西的信用，而是对经营一种企业的私人的信用，仅用这种信用来维持营业。例如钱庄业的存款，存款者的心理，决不是因为对于有资本二十万两的 A 钱庄有信用才去存款，实系因为对于 A 钱庄的经理抱着满腔信任的原故……假使一个钱庄经理人的信用好，则摩肩接踵的存款者，将必踊跃的到来，此乃必然的结果。因此，如不幸受人信仰的经理人或店伙一旦死亡，一班存款者觉得钱庄本身靠不很住，大家都跑来提取存款，则非再聘请一位足够存款者信仰的经理或店伙不可"。[1]

企业在吸收社会存款方面和钱庄一样，也十分依赖股东、经理或重要职员的私人信用，"商家所吸收之存款大多基于私人情感之关系"。[2] 他们或为熟悉的乡人，或为亲友，或为雇主与雇员的关系，彼此熟悉、彼此信任。有时存款者

---

[1] 郁永言：《上海的企业组织：附表》，《国立中央大学半月刊》第 2 卷第 6 期，1930 年，第 154—155 页。

[2] 李葆江：《商号存款及内汇问题》，《商学研究》第 1 卷第 2 期，1941 年，第 204 页。

还请求企业接受其存款，"凡历有年所之商号，无不为一般所信任，辗转恳求，希为存户，往往资本并不雄厚之商家，所收存款，为数甚巨……如银楼、典当、绸庄、酱园等业，无不收受存款，即今日之新式公司组织亦不乏收受存款者。各地年代较远声誉较著之商家，大都收受存款。现今金融业之存款虽与年俱进，若于社会上殷实商家之存款，加以调查，为数殊巨。"[①]

人们请求企业接受其存款请求，主要还是出于对企业经理或重要股东个人的信任。"我国人民之通病凡向钱庄或工厂存款之人，其所信托者，为其股东与经理，而经理又以大股东兼任，故存款于工厂者，其信托者，非工厂，而重经理个人。若经理信用好，遂接踵而存该工厂，若一旦经理死亡，虽该工厂依然存在，而各存户纷纷向该工厂提存。不但死亡，即使经理在患病之时，神经过敏者，已向该工厂提存矣。工厂资本素不足者，因存户提存之关系，而不能维持倒闭者，亦有之。此为偏重个人信用而影响工厂之例也。"[②]

1928 年，荣家企业决定办理存款业务，就向银行索取了各种存款章程，进行研究。研究认为，要成功吸收社会存款，必须解决以下几个问题。（1）如何在符合当时法令的条件下，可以不设立银行而办理银行部分储蓄业务？（2）如何树立信用，使人敢于来存？（3）如何迎合存户心理，使人乐于来存？（4）如何巩固基础，保证存款人利益？为了取信于存户，荣宗敬亲自兼任储蓄部经理，其次子荣鸿三为储蓄部

---

① 蔼庐：《一般商家收受存款问题》，《银行周报》第 16 卷第 42 期，1932 年，第 1—2 页。

② 张树声：《无锡去后推原中国丝业之失败与落伍》，《东吴》第 1 卷第 1 期，1933 年，第 131 页。

主任。[①]

私人信用在企业吸收社会存款中有着重要的号召力，这就迫使那些想吸收社会存款的商人和企业家非常珍视自己的"私人信用"。1917年和泰豆行的蔡增誉登报声明，公告有存款于该行的亲友前来办理接洽。从蔡增誉处理存款的做法，可见其对商誉的重视。"谨启者，敝行自开始营业以来，历年已久，素行谨慎，信用昭著。迩年被账友舞弊，致年年亏耗，缘于今正，由符茂园母舅邀集股东商议，宣告停止营业。俾查账目，借资清理。不料年深月久之帐，积复重重，不易理处。而股东中陆氏欠款，故意延宕，迁迟半载，再三严催，几乎决裂，直至七月初方始理结。而不足之数，由舍母舅劝谕增誉，顾念先人戚谊，肩垫了讫。其余不足之款，由符、蔡两姓代垫，将欠人之款一律还清。虽未少人分文，而敝行数十年名誉，险为丧失，言之慨然。今兹清理完全结束，符、陆两姓股份，俱行告退，脱离关系，一切生财、帐底，概归增誉收执，为特布告亲友，尚有未曾取去存款，乞即携折惠临，与增誉接洽提取。至于人欠未还之款，亦改由增誉追收归垫，以清界限，特此布告。再此次敝行停止营业，远近亲友时有慰问，感恩可言，增誉经此一番磨折，愧汗交并，未遑一一奉覆，至以为谦，附此鸣谢。"[②]

（二）谁招揽谁负责的原则

在企业吸收社会存款的过程中，不论是合伙制企业还是

---

① 上海社会科学院经济研究所编《荣家企业史料》（上册），上海人民出版社1980年版，第276、277页；《同仁储蓄部与各地分部往来函件及投资建筑出租市房的收租由》，1931—1937年，上海市档案馆藏，档案号：Q193 - 1 - 558。

② 佚名：《和泰豆行蔡增誉启事》，《申报》1917年9月7日。

股份制企业，一般都本着"谁招揽谁负责"的原则，这是私人信用在企业吸收社会存款中拥有号召力的重要原因之一。在一个不崇尚企业组织而只信任私人信用的社会中，"谁招揽谁负责"起到明确债权债务关系的作用。从下面的案例中，可窥一般。

上海大和兴号及长崎大记号为施子榆、郑兆欣、傅芝卿、许杏村、余鸿岗等人合股开设，历经多年，1889年因为股东意见不合宣布商号停闭。于是他们就在《申报》上刊登广告，通知储户前来找寻经手各自存款的股东，以办理存款偿还事宜，"春初集议停闭，所有庄款及门外存项，早已付清，其各股东经手存款，凭中议归各东自认偿还"。①

在晚清时期，官府判断相关存款案件时，也是以"谁招揽谁负责"为原则。1893年上海县城东门外大生恒油纸栈，因经营不善倒闭，结欠各钱庄款项数千两，各钱庄将该栈股东庄敬甫、朱勤生，经手夏蓉舫告至官府。"翁明府提讯，夏供称朱勤生名下应派出银一千五百两，庄敬甫名下应派八百两，吴益生名下七百余两。朱、庄两东均已交出，料理欠款。惟吴益生避匿不面。惟方金氏存项六百元，即系吴益生经手，携来存息，现在此款应归吴益生名下算理。"明府判决，"朱勤生、庄敬甫既已照派料理，案中无事，与夏蓉舫一并饬退。吴益生应派之银未缴，方金氏之存款，既系伊经手，应著向吴取归也"。②

1915年，振新纱厂的大股东荣瑞馨对荣宗敬、荣德生兄弟生有异心，想收回荣氏兄弟在振新纱厂的股份。最终"振

---

① 佚名：《明白声明：许杏村、傅芝卿、余鸿岗同具》，《申报》1889年7月10日。

② 佚名：《县案汇录》，《申报》1895年4月20日。

新拆股，荣氏兄弟退出，以荣瑞馨在茂新的股份交换荣氏兄弟在振新的股份，多余部分（三万元）仍留在振新"。① 在荣氏兄弟离开振新纱厂时，振新纱厂在《申报》上声明："本公司业务主任及经理荣宗敬、荣德生昆仲，现已交卸职务，由本会（公司董事会）另请新经理接办。除本公司前欠大清清理处及瑞记洋行两款已由本会分别知照，仍由本公司按契约分期偿还外，其余荣宗敬等经手本公司存欠各款，已照荣君等开列清单来会核对账册，分别还现。除由荣宗敬昆仲登报召集债权清算外，特此登报广告，请各债权人速向荣宗敬昆仲算结清楚，幸勿自误，此布。"② 同日，荣宗敬兄弟也在《申报》上刊登广告通知储户来振新纱厂领取他们负责招揽的社会存款。"启者，宗敬等现已交卸振新纱厂职务，所有宗敬等经手各款除归董事会及后经理担任，分别换折外，凡宗敬等经手垫款及各户存款，已由宗敬等如数收回，为此登报，声明应请，迅速持据与宗敬等算结清楚，以便将公司票据收回，转交董事会核销，此布。"③

如果负责招揽存款的股东病逝，而其股份推盘给别人，则受盘人需要对逝世股东所招揽的存款做出声明，或者让储户将其存款提走，如不愿提走续存的话，需要与受盘人重新办理存款手续，以明确责任。例如，1925 年上海法租界后新街永丰抵押店和英租界爱多亚路豫丰抵押店的股东邵湘泉逝世，其股份受益人洪鉴廷在《申报》上刊登广告，通知邵湘泉经手的储户前来重新办理存款的手续，以明确他们的存款由其负责。

---

① 上海社会科学院经济研究所编《荣家企业史料》（上册），上海人民出版社 1980 年版，第 53 页。
② 佚名：《振新纱厂交替经理召集债权广告》，《申报》1915 年 10 月 18 日。
③ 佚名：《荣宗敬荣德生告白》，《申报》1915 年 10 月 18 日。

"兹因邵君逝世，其夫人与遮嗣无意营业，情愿推盘于鄙人接
受营业。已由原见议人证明一切，所有邵君生前经手存款及各
项银钱往来，为划清手续起见，自登报起限一星期以内，望各
关系人前来接洽，须由鄙人继续签字盖章，始有效力，逾期如
有纠葛，鄙人概不负责，特此声明，诸希公鉴。"[1]

"谁招揽谁负责"充分体现了私人信用在企业吸收存款
中的特殊作用。由上所述不难看出，私人信用是企业成功吸
收社会存款的重要因素，这也是南京国民政府屡禁不止的重
要原因之一。1930 年江苏省政府致函中政会秘书处时就曾指
出，禁止企业吸收社会存款的困难，"若仅以条文查禁，殊
无效力"，[2] 因为"商号所吸收之存款，大多基于私人情感关
系，外人实无法干涉之"。[3]

四　小结

本章为了论述私人信用在近代中国企业吸收社会存款中
的作用及其作用机制，先对信用、信任及其来源做了一般性
的考察。研究表明，在近现代西方社会结构中，信用主要靠
市场信号、制度、信誉机制得以维护。在中国近代社会，由
于市场发育很不成熟，很多构成与维护信用制度的制度安排
并未建立，即使有些信用制度已经初步建立，但是由于社会
结构、历史禀赋的不同，其内涵与精神，与西方社会的信用

---

[1]　佚名：《洪鉴廷启事》，《申报》1925 年 3 月 20 日。

[2]　佚名：《查禁普通商号兼办储蓄》，《江苏省政府公报》1930 年第 429 期，
第 4 页。

[3]　李葆江：《商号存款及内汇问题》，《商学研究》第 1 卷第 2 期，1941 年，
第 204 页。

有着巨大差异。总的来说，在传统法律、信用制度不能很好地满足经济发展的需要，而新的法律、信用制度又尚未建立的背景下，为了最大限度地将经济活动带来的风险控制在一定范围内，人们将交易的范围更多限定在熟人之间。这种规避风险的意识，使中国传统信用中的私人信用继续发挥着历史作用。

在近代中国企业吸收社会存款的过程中，企业的股东、经理及其职员的私人信用需要得到储户的认同，才能发挥号召力。同样，在向金融机构筹借信用贷款时，私人信用也是取信于金融机构的关键所在。良好的私人信用在近代中国社会使人受益良多，因此人们比较重视对私人信用的维护。所谓的"好面子"即是在意私人信用的一种体现。当然，诚信观念内化为个人自觉要求，维护私人信用会从群体内获得收益，失信于人将会受到来自群体内部的惩罚，这是人们注重维护私人信用的原因。

通过对私人信用在近代中国企业吸收社会存款中的作用与机制的研究，可以看出近代中国的信用关系与西方社会的信用关系有显著的不同。西方社会的信用关系，除了被信任者提供的取信于信任者的物质保障外，还包括精神层面或者意念层面的"信任"，后者主要来源于既定的法律、制度与社会规范。西方传统信用文化将信用推及"陌生人"，其约束机制是制度与法律的硬约束。而近代中国社会的信用关系，是中国传统社会伦理秩序的延续，更多地体现为精神层面的"信任"，其来源于熟人社会中的信息对称。对于失信者的惩罚，主要依靠的是伦理道德和封建宗法的力量，是以人情为纽带的私人关系。总的来说，中国信用的维护与运行主要是依靠伦理的软约束。

第六章 无限责任的存款保障性

私人信用之所以在近代中国社会中依然继续发挥着重要作用，特别是在企业吸收存款的过程中拥有较强的号召力（在其他领域的社会与经济活动中同样如此），是因为本着"谁招揽谁负责"的精神与原则，企业的股东、经理及职员必须对他们吸收的存款负无限偿还责任。换句话说，储户对吸收存款者的私人信用的信任，不仅是对被信任者的人格、声誉与口碑的信任，而且是对负责吸收存款的人们以其企业、商号和全部家财甚至是未来收入对其债务负有无限偿还责任的信任。人们对无限责任的信任，既是中国历史传统的惯性使然与历史的延续，也是由近代中国社会信用保障制度不发达决定的。近代中国社会对无限责任的信任与推崇，与西方的有限责任制度在近代中国难以取信于社会大众，形成了鲜明的对比。为了更好地理解无限责任在近代中国企业吸收与偿还存款中的历史作用，我们先对近代中国社会对待有限责任的态度做一番考察。

一 有限责任在近代中国的信任危机

市场经济是一种法治经济，是一种风险经济，其本质更是一种信用经济。正是因为市场存在不确定性和各种风险，才需要制定法律，才需要信用制度的建设。除此之外，市场风险的规避，还需要市场主体采取具体措施，还需要培育、发展与完善防范风险的公共机构与相关制度。近代中国市场经济发展水平不高，防范风险的公共机构比较缺乏。在缺少防范风险的公共机构的历史条件下，人们通过选择企业制度形式来规避风险。虽然无限责任有很多不足之处，但它同样有很多的优点。在近代中国社会，无限责任不仅是一种企业的组织形式，还是一种取信于社会、维护社会信用与降低社会风险的有效制度安排。因此，无限责任在中国社会有其长期存在的历史依据。在分析无限责任在近代中国企业吸收存款中的历史作用时，有必要先对有限责任在近代中国社会不被信任的原因进行深入分析，这有助于我们加深对无限责任的理解。

（一）近代中国社会对有限责任的不信任

有限责任，是相对于无限责任而言的，它是随着西方公司来华活动而被移植到近代中国的。有限责任制度是一种公开募集资本和具有完整治理结构及相关制度的企业制度。"有限责任"的原则产生于债权人和合伙人的区别。正如阿瑟·刘易斯在其经典著作《经济增长理论》一书中所分析的，"按照这些概念的原则，债权人是以固定条件出借资本的人：他按规定获得利息，有权到某个日期收回本金，他对企业没有控制权。而合伙人为了获得一份利润进行无限期的投资，他有管理权；法律也规定，他个人的整个财产要对他所参加的任何企业的债务负责，而不仅仅是他投资到企业的那一部分财产"。①

有限公司使债权人和合伙人这两个概念形成交叉，"投

---

① 〔英〕阿瑟·刘易斯：《经济增长理论》，周师铭、沈丙杰、沈伯根译，商务印书馆 1999 年版，第 326 页。

资者为了获得一份利润而进行无限期的投资，并在投资伙伴的同意下可以行使管理权（通常是授权在他控制下的董事们），但是他只是在投资上对企业的债权人负责"。之所以规定"有限公司"，"是因为出现了这样一些事业，这些事业所需的资本超过两三个合伙经营的伙伴所能筹集到的——尤其是运河、铁路等大规模的投资。有限公司使数以千计的人有可能参加承担风险的事业，他们有管理权，但同时又不必将他们全部私人财产都牵涉进去"。①

18 世纪的人们，即使是经济学家也不重视这个原则。他们认为，对于像公用事业那样非常大的事业来说，这个原则是必要的，但是他们又认为，将管理与资本的所有权联系起来是十分重要的，所以在涉及的资本数量比较少的情况下，事实将会证明合伙经营比成立联合股份公司有效得多，并能站稳脚跟。他们没有预见到，到 19 世纪，"在那些希望将他们的投资分得很散的许多人中间，购买有限责任股票的习惯将变得十分普遍"，最终将使得有限责任投资成为典型的形式。②股份有限公司有利于企业规模的扩大，有利于企业投资行为的公众化和社会化，"实际上，也许正是由于这种资金容易筹集，才使资本家对储蓄的态度扩大到社会的其余部分"。③

有限责任公司制度作为一种新的企业制度被引入近代中国，始于成立于 1872 年的轮船招商局，后来渐有各种有限公司成立。正如时人所言，"我国正当提倡事业之际，欲发展

---

① 〔英〕阿瑟·刘易斯：《经济增长理论》，周师铭、沈丙杰、沈伯根译，商务印书馆 1999 年版，第 326、327 页。
② 〔英〕阿瑟·刘易斯：《经济增长理论》，周师铭、沈丙杰、沈伯根译，商务印书馆 1999 年版，第 327 页。
③ 〔英〕阿瑟·刘易斯：《经济增长理论》，周师铭、沈丙杰、沈伯根译，商务印书馆 1999 年版，第 327 页。

新事业，以与外人相竞，自非厚集资本，行大规模之组织不可。故股份有限制，遂亦为我国所采取"。[①] 在资本稀缺的社会历史条件下，有限责任企业制度本来应该有利于资本的形成和运用。但是，它在近代中国社会却是"流弊百出，其结果反不及独资与合伙之得以充量发展"。[②]

为什么会出现这种局面呢？考诸历史不难发现，这与股份有限公司这种企业制度与生俱来的带有中国式的特征密切有关。著名经济史学家杜恂诚教授在《近代中国无限责任企业的历史地位》一文中也曾指出，"企业和市场在未经充分发育的情况下，股份有限公司突兀地从西方'克隆'而生，它内部和外部的制度缺陷就是不可避免的了"。[③] 换句话说，这种企业制度的缺陷是由近代中国特殊的社会历史条件决定的，并导致人们对这种企业制度充满不信任。

（二）有限责任不被信任的原因

从历史结果上看，有限责任不被近代中国社会所信任。接下来，我们从企业的股本筹集、治理结构与债务责任这三个方面，深入分析有限责任不被近代中国社会信任的深层次历史原因。

首先，在企业集股方面，有限责任不被近代中国社会所信任。在中国近代，股份有限公司在相当长的一段时期内实行官利制度，这一制度最主要的特征，就是无论企业盈亏与

[①] 邹斯震：《提倡新式会计事业与救济今日有限公司失败之关系谈》，《钱业月报》第 4 卷第 6 期，1924 年，第 14 页。

[②] 邹斯震：《提倡新式会计事业与救济今日有限公司失败之关系谈》，《钱业月报》第 4 卷第 6 期，1924 年，第 15 页。

[③] 杜恂诚：《近代中国无限责任企业的历史地位》，《社会科学》2006 年第 1 期。

否，每年都须按固定的事先确定好的利率向股东支付股息。"按我国商业习惯，在公司成立时，间有组织大纲内，将股东每年应得收入定明者，或为五厘或六厘，普通成为官利。在官利以外，股东仍可希望红利。官利的'官'字，近乎'定'字的意思。官利即每年按照股东本金，结以定率的利息，如官利减除后有盈余时，则由董事会决议，加以分红利。如此则'红'字带有额外的意味。公司发起人，每求招股之方便，规定股银利息之发给，以为发行股票的引诱。"① 由时人的上述描述可见，近代中国股份有限公司的股票兼有债券性质。

官利制度的实施是晚清一些官督商办企业得以凑集股本的决定性条件。② 这就决定了企业在没有盈利的时候也不得不"以股本给官利"，或"借本以给官利"。企业向投资者定期发放官利，主要是因为近代中国社会对有限责任充满不信任，"原因很简单，一般股东都不轻易相信企业经营人，不肯轻易地提供资本，因此必须事前规定官利的保证，然后招募股本才有可能"。③ 官利制度的实施给企业造成了巨大的经济压力，"对此，我们可以理解为：官利的发放应该优先于企业的技术更新或规模扩大所需用款。从这个意义上讲，企业的公共性反而制约了企业的进步"。④

其次，家族企业的治理结构使人们不信任有限责任。近

---

① 杨汝梅、袁英、陆逢世：《有限公司股利分派上的几个问题》，《商学期刊》1930年第4期，第6页。
② 张国辉：《洋务运动与中国近代企业》，中国社会科学出版社1984年版，第293页。
③ 汪敬虞编《中国近代工业史资料》第2辑下册，科学出版社1957年版，第1011页。
④ 杜恂诚：《近代中国无限责任企业的历史地位》，《社会科学》2006年第1期。

代中国有很多企业，虽然挂了股份有限公司的牌子，但股东中分散的小股东占绝大多数，大部分股份有限公司仍然由一个或几个家族控制。例如著名的荣氏企业、永安公司、刘鸿生资本集团等，概莫不如此。许多企业借用股份有限公司的牌子，唯一用意，是借此免除法律上的无限责任。这种做法进一步加深了社会公众对有限责任公司的不信任。正如时人所言，"外人对于这种闭关式的股份有限组织，事实上无从插足，而且因为资产的不公开，内情的不明了，外人也不敢贸然投资。由此看来，中国的股份有限组织，仅具有法律上的地位，而没有理论上的价值"。①

由于家族的控制，股东无法对企业实施有效监督，致使企业管理层欺骗小股东利益的事例时有发生，连刘鸿生这样的著名企业家也不拒绝做假账以欺骗股东。② 这些缺陷使人们不信任有限责任公司，不敢、不愿对其进行投资。正如时人所评论的那样，"夫股份有限为今日最通行之一种组织，他人行之日益富，我独不然。诚令人大惑不解。间当推原其故，约有两端，一为道德上之缺点，一为技术上之缺点。我国公司事业，自经理以次，狼狈为奸，以股东之血汗钱，供其挥霍，充其私囊，故每有公司状况极为不良，股东未得一毫利息。而自经理以次重要人物，则均面团团作富家翁矣。此种现状，在我国公司事业几成一种通病。此无他，即道德上之缺点也"。③

---

① 王雄华：《上海华股市场的过去及将来》，《中央银行月刊》第 1 卷第 1 期，1946 年，第 73 页。
② 杜恂诚：《近代中国无限责任企业的历史地位》，《社会科学》2006 年第 1 期。
③ 邹斯震：《提倡新式会计事业与救济今日有限公司失败之关系谈》，《钱业月报》第 4 卷第 6 期，1924 年，第 15 页。

　　最后，利用有限责任逃避偿还债务的责任。在近代中国信用制度不发达和法律很不完善的社会环境中，有限责任易引发道德风险，这会进一步加剧人们对有限责任公司的不信任。例如，1922 年惠工银行宣布倒闭，主要股东对存户的储蓄存款坐视不理。从该行资产负债表来看，它的营业并没有什么大的问题，其失败的主要原因是大部分放款无法按时收回。"按欠人者固应设法筹还，人欠者亦当设法催收，乃不闻不问，不无形迹可疑。大约放出各款，均系本行重要职员所挪移，否则苟从帐略以观之，则其投资固明白记载，不然则其收进之各种存款，果运用于何处乎？如此则惠工银行之失败，其实并非营业上投资遭遇不幸，或者有不尽不实之处。"主要股东对存户的储蓄存款坐视不理，主要目的是企图假借有限责任之名，逃匿偿还债务之责任，"惟一相情愿，拟以不了了之"①。

　　香港华商银行注册股本 500 万元，实收 120 余万元，它以 8 厘之高的利率招揽存款，多数用于投资外汇买卖，结果招致失败。"倒闭之原因，固以滥做先令失败，而其余波所及则以储蓄存户之损失为尤巨。该行开办以来，营业目标，以国外汇兑及定期储蓄存款为大宗，储蓄利率以八厘计算，较诸他行颇为优待，故存款极多（350 余万元）而其为祸矣尤烈。"②该行倒闭时，它的主要股东徐冠南、郭乐轩、赵灼臣、梁纶卿等人对储户的存款采取逃避之态度，债

---

① 沧水：《惠工银行倒闭问题》，《银行周报》第 7 卷第 10 期，1923 年，第3 页。

② 沉刚：《香港华商银行倒闭与我国重利之症结》，《银行杂志》第 1 卷第19 期，1924 年，第 1 页；姚仲拔：《香港华商银行倒闭与储蓄存款保障之必要》，《银行周报》第 8 卷第 26 期，1924 年，第 1 页。

权人被迫进行起诉。① 此后两年，香港华商银行的主要股东
与董事们仍没有采取实际行动去偿还储户的存款。1926年，
上海粤侨商业联合会会长陈炳谦因该行债权人大多为粤侨，
出面主持交涉，最终仅偿还25%的存款。"延由粤籍律师杨
国枢代表一切，又加延罗杰律师起诉公堂，由英按察使署委
派理账员毕得生为清理，现经罗杰、毕得生等协商妥洽，定
期先行照数摊还二成半。"② 最终，香港华商银行的广大储户
损失惨重。

由上述案例可见，在信用制度不发达的背景下，一些企
业常借助负有限责任之名，而行逃避责任和谋取私利之实。
正如时人所指出的，"有未经呈准公司注册，擅用有限公司
名义，冀图避免无限责任等情事，尤以上海为最多"。③ 即使
经营储蓄存款的一些华资银行，也有借有限公司的名义逃避
责任之举。对此，时人姚仲拔在《香港华商银行倒闭与储蓄
存款保障之必要》一文中就指出有限公司在中国社会存在的
弊端。"有限公司之制可行于法统完美之国，而不适于吾国
现时之环境。然今之银行莫不为股份有限公司之组织，欲以
无限责任问责股东，势将有所不能。惟余以股东之责任，虽
得为有限，而当事之董事及经理人之责任，似不应定为有
限。盖一行之成败，实由当事者造之，成则有酬劳之享受，
败则如隔岸观火，是不啻有权利而无责任。无怪乎年来商业

---

① 佚名：《香港华商银行债权人诉追储蓄之理由书》，《银行周报》第8卷第
27期，1924年，第29页。
② 佚名：《香港华商银行定期摊还存款》，《银行周报》第10卷第22期，1926
年，第14页。
③ 佚名：《严禁擅营储蓄事业》，《银行周报》第15卷第3期，1931年，第
3页。

道德之堕落，银行倒闭日多也。"①

　　同时，近代中国法律制度的不完善使债权人的债权也无法得到有效保障。以储户的储蓄存款为例。"储蓄存款，法律上虽有优先偿还之条文，际此法律未备，此项条文实则等同虚设。昔日惠工债权团既失败于前，吾恐今日之华商债权团，且将相继而失败于后，即令法庭能执行条文，而倒闭银行之财产已不足以抵偿储款之全部，是非折扣不可。"② 上述情形，导致储户对储蓄银行存有疑虑，"自华孚、惠工及香港华商银行相继倒闭后，社会上所受之影响，以一般储户之被累为最。其间接则提倡储蓄者之受其阻碍不浅。此阻碍之起点，即为一般人心理上，对于储蓄银行发生不甚信任之疑虑"③。

　　由以上所述可见，尽管有限责任制有利于大规模筹集资本等优势，但是在近代中国特定的社会历史禀赋条件下，小股东对经营者不信任、家族控制不易于股东监督和主要股东企图借助有限责任之名逃避债务等，致使近代中国社会对有限责任制企业充满了不信任。在本节中，我们对近代中国社会对有限责任制度不信任的原因的考察，可以使我们更好地理解无限责任制在近代中国长盛不衰的缘由。换句话说，这有助于我们从另一个角度理解近代中国社会信任无限责任的历史原因。

---

① 姚仲拔：《香港华商银行倒闭与储蓄存款保障之必要》，《银行周报》第 8 卷第 26 期，1924 年，第 3 页。
② 姚仲拔：《香港华商银行倒闭与储蓄存款保障之必要》，《银行周报》第 8 卷第 26 期，1924 年，第 4 页。
③ 赵汉生：《储蓄银行公开帐略之必要》，《银行周报》第 8 卷第 27 期，1924 年，第 25 页。

二 中国社会对无限责任的崇尚

在中国近代社会, 无限责任制是债务人取信于债权人的一种重要的信用制度安排, 其精神要义, 顾名思义, 即债务人对债权人的债款负无限偿还责任。这里的"无限"以欠款全部清偿为限, 这是实行无限责任制的企业取信于社会的重要原则。需要说明的是, 近代中国社会的"无限责任"与西方国家的"无限责任"有着重要区别。

（一）无限责任的含义

在西方社会中, 无限责任的含义, 即企业对债权人的债务偿还本着如下原则: 在企业破产清理时, 将企业的所有财产用于偿还债务后, 如果仍然不足, 按照"出资之多寡, 比例分担债务"。不过, 如果某个股东没有能力偿还其应负的所有债务, 其他股东需要替其偿还, 即具有所谓的"连带责任"。"考英美法例, 合伙企业宣告破产时, 除了将合伙财产抵充债务外, 不足之数, 应由合伙伙员连带负清偿责任, 此即所谓连带无限责任。而合伙之本质, 亦即在此。"①

近代中国社会的"无限责任", 意味着合伙企业的债务人对债权人的债务偿还, 同样是按照"出资之多寡, 比例分担债务"的原则, 即在合伙企业破产清理时, 除了将企业所有财产抵充债务外, 不足之数则按照股东出资的比例分摊。

---

① 马寅初:《合伙企业之连带无限责任问题（上）》,《银行周报》第 19 卷第 16 期, 1935 年, 第 1 页。

与西方的无限责任不同，采用无限责任制的中国企业，其股东只需对自己分摊的债务有"尽偿之责"，而无须对其他股东分摊的债务负连带清偿责任。"盖合伙企业，对外为一整个的单位，对内才分你我。"① 这是近代中国的无限责任与西方社会的无限责任最主要的区别。

在近代中国社会中，人们对"出资之多寡，比例分担债务"的无限责任原则特别推崇。这一点，我们从民法第681条"合伙财产不足清偿合伙债务时，各合伙人对于不足之额，负连带责任"刚颁布时，人们极力反对的态度中，可见一斑。民法第681条一出，立马招致全国人民的反对，"以为如照此条办理，有财者不敢再投资于合伙，合伙发生问题，全国商业势必将根本动摇。故彼等主张合伙责任应依照出资之多寡，比例分担"。我们从全国各地商会对负连带无限责任的反对态度中，可见一斑。

绍兴商会认为，合伙之无限责任应该按照"出资之多寡，比例分担"的传统原则执行，如果某个股东无力负担自己应负的债务，应请求债权人给予减免，"则惟有折扣清偿，此为中国向例"。其理由是，"债权人平时坐享利息，不劳而获。合伙经营者熙熙攘攘，终岁劳碌，一有损失，反须合伙人负责赔偿，非情理所应有"。重庆商会也认为民法第681条规定之合伙人应负连带责任，在中国社会实在是"窒碍难行"。上海市商会同样反对股东应负无限连带责任。② 最后，以全国商会联合会主席的名义给立法院去了一份电文，认为

---

① 马寅初：《合伙企业之连带无限责任问题（上）》，《银行周报》第19卷第16期，1935年，第1页。

② 马寅初：《合伙企业之连带无限责任问题（上）》，《银行周报》第19卷第16期，1935年，第2页。

民法第 681 条确实是"窒碍难行"，请求进行修改，理由如下。

第一，合伙人的收益与责任是不一致的。按照民法第 627 条的规定，"分配损益成数，未经约定者，按照各合伙人出资额比例定之"。"此即为按股分担，非为连带责任。"而民法第 681 条则规定合伙人负连带无限责任。"前后意义，非自相矛盾？"

第二，中国合伙企业的盈亏，以平均分担"为素来习惯"。建议"令合伙人注册登记"，在破产清理时，"明定按股份分担之责任"。

第三，合伙人若负无限连带责任，"考验效果，适得其反"，如为分担责任，"则各合伙人，无论有钱与否，均须负担一部责任。虽穷光蛋，亦可与他打官司，使其受法律上之制裁"。今为连带责任，"则狡黠者可以透卸其责任，忠厚者则实受其亏"。结果则是，"获利则狡黠者有份，亏本则彼可不管。寻且将设合伙为骗局，有资财者，岂肯再投资于合伙乎？此确为一大辩难"。

第四，如实行连带无限责任，"必至权义不等。有资财之合伙人，享有限之权利，须尽无限之义务。事之不平，莫过于此"。①

从上述几点可以看出，近代中国商人普遍主张按照"出资之多寡，比例分担债务"的原则，而反对无限连带责任。"反对连带无限责任者为商人"，他们所持理由，"当以全国商会联合会电文第三点为最有力"，因为"商人则重习惯"，

① 马寅初：《合伙企业之连带无限责任问题（上）》，《银行周报》第 19 卷第 16 期，1935 年，第 3—4 页。

"太过于迁就事实"。① 总之，按照"出资之多寡，比例分担债务"，"无需负连带责任"的原则，是近代中国社会无限责任的内涵真意与精神要义。

（二）中国社会对无限责任的信任

作为中国传统信用制度中的一项重要制度安排，无限责任制度是近代中国企业较为偏好的企业组织形式之一，连荣氏企业与刘鸿生资本集团这样的著名企业在创业乃至发展壮大时，也采用无限责任制度。这是因为无限责任制在中国这个特殊的社会中，具有很多的优点。"晚近以来，公司之设立较多，然与合伙企业相比，则犹瞠乎在后，而合伙事业之所以骎盛不替，可以窥知合伙组织，亦有不可磨灭之优点。"② 对企业的经营者而言，无限责任制至少具有以下两个方面的优点。我们从荣宗敬、荣德生兄弟在创办申新纱厂时，坚持实行无限责任制这一事例中，可窥其中道理。

一是无限责任制便于经营者集权。1915 年，由于深受振新纱厂主要负责人荣瑞馨的排挤，荣宗敬、荣德生两兄弟被迫离开振新纱厂，另立门户，创办申新纱厂。在创办申新纱厂之初，荣氏兄弟就坚持主张公司实行无限责任制度，以便他们集中权力。"申新特点之一，是采取无限公司形式，宗敬、德生两先生所以极端主张无限公司，是因为在办振新纱厂时得到了教训。那时，厂已经办起来，债尚未还清，股东意见分歧，他们不同意宗敬、德生两先生继

---

① 马寅初：《合伙企业之连带无限责任问题（上）》，《银行周报》第 19 卷第 16 期，1935 年，第 4 页。
② 胡叔仁：《对于股份无限公司之意见》，《钱业月报》第 8 卷第 10 期，1928年，第 2 页。

续大力发展的计划，因此两位先生体会到没有全权办不好事。申新采取无限公司形式，既无董事会，股东会也无大权，总经理掌握全权，一切集中于荣宗敬。有限公司是没有这样的高度的集权的。申新的不断扩大与无限公司的组织是有密切关系的。"①

二是无限责任制便于取信于社会大众。如前文所言，企业股东、经理或重要职员的私人信用，不仅指他们拥有良好的社会信誉，更包含他们以其全部身家和未来收入对储蓄存款负无限偿还责任。负无限责任是近代中国合伙企业的显著特征，更是其开展一切业务的信用基础。因为，无限责任企业是不会发生股东集体性的道德风险行为的，因为这对他们没有任何意义。负无限责任的股东，在企业亏损或破产时，要从自己的家产中拿出钱来按出资比例垫款与赔偿债务。因此无限责任企业的合伙人没有必要通过道德风险的行为谋取"好处"。即使将谋取的好处转化为自己的家资，将来万一企业亏损或倒闭，他们还是要将其家产拿出来赔偿，故而没必要多此一举。正是基于上述原因，在很多业务方面，特别是在融资方面，无限责任为社会大众所信任。

近代中国合伙企业大都为互相信任的至亲好友组建而成，他们在组织企业之始，大都订立议据，订定资本总额、股份份额和权限划分等具体内容，"非有独立之人格，故无论何时，其对外关系仍以各合伙为主体，而不以合伙组织为主体……合伙组织对于所负债项，（各股东按股）负有无限

---

① 上海社会科学院经济研究所编《荣家企业史料》（上册），上海人民出版社1980年版，第55页。

清偿之责任"。① 负无限责任是很多中国企业取信于社会公众的根本法则，这一点在钱庄业中表现得特别突出。1935年，鉴于南京国民政府的金融统制，钱庄的业务不断被压缩。同时，按照银行法的要求，凡营利机构均须注册为有限责任公司。1936年12月，鄞县商会拟将钱庄组织改为股份有限公司，请宁波商会转呈财政部允准，但是"两年以来，尚未有实行者"。②

钱庄业之所以对改为股份有限责任鲜有行动，主要原因是其信用基础来自负无限责任。若改为有限责任，无疑是将钱庄业的信用基础及在此基础上的市场优势抽掉尽去。正如时评所言，"按改组之最大困难，厥有二端：一为信用；二为资本"。先就信用而论，"盖钱庄素重对人信用，非特放款为然，即外界对于钱庄亦系如是。钱庄之资本不过数万，少仅数千，而存款、本票等负债总数，常为资本之数十倍。彼所信赖而有恃无恐者，厥维股东之信誉、财产。由是凡为钱庄股东者，自必须具数十百万之财产，绝对可靠之信用，而彼能得外界之信托，同业之允准。而股东对于债务，亦确能常保持其信誉，或于平时周转不灵时，垫付巨款，或于清算资产不足偿欠时，照数补足。法律之规定固严，股东维持调剂之功，亦不可没。钱庄所以能发展至今日之地位，端赖有此耳"。如果改制为有限责任公司，"股东仅就所出资本，负其责任，即依银行法，亦不过负加倍之责。则钱庄信用，自必一落千丈，其不能与已具根底之银行竞争，至为显然。故

① 杨荫溥：《吾国合伙组织之研究》，《经济学季刊》第2卷第4期，1931年，第3页。
② 李鸿寿：《钱庄组织可否为股份有限公司之问题》，《银钱界》第3卷第1期，1939年，第261页。

为整个钱业着想，自不容轻弃数十年来先进苦心保持之基础，而采取此毫无把握之有限责任组织"。① 从此评论中，足见近代中国社会对无限责任的信任。

在近代中国，负无限责任同样是企业吸收存款的信用基础，正如时人所言："吾国商人，对于股份公司信用薄弱，似非有负无限责任股东集合之商店，不易吸收其存款。至于卖买收付之票据，更非有人负支付完全责任，不足取信。钱庄合小数强有力之资本家而成，即由此资本家负无限责任。"② 合伙组织负无限之责任，其保障自较同额资本之有限公司为厚，其信用亦自较同额资本之有限公司为优。因此，企业或银行在公开吸收存款时，普遍对外宣称："对于储蓄存款，均由本公司董事长、总经理负无限责任。"③ 企业或银行对外宣称其股东或负责人对存款负无限责任的招揽之词，恰恰说明社会公众对无限责任的信任。

在企业破产清算时，债权人要求债务人依据无限责任进行赔偿，充分体现了近代中国社会对无限责任的信任。例如，在共发公司附属机构日夜银行与大世界游览储蓄部倒闭时，上海市商会专函致黄楚九善后委员会，要求该委员会在清理时日夜银行与大世界游览储蓄部股东、董事等要负无限责任，以使"储户得充分保障"。④ 债权人也要求日夜银行与大世界游览储蓄部的股东负无限责任，"鄙人等皆因大世界游艺场股实可靠，故将巨款存入，且该部既标明为大世界游

---

① 许道甫：《论钱庄有改组为股份有限公司之必要》，《银钱界》第 3 卷第 3 期，1939 年，第 333 页。

② 盛道一：《上海钱业之概况》，《银行周报》第 4 卷第 42 期，1920 年，第 34—35 页。

③ 佚名：《通易信托公司银行部储蓄之特点》，《申报》1923 年 7 月 12 日。

④ 佚名：《黄楚九身后问题昨闻》，《申报》1931 年 1 月 23 日。

览存款，是其性质完全附属于大世界，而非独立可知。今遽宣告清理，则其所负之债务，应由大世界各董事担负无限责任"。① 上海市社会局局长潘公展对外也宣称，共发公司"未经注册手续，故应负无限责任。对于储蓄部分，更应负无限责任。其理至为明显，倘清算结果，人欠欠人，不能相抵时，当然应由共发公司董事、股东负责填还不足之数。盖董事云者，非仅享受名义上及其他各种之利益而止，同时须负有极重大之经济责任也"。②

企业需要负无限责任，一定程度上增强了储户存款的意愿。因此，无论是商业银行，还是储蓄银行，抑或是普通的企业在招揽存款时，都特别强调它们将对存款负无限责任。"吸收储蓄机关者，董事长及总经理应负无限责任，凡一银行或其他储蓄机关之董事长及总经理大率拥有厚资或在社会上有相当势力。盖非如此，不足以资号召，故存户亟宜要求对于存入各款宜负无限责任，设他日不幸或有倒闭者，债权过于债务决不能任其会计师清理，即一走了事。"③ 因此，一些股份有限公司登报招揽存款时，也常以董事长、总经理或重要股东负无限责任的说词取信于存户，"储蓄担保稳固，对于储蓄存款，均由本公司董事长、总经理负无限责任"。④

由以上所述可见，在近代中国社会中，无论是社会大众还是商业组织乃至官方，在大家的心目中，债务人对其所负债务必须负无限责任，此观念可谓深入人心。这从另一个方

---

① 佚名：《大世界存款游览部债权人唐盛德胡剑啸等通告各债权人》，《申报》1931 年 1 月 25 日。

② 佚名：《潘公展谈日夜银行事件》，《申报》1931 年 1 月 27 日。

③ 佚名：《储蓄存款应有之保障》，《大陆银行季刊》第 3 卷第 3 期，1931 年，第 75 页。

④ 佚名：《通易信托公司银行部广告》，《申报》1923 年 7 月 12 日。

面也说明，在缺少防范风险的公共机构的历史条件下，无限责任最大限度地保障了债权的安全性，成为取信于社会大众的有效的制度安排，因此为人们所信任。

三 无限责任对企业吸收存款的助力

正如前文所述，在吸收存款方面，相比实行有限责任的银行、企业而言，负无限责任的企业在中国近代更被人们信任，这主要是因为无限责任制度本质上是一种抵押偿还机制，抵押品对储户的存款起到担保的功效，这也是近代中国社会信任无限责任的重要依据。概而言之，近代中国企业为其吸收的社会存款提供如下保障。

（一）以企业的资产为存款保障

在储户的心目中，将存款存放于企业之中，并不是毫无保障的。他们认为，企业的商品、原料、机器等一切资产，乃至负责吸收存款人员的个人家资都是存款的偿还保障。"从前我国的金融管理不严密，每遇金融机关的清理，除了有信用的股东以外，此外发还时，或者要受到折扣。商店虽有时也要清理，可是在存户的心目中，以为商店一定有许多商品，即使商店是宣告清理了，而那些商品一定是存在的，这是存户方面愿意存款的理由。"①

正是储户对企业有资产可以作为存款保障的信任，使企业能够利用储户的这种心理，大肆吸收存款。它们常常对储

---

① 陈言危：《商店搁浅与收受存款》，《钱业月报》第 15 卷第 2 期，1935 年，第 7 页。

户宣称，存款是以它们公司或商号的全部资产为担保的。例如，1930 年中国内衣公司多次召集储户前往该厂参观，目的就是向储户展示该公司的雄厚实力，以便让广大储户放心，存款存放于该公司是有充分保障的。对此，在 1930 年 11 月 28 日版的《申报》就曾做过报道，"中国内衣织布厂所织 A·B·C 内衣及布匹，销行全国及南洋群岛，常若供不应求。爰于今春，添置最新式织造机三百部。现已全数开齐，且装有新式喷雾机使纱布不致干燥，又装有最新水汀，俾蒸汽通入机室后，另用马达将暖气吹出，使室中温暖匀和。而职工均穿该厂自制工衣，尤为整齐一律。前日该厂第三次召集储户团参观工厂，均盛为称道，储户以该厂借储蓄辅助实业，即以实业保障储蓄，多乐为投资储蓄也"。①

新新百货公司储蓄部的业务也很发达，一个重要的原因就是广大储户对该公司以其雄厚的财力为存款保障承诺的信任。正如《申报》报道的那样，该公司"存款增至数千余户，查其优点有五，商场、旅馆、自建高楼、资本充足、百货丰厚，信用昭著，一也；南京路中市场热闹、交通便利，商场宽敞、地点优越，二也；营业时刻每晨一时半起至晚七时止，星期日下午一时起照常交易，便利存户，三也；不论存款、提款于二三分钟内即可完了，无须久候，手续便捷，四也；利息过优，有类投机，至于太微，亏损欠户，该部利率适中，可无意外，五也。该部近更刊增预算说明书关于储蓄之益、俭德、真理、人生、日用、年度预算详述无遗，可谓有功生计之作"。② 荣家企业（茂新、申新和福新）的同

---

① 佚名：《A·B·C 内衣厂新机开齐》，《申报》1930 年 11 月 28 日。
② 佚名：《各商店减价讯》，《申报》1926 年 8 月 29 日。

仁储蓄部在招揽存款时，也向社会做出郑重承诺，它们会以商品、机器、原料、厂基等一切生财为它们吸收的社会存款的还款保障，"本公司同人储蓄部性质与银行所办储蓄不同，本公司各工厂所有房产、机器均为储蓄之保障，储户尽可安心"。① 中法药房、九福公司和中西药房合办的百龄储蓄会在招揽存款时对外也宣称，会以此三公司的全部财产为它们吸收的社会存款的保障，并且共同负偿还存款的责任。正如其广告词所言，以"三大公司之全部资本保本保息，各营各业，各收各付，三大公司则共同负责，财政公开，利息优厚，并有赠服百龄机之权利。有志储蓄而欲康健多财者，盍兴乎来"。②

以全部或部分财产为储蓄存款偿还保障的承诺，在现实中是要履行的。1916 年，中洋久记药房"因股本完全被亏，债款超过公司现存财产之外，多数股东不愿继续，则公司已归解散"。经该公司董事会议决，"该各户债款，自应将公司财产抵债"。该年 10 月中旬，该公司在《申报》上广而告之，通知该公司储户前来结算存款本息。"今将公司现存生财、货物、各路客帐及牌号、商标出盘与中洋久记药房有限公司开张营业，所有本街债户、本行存户、各洋行未出定货及在外抵押各款，由该公司承认外，所该各庄款、各借款均经中洋药房有限公司董事分别理清，照中洋药房清册收付两抵，尚短洋二千元，当由董事经理找讫。嗣后各庄、各户如与中洋久记药房往来，均与中洋药房有限公司前董事无涉。

---

① 《同仁储蓄部与各地分部往来函件及投资建筑、出租市房的收租由》，1931—1937 年，上海市档案馆藏，档案号：Q193 - 1 - 558。

② 佚名：《中法药房九福公司中西药房合办百龄储蓄会》，《申报》1928 年 4 月 7 日。

特此通知。中洋药房前董事等启。"①

1931 年 1 月 19 日，日夜银行与大世界游览储蓄部的开办者宁波商人黄楚九突然因病死亡，在对两储蓄部吸收的存款进行清理时，债权人代表唐盛德、胡剑啸就宣称，要按照无限责任进行清偿，其理由依据如下："鄙人等皆因大世界游艺场股实可靠，故将巨款存入。且该部既标明为大世界游览存款，是其性质完全附属于大世界，而非独立可知。今遽宣告清理，则其所负之债务，应由大世界各董事担负无限责任。"② 1933 年，宁波和丰纱厂濒临破产，其所欠储户存款达 62 万元，该厂董事会议决偿还办法，"惟存款之数，须妥行设法筹划。查本公司动产约计二十万元，可先还存户四成，所差六成，则指定本公司厂外地产、房屋等拟做押款四十万元，俾可清偿"。③

当然，除了商业习惯之外，中国近代的相关法律，也将企业的全部财产视为企业吸收的存款的重要保障之一。在实际执法过程中，如果某家企业或者商号因种种原因而不能清偿它吸收的存款，官府或法庭将对其所有财产进行查封，并将查封的财产在市上进行拍卖，拍卖所得之款按一定比例清偿储户之存款。现在举两个例子示之。

1913 年，一家商号的储户黄子图、杨锦庭状告商号主梁松根至公共租界会审公廨。原告声称，被告梁松根不愿意偿还他们存放在梁所开商店中的 5000 元存款本息（月息 6

---

① 佚名：《出盘中洋药房广告》，《申报》1916 年 10 月 8 日。

② 佚名：《大世界存款游览部债权人唐盛德胡剑啸等通告各债权人》，《申报》1931 年 1 月 25 日。

③ 《宁波和丰纱厂董事会议事录》1933 年 8 月 5 日，宁波市档案馆藏，档案号：314 - 001 - 004 - 001 - 103。

厘）。针对原告的声诉，"被告俱认属实，求请宽限料理"。最后，公共租界会审公廨宣判，对梁松根所开商店的一切财产进行查封，并要求梁松根呈交保银，抓紧时间清理债务。否则，其商号之一切财产将会到期拍卖，以偿储户。"被告交一万元人洋（英国铸造的一种银元的俗称，因其上铸有人像，故名），并保限两月，向原告理楚。并准原告律师请求，于两个月之内，被告店业无论何人不得擅自抵押或托名过户。"①

1935 年，旅沪的浙江上虞人周冯秀珍状告胜达颜料号主董存炳，要求后者偿还其存款 2000 元。"自诉人周冯秀珍声述起诉意旨称，前由石文荣之介绍，用秀记户名陆续将现款存入被告之字号内，共计三千余元。今正三月，因需款应用，仍托石前往提取，只提出一千元。据被告云，余款待端午节收账后，始可应付。及期仅付五百元之支票一纸，然亦不能兑现。被告曾对石文荣谓，渠之店号，将宣告清理，彼此好友，对于秀记存款暂将颜料作抵，俟将来负责售出后归偿。当时余误信此言，将货收下，讵被告后来推诿，并不负责出售，并查得颜料之物质有差，且与市价不符，被告此种行为，显为诈欺。"被告董存炳则不认欺诈，"供亦未向石说过我之店号要清理负责代售货物抵还存款之话，实系石来提取存款，我因一时无款应付，由石自择货物，凭折抵款，作批发价计算。至于五百元之支票，亦非我签发，系转账而来"。② 后来经过双方律师辩论，法官认为事实明了，判令董存炳将胜达颜料号作抵，直至偿周冯秀珍之余款为止。类似情况，近代报刊多有记载，在此不再赘述。

———

① 佚名：《料理存款之期限》，《申报》1913 年 11 月 7 日。
② 佚名：《胜达颜料号主董存炳被控诈欺案》，《申报》1935 年 9 月 4 日。

（二）以股东等人的家产作担保

以负责吸收存款的企业的股东、经理及其职员的家产作为存款的还款担保，最能体现出无限偿还责任的精神。以家产为还款担保的制度安排，不仅有助于降低企业股东、经理及其职员的道德风险，更是企业成功吸收存款的重要原因。从理论上讲，企业的股东、经理及其职员要对存款负完全清偿责任，他们即使采取道德风险行为进行谋利，也是没有意义的。因为他们谋取的利益终归要转化为自身的家产，而其所有家产又必须用于清偿所有的债务。因此，吸收存款的企业的责任较重，特别是对那些负无限责任的企业而言，"同时增加股东的负担"。[①] 需要说明的是，介绍人们将存款存放于某家企业或商号的人，有时也需要用自己的财产担保存款的安全。

以负责吸收存款的企业的股东、经理、职员，以及担保人的家产为清偿存款的担保，为中国传统法律所支持，并为社会观念所信仰。这样的制度安排与社会规范对债务人有着较强的约束力。"中国从来的法律，对于债务者极其严酷，当商人破产的时候，不但把债务人所有的财产拿出来还债，而且时常要连累到同族者。加之同业者互相的制裁也极严厉，一旦债务的手续办理不清，便不能再立足于商业场中。因此同族的团结，成为巩固的共同经营，以图分担以外的危险。同时采用一种手段从共同的经营提高社会的信用。"[②] 在

---

① 陈言危：《商店搁浅与收受存款》，《钱业月报》第 15 卷第 2 期，1935 年，第 8 页。

② 郁永言：《上海的企业组织：附表》，《国立中央大学半月刊》第 2 卷第 6 期，1930 年，第 157—158 页。

严格的法律制度环境下，债务人和担保人一般都能够尽力承担还款的义务。"现时商店进货、吸款往往以物品或个人作担保，此项个人出作担保者，往往为商店中之有力股东，设有亏闭，仍凭担保者负责清理，则债权者本有方法以使其债权得有巩固之保障。"[①]下面我们举一些例子示之。

清末时期，江苏省丹徒县将该县宾兴款钱五百串、备荒款白银三千两存入乡绅李培植所办的镇江永利丝厂内。李培植以该厂的厂基与机器为该笔存款的还款保障，并以厂租（该厂租赁他人经营）为上项存款的利息保证。李培植死后，该项存款由其子李翼如负责偿还。1924 年，因为李翼如欠刘景德等人款项无力偿还，刘景德等人遂起诉李翼如至江苏省审判厅。审判厅判决将永利丝厂抵押给刘景德等人，这致使丹徒县的宾兴款钱五百串、备荒款白银三千两的存款"抵款无着"。

为此，丹徒县教育局局长徐兴范呈报该县县署请求"经理"此项公款。这里"经理"一词，即讨要该笔存款的办法。徐兴范请求县署，责令李翼如将其家产抵充该笔存款。"宾兴备荒抵产无着，宾兴固关学款，而备荒项下每年拨付息银二百两，充丹徒旅扬学校经费，如何办法，应请贵局核算等由，准此自应令行指产拨抵。查该故绅（李培植）遗产尚有坐落本邑牌湾狮子山房屋及地基数十亩，现由其子翼如执业，并闻行将召变，应请钧署迅饬李翼如将此项产业拨抵所欠宾兴、备荒公款，并请出示晓谕，以免他人误买。"丹徒知县翁有成接到徐兴范的呈报后，随即批示同意徐兴范

---

① 苍生：《商店合伙责任之商榷》，《钱业月报》第 10 卷第 1 期，1931 年，第 20 页。

所请，"呈悉查宾兴、备荒两款，均关教育要需，则此项公款万难短少，自应另筹归还。既据查有执业狮子山房屋及地基数十亩，堪以抵偿，未便任其召变，以致公款无着，准即饬知李翼如即将此项产业拨抵，并候布告周知，希即知照，此批"。[①]

1935 年，刘鸿生资本集团因种种原因陷入严重的财务危机之中，各类债权人纷纷向刘鸿生索要欠项。作为主要股东的刘鸿生无钱可还，不得不将其所有的股票、地产契据作为抵押品，用于偿还储户的存款。据刘鸿生回忆，"那一年（1935 年），我们差不多天天过'年三十'，总有人来逼债。在我最困难的时候，我的亲人也对我失去了信心。连我的弟弟（刘吉生）也要从我的帐房中提取十一万（元）的现金存款，我当时不得不送九十多万（元）的银行股票到他那儿去作抵押"。[②] 同时，刘鸿记的存户也纷纷前来索取存款，刘鸿生无现金可还，最后双方商定将存款改作质押借款，储户索要抵押品，并要求订立质押借款契约。1935 年，刘鸿生不得不签订以下几个质押借据契约。

王、谢、林、叶（王建川、谢培德、林兆棠、叶赞青，均为刘氏企业中高级职员）四人之 44845.58 元质借契约（1935 年 7 月 5 日立），以英册道契 11963 号一纸，计地 1 亩 3 分 3 厘 5 毫，及水泥股票 510 股，票面 51000 元为抵押品（此款于 1936 年 6 月 25 日还清）。(2) 同益银团（刘家亲属存户共同组织）代表经汪国贞之质押契约（1935 年 8 月 20

---

① 佚名：《请拨李翼如产抵欠宾兴款》，《申报》1924 年 1 月 29 日。宾兴，科举时代地方官设宴招待应举之士。

② 上海社会科学院经济研究所编《刘鸿生企业史料（1911—1931 年）》（中册），上海人民出版社 1981 年版，第 44 页。

日立），各户存款本息结至 1935 年 12 月 30 日止约 31 万余元，以企业银行股票，票面 159.4 万元（15940 股，每股实收 50 元，合计实值 79.7 万元）为担保。此项质借款，除秀记、刘定记（均为刘吉生户名）两户外，于 1936 年 5 月底还清。秀记、刘定记两户另定新约。（3）秀记、刘定记质借契约（1935 年 7 月 1 日），以企业银行股票，票面 159.4 万元作担保，此款于 1937 年 2 月 4 日还清。[①]

由上面的论述可见，企业主、股东、经理乃至担保人以其全部家产为他们吸收的存款作担保，在实际经济活动中，也是按照无限责任的原则进行赔偿的。上述几个案例也说明，无限责任的确有利于克服道德风险，因为无限责任使道德风险行为所获得的利益失去意义。正是这个原因，无限责任深受近代中国社会的信任。

（三） 企业为存款提供准备金

因为储户有随时提取储蓄存款的权利与可能，吸收存款的企业在平时也要预留一部分资金作为存款准备金，以备储户随时提取之用。当企业陷入困境时，出于对企业偿还能力不足的担心，储户纷纷前往提取，致使企业陷入无法挽救的困境。为了避免挤兑风险，企业常会留存一些流动资金或易于变现的流动资产以应对潜在的风险。"即使在平时，并没有什么风波，可是存款数目的更动，既为常见的事实，因此不得不另划出一部分存款作为库存"，[②] 以备储户提款之用。

---

① 上海社会科学院经济研究所编《刘鸿生企业史料（1911—1931 年）》（中册），上海人民出版社 1981 年版，第 44—45 页。
② 陈言危：《商店搁浅与收受存款》，《钱业月报》第 15 卷第 2 期，1935 年，第 9 页。

例如，1919 年宁绍公司股东会会议就曾议决，从该年盈利中提取一笔款项存放于殷实钱庄内，作为存款准备金，以备存户随时提取之用。"提议公司存款须平均摊存殷实钱庄，以银一万两为率，以防危险，众赞成起立，通过。"① 永安公司将其所吸收的部分存款和购买的有价证券存放于银行或钱庄，作为存款的准备金，"储蓄部方面所收各种存款之用途，除投资于各种有价证券外，余均转存于各行庄"。1931 年永安公司共吸纳各类存款 6970948 元，该公司共购买裁兵、编遣、关税、善后和卷烟等政府公债票面价值 145 万元，分存于金城、和丰等银行以备随时兑现之用。②

企业在吸收存款时，对于较大金额的存款还需要提供一些财产作为担保，这多是应储户的特别要求而不得不准备的。例如，1920 年广东军政府财政部长伍廷芳在将"关余"银 30 万两存入广州先施公司时，就要求先施公司为这部分存款提供财产担保。"先施公司本有存银部与银行无异，广州各公署各机关均有存放银两者，去年抵制风潮平复后该公司需款甚急，托人向余磋商，与其将存款存与外国银行，何如存在该公司以维本国商业，余恐一纸契约难凭也，要求以财产抵押"。③ 广州先施公司所交的抵押物多为地产、股票等财产，"共有广九车站前崇义堂地契二纸及河南芳草园、兴业堂、长堤兴盛堂、广九车站前合德堂、东沙马路六和堂地契各一纸，连同先施股票数百股，共值时价五十余万元，原

---

① 佚名：《宁绍公司股东联合会议纪》，《申报》1919 年 5 月 15 日。
② 《王海帆会计事务所受理查核永安公司银业储蓄部账目一案》，1931 年，上海市档案馆藏，档案号：Q93-1-72。
③ 佚名：《伍博士对于关余案之谈话》，《申报》1920 年 5 月 22 日。

订系以一年为期，月息一分计算"。①

1917 年，由于受到通货膨胀与同业竞争等多种因素的影响，中华书局陷入严重的危机之中。储户纷纷要求中华书局对他们的存款提供财产担保。对于储户的要求，中华书局应允照办，并特登报刊广而告之。"近来各存户纷询存款办法，并由最大存户宋、陈二君索指保障。经敝公司与宋、陈二君协商存款担保及分还办法，延古柏马斯德律师作证签订合同。除有住址客户分别通函外，其无住址或因迁移未曾收到该件者，请示知姓名、住址、户名，即将合同录寄，此布。"②

（四）储户有优先受偿权

企业在吸收存款时，颇受人们信任的另一个重要原因，就是储户享有优先受偿权和无限追偿权。晚清政府所定的《储蓄银行则例》第六条、第七条规定，储蓄存款依法享有优先发还权利。③ 为了取信于储户，一些企业在招揽存款时也对外宣称，存款享有优先受偿权，即储户有优先于其他债权人甚至优先于其他物权人赔偿的权利。在实际操作中，无论是企业在招揽存款时，还是法院审判相关案例时，也是这样执行的。

1940 年 12 月，申新纺织无限公司股东张志钊以其子张雄义的名义起诉该公司不清偿其存于公司的款项，并要求公司法定代理人荣鸿元、荣鸿三负连带清偿责任。原告声称："前以张雄记户名，存入被告申新纺织无限公司款项，截至民国二十六年（1937 年）十二月二十一日，计法币九万七千

---

① 佚名：《军府关于关余之控案》，《申报》1920 年 5 月 10 日。
② 佚名：《中华书局各存户公鉴》，《申报》1917 年 10 月 21 日。
③ 佚名：《总商会代惠工债权团呼吁》，《申报》1923 年 4 月 19 日。

三百八十七元三角一分（约定利率月息一分）。屡经催索，迄未给付。被告申新纺织无限公司应即清偿上项存款本息，但该公司现无可供清偿之资产，依法应由该公司无限责任股东，即被告荣鸿元、荣鸿三负连带清偿之责，提出存折及官利通知单等件为证。"

针对原告的诉控，被告荣鸿元、荣鸿三则辩称，原告系申新公司的股东，其追讨储蓄的权利应在普通储户之后。"原告系被告申新第一纺织厂股东，在厂中曾以竞记、雄记、昭记三个户名存有存款。惟现在第一被告申新第一纺织厂，尚无现款可资偿还对外之存款，何能清偿股东之存款？故其请求不能认为有理由，原告前对被告荣鸿元等人函索上开存款时，除答复其依法不应径向股东求偿外，曾声明在厂方亦必待战争平定，继续营业，先偿普通债务后，再行偿还本案存款，而原告竟贸然向被告申新第一纺织厂起诉，复以股东，而令其他股东负连带责任，偿还其存款，于情于法均有未合。"

在被告荣鸿元、荣鸿三辩解之后，原告张雄义继续坚持原来的申诉请求。而被告荣鸿元、荣鸿三则继续辩称："张雄义、张竞记、张志钊均为本公司之股东，知公司之地址。现因战争，国家银行不能为公司提供周转资金，公司财产是否可以清偿普通账务，在未清算之前不可知。然应优先清偿普通债务，再理股东存款，在未清普通债务以前，拒绝股东提取存款，要无不合，乃张志钊使其子出面起诉，反使同一股东地位之上诉人荣鸿元等负公司财产不足时连带偿还责任，其行使债权，实违及诚实信用之法则。"经过多次辩论，法院最后以张雄义之存款系普通存款，当享有优先偿还权，判张雄义胜诉。[①]

本节详细分析了存款的偿还保障方式，并分析了其中蕴含的保障机制。从中我们不难看出，在近代中国这样一个缺乏防范风险的公共机构的社会中，人们对私人信用的信任，是与无限责任制度相配套的。无论是企业的财产、还是企业股东的家资，抑或是存款准备金，无不充分体现无限责任是私人信用彰显的物质保障。正是人们对无限责任制度的信任，使企业广泛吸收民间资本成为现实。从这个意义上讲，无限责任在近代中国现代化进程中发挥着一定的积极作用。

四　小结

本章深入研究了无限责任在近代中国企业吸收存款中的历史作用及其机制。为了凸显无限责任的这一历史作用，首先对从西方移植而来的有限责任在近代中国的具体历史条件下呈现出的诸多缺陷及其深层次历史原因给予了分析。研究表明，企业假有限责任之名，行逃避偿还债务之实，使这一从西方移植而来的企业制度无法取信于中国社会。相比有限责任而言，无限责任这一中国传统社会的企业组织形式，有效降低了经营者的道德风险，使道德风险行为失去了意义，更因股东、经营者须用其一切资产，甚至是未来一切收入对其所负债务进行偿还而被人们所信任。

无限责任作为中国社会中的一种企业组织形式，尽管存在着许多落后之处，但是在近代中国的具体历史条件下，无

---

① 《张雄义、张竟记等求偿存款诉讼函件》，1940 年 12 月，上海市档案馆藏，档案号：Q193 – 1 – 548。

限责任制度有其充分的历史合理性。资本是稀缺资源，无限责任不仅有利于企业盈利的生产性积累，还有利于企业吸收民间资本。无限责任在近代中国企业吸收存款中的作用与机制，正是无限责任彰显其历史合理性的充分反映。

第七章　企业资本积累的历史惯性

　　近代中国企业吸收与运用社会存款的历史表明，近代中国企业的融资方式及资金运行方式与世界其他国家有着显著的不同。应该说，近代中国社会的资金流动还是比较自由的，方式也是比较多样化的，这是中国传统商业习惯和不成文的富有生命力的社会制度安排决定的。尽管南京国民政府多次出台取缔企业吸收社会存款的禁令，但并没有从根本上改变企业大规模吸收与运用社会存款的这一历史现象。究其原因，除了国民政府没有提供相应的配套措施和支持政策外，更主要的是因为吸收与运用社会存款有着历史存在的基础，也是中国传统经济因素历史延续的体现。对这一经济传统的取缔，绝非一纸禁令就能有成效的。

　　在本书前面几章之中，我们深入讨论了近代中国企业的融资环境，企业吸收社会存款的普遍性，存款在企业资本结构中的地位，存款在企业发展中的历史作用，以及私人信用、无限责任等传统信用在企业吸收社会存款中的作用及保障机制等问题。对这些重要问题的深入研究，使我们基本明确了近代中国企业吸收社会存款的历史过程与运行原理。但是，仍有一些问题尚未展开讨论。例如，在企业资金不足时，储户追讨存款的具体方式与途径是什么？在吸收社会存款时，"中人"发挥着怎样的具体功能？我们对近代中国企业吸收与运用社会存款历史的研究，有怎样的结论、历史经验与启示？等等。对上述问题进行研究，无疑会使本研究的内容与价值更加丰富。

一 储户对企业违约存款的追讨

研究表明，在企业能够正常运行的状态下，储户提取存款一般是没有什么问题的。然而，当企业因种种原因陷入资金困境或倒闭的境地时，储户的存款能否顺利提取，就成为储户不得不面临的问题。由于企业所处的困境不一，以及偿还存款的能力与意愿强弱不同，储户追讨存款的方式也各有差异。梳理相关史料，在企业处于资金困境时，储户在追讨存款方面主要采取以下几种方式。

（一）登报警告

当企业可能因一时资金不足而陷入困境，或者有意拖欠，或者因其他原因而不能按时支付储户的存款时，储户一般会先采取登报警告的方式，给企业的相关负责人造成一定的社会舆论压力，迫使他们及时清偿债款。当然，登报警告的方式有时有效，有时无效。翻阅近代报刊，这样的案例不胜枚举。下面举几个例子以示之。

1919年3月，位于上海公共租界福建路三马路口的萃丰衣庄倒闭。该庄欠张云江、李学昶等人的存款有规银8.4万两之多。另外，还欠苏州、杭州、湖州等地绸缎庄规银2.7万余两，鼎甡等18家钱庄规银13万两，并亏欠东方、华庆股款规银3万两，欠款共计规银27万余两。由于萃丰衣庄店主杨庆桂避匿不面，各债权人不得不多次召开会议商讨追欠事宜。最终决议：一面将该店所存货物生财由各债权人看守，一面登报通告杨庆桂出面料理。面对舆论压力，杨庆桂始终坚持避匿不面。各债权人无法，不得不最后决议将该店所有财产拍卖，以资抵债。“将该店货物、生财公估出盘，盘价若干，先行摊派。嗣后，再行设法侦寻杨庆桂追究云云，众咸赞成。”[①]

1921年2月21日，上海恒甡绸庄的储户陈怡记在《申报》上声明，沈宝深之子沈世昌开设的恒甡绸庄以前收存了她的存款3000元，她本人“执有亲笔存折为凭”。上年冬，因为家有急用，陈怡记与恒甡绸庄约定于该年腊月二十八日提取她的存款的本金与利息，然而“届期往取，（沈世昌）避不见面，四处找寻无着，实属有心吞没存款”。为了敦促沈世昌尽早出面偿还该项存款的本利，陈怡记“为此先行登报，警告限二星期内出来理楚，否则即行禀请公堂追究，莫谓言之不预也”。[②] 此后事情表明，沈世昌并没有因为看到警告声明而积极偿还陈怡记的存款。迫于无奈，陈怡记最终走上控告沈世昌的道路，“陈怡记诉沈世昌、沈宝深不还存款案，结果俟第二被告之子沈世昌到案，能否轻交保，再行核夺”。[③]

1929年12月，保华洋烛厂猝然倒闭。该厂亏欠兴申泰、怡昌福、宝隆庄、德昶庄、王荣发、芗记、洪记、月记、王斌记、朱渭记、马罗记等11户往来存款银洋3万余元，厂主袁厚生逃匿无踪。上述储户登报警告该厂主袁厚生，“于最短期间从速出为料理”。[④] 从后续事情来看，袁厚生并没有出面积极偿还各储户的存款。

上述三个案例中的债权人登报警告债务人抓紧时间还账

---

① 佚名：《萃丰衣庄倒欠案之近讯》，《申报》1919年4月8日。

② 佚名：《沈宝深子世昌鉴》，《申报》1921年2月21日。

③ 佚名：《公共公廨讯案汇录》，《申报》1921年12月25日。

④ 佚名：《金熠律师代表兴申等债权团反对陆瑞徵律师清理保华洋烛厂并警告该厂主袁厚生通告》，《申报》1929年12月20日。

的做法，虽然没有取得成功，但是，登报警告，利用社会舆论，敦促债务人积极偿还欠款的做法，是储户追讨存款的方式之一。下面我们列举一个通过登报警告，成功迫使债务人偿还存款的案例。

1932 年 8 月，彭望邺律师代表泰利记等储户警告南通广生榨油公司驻沪办事处及时偿还储户的存款本利。"兹据当事人泰利记等声称，同人等于民六年至十二年间先后与上开办事处订立活期存款契约，月息一分或九厘半、九厘不等，执有存折。讵至十五年起，应付各户利息概行悬欠，结至本年六月底止，积欠本利计泰利记、聚记、清记、琳记、姚吴静记五户，合共规元一万四千六百五十九两，又洋五千七百四十六元一角一分。前经共同委托贵律师致函催告限期清偿，迄未履行，为此再请代表登报警告，限该公司办事处于两星期内，备齐本利，前来贵事务所分别结算清偿，倘再延宕，即请依法追诉以保债权。"① 应该说，泰利记等储户的警告是有效的，南通广生榨油公司驻沪办事处担心影响该公司的社会信誉，迅速筹集资金偿还了上述五家储户的存款。

（二）储户"让利"

很多储户是企业的股东、经理、职员的亲朋好友，他们彼此熟悉，彼此之间的关系多靠感情维系。当企业宣布破产，特别是债务人无力偿还全部欠款时，债权人会适当地减免债务人所欠的债款，通常的做法就是将所欠的款项进行打折，债务人偿还折扣后的欠款。这样做不仅有利于存款的部

① 佚名：《彭望邺律师代表泰利记等警告南通广生榨油公司驻沪办事处启事》，《申报》1932 年 8 月 7 日。

分回收，还不至于将那些实在无力偿还债款的债务人逼入无法生存的境地。这种做法在传统中国社会中是普遍存在的，并且一直延续到中国近代。下面列举若干例子示之。

1880年12月7日的《申报》报道了一则新闻，内容是安徽省的张某与其外甥胡某从前在省城安庆开设名为"义和"的钱铺，后因经营不善，亏折甚多，张某欲与胡某分拆。该年3月，张某另行设立钱铺，尚未挂牌，"所有存款各主，屡向取息"。延宕月余，张某将外甥胡某寻来，请众存户面议，结算存款，"共三千余金外，人欠店款一千有奇，抵过尚少二千金"。由于一时无力偿还，不得不请求减息、延期偿付，"恳其停息归本，书立期票，按数多寡作为三票，本年两期，余待次年"。①

1881年11月30日，上海人焕阿得在《申报》上声明，他的侄子翁来兴在沪开办崇兴、鸿兴典当铺，所用资本皆为亲朋好友的存款，因为经营不善，资本亏损严重，不得不将两典当铺出盘与人。所欠亲友的存款，除了将店中货物售卖偿还外，不足之金额"经人出为调处，存款者折利减收"。②从报道上来看，翁来兴减成让利的请求得到了储户的同意。

1910年11月29日，上海泰顺米行的经手黄月根在《申报》上敬告该米行的储户，该米行经营不善，以致无力偿还所欠储户的各项存款，现在经过上海市商会的调解与宣判，决议"减成让利"偿还。"董家渡泰顺米行在旧年春关闭，所有在商会禀诉之各存项户，经商会减成判还。"③上海市商会"减成让利"的调解，得到了该米行储户的同意。

---

① 佚名：《亏本亡妻》，《申报》1880年12月7日。
② 佚名：《声明》，《申报》1881年11月30日。
③ 佚名：《奉告泰顺米行存项各户》，《申报》1910年11月29日。

在 1928 年 1 月 18 日的《申报》上，江苏盛泽的永昌牲绸庄刊登了一则广告，特别感谢它的债权人"折利"减让债款的恩举，主要内容如下："谨启者，小庄受时局影响，三两年来亏耗不资，一时无法维持，不得已于本年六月宣告停业，积欠各地款项，杭绍两处已先料理结束。盛泽方面，有钱庄借款、绸领货款、亲友存款，实在无力清偿。商请王恺君先生出任调处，承蒙各债权格外原谅，允许减折归还，所有折存应还钱庄、绸领各款，即讬王君按户交付清楚，小庄受惠实深，愧无以报，特此登报鸣谢。"①

由上面的几个案例可见，在债权人无力偿还全部债款时，储户给予一定的债务减免，成为民间约定俗成的商业习惯。另外，折利偿还债款的做法与惯例，不仅盛行于民间社会，同样得到官府的支持与保护。

1901 年，蒋沈氏将在上海开设酒店的陈永安控告至上海县衙。原告诉称，被告陈永安开设的酒店曾吸收她丈夫生前所存的 200 元存款。现在酒店闭歇，故向陈永安索取所欠。陈永安声称，无力偿还，请求原告让利减成。这一请求得到了县令的应允，准许"折扣六成"偿还原告的存款，"由陈另立笔据折还洋银一百二十元"。②

1902 年，已经倒闭的大和米店老板傅永川状告郑锡卿替金仁芝赊取大米 6 石，积欠洋银 40 元，多次索要而被告始终不愿归还。郑锡卿供称，金仁芝以前在大和米店存有洋银 200 元，后来傅永川将店闭歇，仅偿还金仁芝 160 元的存款，尚欠 40 元存款，所以他赊米作抵。傅永川则供称："小的店

---

① 佚名：《盛泽永昌牲绸庄敬谢各债权人》，《申报》1928 年 1 月 18 日。
② 佚名：《上海县署琐案》，《申报》1901 年 9 月 17 日。

已闭歇，各项存款均照八折归还，金（仁芝）款事同一律，且郑已出清讫字据，何得再肇事端。"面对双方说辞，审判该案的司马最后判决，郑锡卿归还傅永川洋银 24 元，金仁芝归还傅永川洋银 6 元，"各具遵断，切结而退"。①

1905 年，金士良控告在洋泾镇开设万生槽坊的金晓峰妻子金王氏，说后者不偿还她丈夫生前吸收的他的存款洋 300 元。金王氏供称："夫故子幼，各债猬集坊内，并无银货，只有旧屋十余间，曾央士良，俟岁底收账酌偿，讵被控局，解案语次，泪下如雨。"判决此案的上海县令见金王氏所诉为实情，"堪怜且无昧赖之心"，于是"判士良存款停利拨本，每年还洋一百元，分四季交付，各具遵结完案"。② 1906 年，在上海开设万全蜡烛店的叶紫云病故，"共欠一万余金，以四折偿还"。③

需要注意的是，让利减成必须得到债主的同意，方可成立。如果债主不同意，官方在判案时，还是要对债务人进行追责的。1907 年，洪大金控告德隆质押店主蔡金进不偿还其存款洋 450 元。蔡金进称，德隆质押店分给了他的长子蔡年红，洪大金的存款是存放在德隆质押店的，此时德隆质押店倒闭了，在清理时所有债务均以三折进行了偿还。由于洪大金不愿意打折让利，同时蔡年红"实系无力"。最后法庭判将蔡年红扣押看管，待偿还清楚方可放出。④

由上述案例分析可见，让利减成的偿还方式，很大程度上反映了熟人社会中的生存伦理，这使那些"诚实而不

① 佚名：《英美租界晚堂琐案》，《申报》1902 年 12 月 10 日。
② 佚名：《上海县案》，《申报》1905 年 12 月 31 日。
③ 佚名：《上海县案》，《申报》1906 年 12 月 15 日。
④ 佚名：《补录法租界公堂案》，《申报》1907 年 2 月 17 日。

幸"的借款人得到重生的机会，不会一条路走到黑，甚至被逼上绝路。生存伦理是迫使债权人准许让利减成与承受损失的道德压力。这既是对陷入窘境的债务人的怜悯，又是要求债权人承担借贷风险的表现。与现代债务全部赔偿原则相比，让利减成规则的实践过程，体现了有限责任与无限责任的有机结合，更好地满足了不同经济处境下借贷双方的利益诉求。①

（三）诉诸法律

一般而言，绝大多数国家的法律运行成本高昂，主要表现在法庭执法体制中做出和执行一项判决要花费很长时间，计算损失时法庭可能会保守估计，法庭可能要求公开披露商业机密、成本和收益等相关信息，而纠纷一方或双方当事人却不愿意公开。② 法律上的困难，在近代中国表现得尤为明显，有的案子"虽至于三审判结，而执行颇觉困难。盖查封财产，已被寄顿罄尽，拘束身体，又避匿无踪。巧妇难为无米之炊，判决实等诸儿戏，殊可虑也"。③ 因此，对债权人而言，诉诸法律是万不得已之策。但是，当登报警告、中保人说和、储户让利等方式仍不能使储户追讨到存款时，诉诸法律又不得不成为最后一种解决问题的方式。在《申报》等近代报刊上可见大量有关储户控告企业负责人或相关人员不偿还存款的案例。

---

① 娄敏：《"有限"与"无限"之间：摊还规则的偿债逻辑——以江津县债务类司法档案为中心》，《中国经济史研究》2018 年第 2 期。
② 〔美〕阿维纳什·迪克西特：《法律缺失与经济学：可供选择的经济治理方式》，郑江淮等译，中国人民大学出版社 2007 年版，第 28 页。
③ 楚声：《钱业对于倒账之善后计划》，《钱业月报》第 1 卷第 12 期，1921年，第 10 页。

　　1914 年 10 月，姚君武将在上海开设裕丰泰火腿公司的毕锡功告至法公堂。姚君武称毕锡功不偿还其父生前所存的银洋 1700 元。① 1916 年 5 月，亚细亚火油公司的倪树声将庆昌顺鞭炮店主薛鹤年控告至公共公廨，诉称后者不还其在宣统三年存入的银洋 550 元。② 1923 年 3 月，元大号将永盛公司控告至公共公廨，声称后者不还其存款规银 10 万两。③ 1924 年，陈镇臣将陈楚南控告至法公堂，诉称后者吞没存款规银 7000 两、银洋 10000 元。④ 1924 年 2 月，顾宝瑜将协济公司董事长杨镜如（系浙江总督杨善德之子）、经理沈耀钧控告至公共公廨，诉称杨、沈二人不还其存款银洋 22263 元及利息。⑤

　　上海东熙华德路 1059 号洪济堂药店是当地人吴根荣、徐永祥所创办。1934 年 8 月，吴根荣的妻妹高林氏将洪济堂药店经理、靖江人许世芳控告至上海第一特等法院。原告高林氏控诉许世芳将其存在该店中的存款银洋 600 元私用不还。⑥ 1935 年 9 月，居住在公共租界西华德路隆庆里三十八号的浙江上虞妇人周冯秀珍将胜达颜料号主绍兴人董存炳控告至上海第二法院，控告后者欺诈不还其存款洋 2000 元。⑦

　　诉诸法律讨债的案例不胜枚举，近代官府或法院在判定这些案例时，除了责成债务人尽力偿还外，还充分体现了秉

---

① 佚名：《火腿公司主之债务》，《申报》1914 年 10 月 8 日。

② 佚名：《追索存款》，《申报》1916 年 5 月 20 日。

③ 佚名：《元大号控永盛公司案》，《申报》1923 年 3 月 29 日。

④ 佚名：《控陈楚南吞没存款驳回》，《申报》1924 年 1 月 26 日。

⑤ 佚名：《协济公司存款纠葛之传讯》，《申报》1924 年 2 月 27 日。

⑥ 佚名：《许世芳侵占存款被控》，《申报》1934 年 8 月 24 日。

⑦ 佚名：《胜达颜料号主董存炳被控诈欺案》，《申报》1935 年 9 月 4 日。

承"连带责任"的历史传统。现举例子示之。

1882 年 1 月 1 日的《申报》上刊登了一则新闻，其意是说，寄居上海本埠的黄姓将吸收其存款的湖州人沈姓控告至英公堂。"今沈病故，黄向伊弟及子索归，无付。因沈子在苏，即控沈弟于英公堂。"黄姓派遣家丁吴升秉称："家主素与开设丝栈之沈姓往来，共存彼处二万余两，沈于八月间病故，曾向伊弟及子索取，托为不知。"陈太守谓沈弟曰："汝兄生前声名颇佳，欠黄之项，人所共知，汝当为之清理，勿累汝兄声名。"沈弟供称："我与先兄已在兵燹前分炊，各居两下，事不相闻久矣，此项银两实不知情。"尽管沈氏的弟弟百般推脱，说其兄的该项欠款不该其负责，但陈太守依然判定他必须负责偿还，并"将沈弟交差看管"。① 从此案例可见，家人负连带责任，不仅在民间成为约定俗成的惯例，也得到官方的认可与支持，而这一历史传统一直延续至中国近代。

二　"中人"对企业和储户的制衡

在中国近代社会中，契约与交易活动的"中人"② 普遍存在于人们的社会经济生活之中。中人是一种独立于契约双方当事人的第三人，其作用主要体现在以下几个方面：在契约订立的过程中进行说合，见证契约的各项内容，为当事人提供担保，存在纠纷时提供证明并进行调解等。③ 不难看出，

---

① 佚名：《控追存款》，《申报》1882 年 1 月 1 日。
② 中人，有很多的称谓，比如"中间人"、"中说人"、"承保人"、"中证人"、"中见人"、"凭中"、"全中"、"原中"、"见立"、"正中"、"引中"、"证人"、"见议"、"保人"和"居间"等。
③ 赵良玉：《古代中人作用之法律分析》，郑州大学硕士论文，2018 年，概要第 1 页。

中人参与的重要功能之一，就是确保交易双方的当事人谨守信用。中人制度在近代中国企业吸收与偿还存款中的功能与意义有以下几个方面。

（一）介绍、撮合与证明

中人的几种功能，包括介绍熟悉的亲朋好友存款、参与议定存款条件、监督和证明企业履行偿还储蓄存款的义务等。存款契约（存折）的格式及内容本身，一般都能显示中人的这一功能。下面举例子示之。

1. 介绍、撮合人

在招揽储蓄存款时，企业的经营者、股东及其职员的亲朋好友的人数是有限的，以致储蓄存款满足不了企业发展所需。为了最大限度地吸收储蓄存款，企业经营者可能会请求、鼓励他们的亲朋好友多介绍储户前来存款。这些亲朋好友就成为"中人"。同时，有些潜在储户想将其拥有的资金存入某一企业或商号，但是他可能对该企业或商号不了解，需要有了解该企业或商号的亲朋好友为之介绍。同样，潜在储户的这些亲朋好友也成为"中人"。下面举一些例子以示之。

1931 年 10 月 4 日，申新、福新、茂新同仁储蓄部的储户谢瑞章给该部执事先生去信说，他在同仁储蓄部的存款是由其朋友荣永春介绍的。"敝人前供职上海九江路念式号联德洋行时，由敝友天利洋行荣永春君介绍存入。"①

1918 年 9 月，陈长耕将朱启忠控告至公共公廨。原告诉称被告不偿还他的存款——银洋 300 元及利息。"是项存款

---

① 《同仁储蓄部储户来信》，1931 年 10 月 4 日，上海市档案馆藏，档案号：Q193 - 1 - 557。

当时由我偕同已故伯父陈炳荃至被告所设之朱森泰号中，与伊接洽，立有存折，言明按月取息。"在此案例，陈长耕伯父陈炳荃作为中人，起到了介绍、撮合的作用。①

1935年9月，浙江上虞妇人周冯秀珍将胜达颜料号主绍兴人董存炳控告至上海第二法院，控告后者不偿还其存款洋2000元（原先存款3000元，在诉讼之前，周冯秀珍已经提取1000元，还有2000元没有提取），有意图欺诈之嫌疑。周冯秀珍诉称："前由石文荣之介绍，用秀记户名，陆续将现款存入被告之字号内，共计三千余元。"②

上面所列举的三个例子，不仅彰显了荣永春、陈炳荃、石文荣作为介绍人撮合双方存储与吸收意愿的"中人"的角色，同时体现了储户谢瑞章、陈长耕、周冯秀珍对"熟人"荣永春、陈炳荃、石文荣的私人信用的信任。

2. 证明人

中人在介绍、撮合储户存款时，一般也会见证储户与企业订立存款协议。在此，中人即成为证明人。中人成为判决存储双方纠纷时的证人。下面举一些例子以示之。

1890年，顾宁氏在法公堂控告宁波商人严章宁。原告说她于光绪初年在严章宁所开的三茂卤货店存洋200元，严章宁意欲赖账不还。严章宁诉称，他早已还清了顾宁氏的200元银洋本利，这一点可由中间人徐阿才证明。但是，现在徐阿才已经不知去向。由于中间人徐阿才不能出庭，负责审理此案的窦明府认为严章宁有意抵赖，为此再三开导严章宁要积极偿还该项存款。但是，严章宁坚称该笔存款已付清，哪

---

① 佚名：《继续起诉之徒劳》，《申报》1918年9月20日。
② 佚名：《胜达颜料号主董存炳被控诈欺案》，《申报》1935年9月4日。

里有再付出的道理？最后，窦明府"着将严章宁仍交原保，限十天将徐阿才交案质证。否则，将借洋二百元一并交案"。① 由此可见，中人徐阿才的"证明"成为理清该案件的关键所在。

1895 年 7 月 8 日的《申报》上报道了一篇关于打架的新闻，说有甲、乙两人在杭州合开机纺已有数年，因为上年冬生意不佳，于是二人拆股，将机纺闭歇。甲勤于操作于第二年 3 月，在岳家湾重理旧业。1895 年 7 月的某日，乙说他在甲处尚有 30 多元的存款，并向甲讨要。甲则声称，拆股之时"均有中证，彼此交清，并无瓜葛"。乙则声称"此系存款，不与中人之事，以致两相口角，拳脚相加，甲处人多，乙不能敌，头面俱受微伤，遂奔至仁和粮厅署中喊冤。张二尹将乙略问数语，随命差传甲到案，甲一一供诉，并传中证到堂，当面对质，乙无可抵赖，二尹将乙重责百板，并令出具，不敢再行滋扰"。② 在该案例中，中人到堂澄清事实，成为最终判决的关键依据。

在前文周冯秀珍控告胜达颜料号主董存炳不还存款、意图欺诈的案例中，周冯秀珍就请证人石文荣出庭证明，董存炳曾用低劣颜料作为她的存款抵押品，以致其损失严重，"证人石文荣到庭供证词，与自诉人所述相同"。石文荣的证词为法庭所采纳。③

1901 年，蒋沈氏将在上海开设酒店的陈永安控告至上海县衙，诉称她的丈夫生前曾在陈永安酒店存款 200 元，后来酒店倒闭，她前去讨要该笔存款，陈永安无力偿还，请求让

---

① 佚名：《县案汇录》，《申报》1890 年 7 月 28 日。
② 佚名：《机纺打架》，《申报》1895 年 7 月 8 日。
③ 佚名：《胜达颜料号主董存炳被控诈欺案》，《申报》1935 年 9 月 4 日。

利减成六折，"由陈另立笔据折还洋银一百二十元，俟出卖生财得赀照付"。现如今生财已卖，陈永安仍不付还，请求控追。针对存款是否让利减成，"中人张子钧供，存款立据，减偿是实"。这里中人张子钧的言行，证明了事情的真实性。①

1912 年 2 月 12 日，恒生酱园在《申报》上刊登了一则声明。声明的主要内容是，该园于上年春吸收邱二姐存洋800 元，"由尤少圃作中，当立存折"。上年秋，邱二姐病故，其孙邱凤飞、其侄邱海棠来酱园提取存款。由于存折遗失，邱凤飞、邱海棠二人不仅登报声明、至金山司法长处备案，还邀请中人尤少圃出面证明。②

通过上面案例可见，中人证明人的角色，虽然对债权债务本身而言，不具有权利与义务。但是，其证明事实客观存在的功能，无论在民间还是在官方，都是人们"求证真实"的关键所在。中人的证词，更是民间、官府调解与判定债务纠纷的主要依据。

（二）说和、劝解与调解

中人的"说和""劝解"就是化解双方观点与利益冲突的意思，其作用机制是使纠纷双方或各方之间的冲突情绪得以缓解，并进一步实现相互理解、相互信任与相互包容。"调解"就是提出能够为纠纷双方接受的一些具体建议与办法，起到解决纠纷的作用。这些功能主要体现在民事纠纷中。下面举若干例子以示之。

1881 年，上海人翁来兴在沪开办崇兴、鸿兴典当铺，大

① 佚名：《上海县署琐案》，《申报》1901 年 9 月 17 日。
② 佚名：《存折作废》，《申报》1912 年 2 月 12 日。

部分所用资本是亲朋好友存在该铺的存款。由于经营不善，资本亏损严重。翁来兴不得不将两典当铺出盘与人，其所欠亲友的存款，除了将店中货物售卖偿还外，不足之金额"经人出为调处，存款者折利减收"。①这里"经人调处"，即是通过中人从中说和，按照"折利减收"的习惯化解债权人、债务人之间的冲突，最终解决债款清偿的矛盾。

1887 年 12 月 31 日，在上海从事房屋租赁业的义和公司亏欠退股股东郑济东存款规银 10600 两，由于资金比较困难，义和公司无法一次性偿还该笔存款。于是股东郑芸初、沈敦如邀请中间人（九江郑宝记栈）从中说和，最终达成折利减收与分期偿还郑济东的存款的协议。"所欠济东存款一万零六百两，自应清还，芸初、敦如一时势难力办，现还规银二千两，又分十年还期，票银一千七百两，立票十张，当众签字，付执为据。其余六千九百两，因生意不佳，求请让讫销折。"②

1888 年，在上海出资开设陈天一帽铺的范少墀被其经事人蔡子文控告。蔡子文声称，范少墀意图侵吞其存于店中的 2300 余两存款。范少墀则声称："并无吞没存款事情，蔡于经手时亏空银二千余两，反敢来此蒙控，实属有意逞刁。"面对双方的各自说辞，审判官无法相信一方，最后提讯中人邱根源。邱根源声称："当时蔡是否存银并未深悉，惟曾经为之调停。"③ 中人邱根源这里的"调停"仅有说和、劝解之意，没有证明的功能，因为其并不知悉蔡子文是否在陈天一帽铺有过存款。

---

① 佚名：《声明》，《申报》1881 年 11 月 30 日。
② 佚名：《告白声明》，《申报》1887 年 12 月 31 日。
③ 佚名：《上海县署琐案》，《申报》1888 年 5 月 18 日。

1912 年，张亨通控告商号福昇号经理沈玉兰不偿还其存款本利 3200 元（其中本金 1500 元，其余为利息）。在法庭上，福昇号股东陈清记、翁新记称，该号前以沈玉兰为经理（已辞职离去），现在该号以谢阿坤为经理，张亨通的存款是由沈玉兰经手，故"店中只能认本"。原告称："现由中人（李锡堂）调处，折还洋二千六百元，请堂上公断质之。"被告陈清记等仍坚称只能还洋一千五百元。最后，法庭采纳了中人李锡堂的调解意见，"聂廯员判照中人所断，交洋二千六百元，交保限交"。[1]

1917 年 8 月 9 日顾岫云在《申报》上刊发了一则启事，说他的弟弟顾怡云前两天登报声称不再为广成商号所吸纳的存款偿还担保了，现在通过"中间人"亲友的从中说和，广成商号与储户双方之间的存款关系得到了厘清，为此他弟弟的登报声明一律取消。"前日舍弟怡云所载诸广成各节之告白，实因言语误会起见，现经亲友从中说和解存款、米款，双方各清界限，所有前次登报退保各节，一律取消。兹恐外间传闻失实，特此更正。"[2]

1929 年，华益磁器公司股东会议决，将该公司全部推盘给熊刘氏营业。熊刘氏因各存户向其催讨存款而无法应对，不得不邀请中人共商办法。在中人的调解下，熊刘氏将华益公司全部推盘给万和祥主梁锟洲经营，所得款项用于偿还存户之存款。"只得请凭中证人，情愿将店底货物、生财等推盘与万和祥梁锟洲君名下营业，当即银据两下交割清楚。"[3]

①　佚名：《尚未允洽》，《申报》1912 年 12 月 16 日；《分别偿还》，《申报》1912 年 12 月 20 日。

②　佚名：《顾岫云启事》，《申报》1917 年 8 月 9 日。

③　佚名：《推盘声明》，《申报》1929 年 5 月 29 日。

在此案例中的中人所起的作用，主要是提出具体的可行建议，以解决债权债务纠纷。

除了说和、劝解以及调解外，中人的功能还体现在厘清各方的责任方面。例如，1889 年 7 月 10 日《申报》上有一则声明，其中说上海大和兴号以及长崎大记号是由施子榆、郑兆欣、傅芝卿、许杏村、余鸿岗等人合伙所开，现在因为各股东意见不合，该年春天集议停闭。其中，各股东经手的存款，"凭中议归各东自认偿还"。然而，其中有圃记存折一扣，有白银 200 两，又周记存折一扣洋 200 元，此两项存款尚未理清归还，以致存折尚未收回。经过中保人仔细审理，该两项存款归股东郑兆欣清偿，"经凭中议，归郑兆欣认还，与别股东不涉"。① 应该说，厘清各方责任是中人在说和、劝解与调解过程中的首要工作，这是其职能得以彰显的前提条件。

（三）担保

这里的担保功能，主要是指中人为债务人所负债务提供担保的意思。担保之意，即在债务人无力或不愿偿还债务时，中人需要替债务人偿还债款。

1897 年，在上海浦东永泰布庄、得泰瑞记布庄做伙计的高松卿将东家沈萃生、经事人沈九得控告至上海县衙。高松卿诉称，得泰瑞记布庄与上海王太隆布米庄素有往来，前者欠后者存款规银 520 两，此项欠款由他本人担保。后有友人托他将 180 余石大米栈单一纸抵押与王太隆。不料，王太隆

----

① 佚名：《明白声明：许杏村、傅芝卿、余鸿岗同具》，《申报》1889 年 7 月 10 日。

布米店以得泰瑞记欠银颇巨为由，扣押了这 180 余石大米的栈单，逼令得泰瑞记布庄归还欠款，"欲将得泰瑞记布庄所欠归清，始还栈单"。在此案例中，高松卿作为中人，他的作用就是为得泰瑞记的该笔欠款提供担保。正是这个原因，当得泰瑞记布庄不归还王太隆布米庄欠款时，才有王太隆布米庄扣押高松卿的栈单之举，因为该店认为高松卿应为其担保的债务负偿还责任。①

1899 年，苏州人俞兰生"因贴票"亏欠巨款，被各债主控告至法公堂。经过审理之后，法公堂判决：中人吴友立为俞兰生所负欠款的担保人，由于债务人俞兰生迟迟不到案，不对所欠款项进行清偿，中人吴友立应偕同处理此项欠款，否则应对其担保的债务负偿还责任。"明府以吴担保在先，不能置身事外，限半个月，帮同理处。"②

1914 年，妇人陈氏控告蔡阿清不偿还其存款洋 400 元，法庭屡次传讯被告蔡阿清，但蔡阿清屡不到案。于是，法庭"判决谕令保人（靳新卿）传谕被告，限一个月连同堂费洋十二元一并遵缴，逾限即则成保人赔偿"。③

1917 年，陈汉章控告老介福绸庄伙叶子新不偿还期票尾找洋 700 元于公共公廨。原告诉称，1915 年叶子新与俞伯明邀请其一起承办芜湖泾县煤矿，并令其在上海设立宝兴煤矿销售公司，后来发现并没有该煤矿，于是他将以前托付叶子新存在老介福的现洋 3400 元提出，当时叶子清只偿还了2700 元现金，剩余 700 元以后偿还，并出立期票一张，由中人俞伯明为之担保。针对原告的诉控，被告叶子新则声称，

---

① 佚名：《上海县署琐案》，《申报》1897 年 3 月 9 日。
② 佚名：《法界公堂琐案》，《申报》1899 年 7 月 26 日。
③ 佚名：《缺席判决后之枝节》，《申报》1914 年 6 月 12 日。

所有存款已经偿还，其给与原告的期票 700 元，实系原告恳请他出立的，所以一切责任，应该由原告与俞伯明担任。[①]在本案例中，中人俞伯明为期票 700 元欠款担保，在债务人无力与不愿偿还的情况下，应对该笔欠款负有偿还责任。

1918 年 12 月，上海裕顺碾米厂倒闭，亏欠债务颇多，"达银十余万两"。[②] 其中尤以存款为甚。"庄款及同行欠数有限，其大多数为存款，因系年久老店，故妓院、马车行等深信不疑。"其中，有阿秀一户，不仅存款多至二三万，且"代负担保者，亦属不少"，听说裕顺碾米厂主逃避，"竟欲自寻短见，经人解劝始免"。[③] 在此案例中，阿秀不仅是存户，而且还是其他存户的中人，为其他存户的存款提供还款担保。正是其具有偿还之重责，阿秀才对裕顺碾米厂主逃避欠款的行为反应强烈，以致"竟欲自寻短见"。

1921 年 7 月 17 日，陈仲贤致函《申报》说该报上一天刊登的一则新闻，存有不实之处。这则新闻是说，李鸿纶领取了一笔存款，该项存款是由陈仲贤以中国兴业烟草公司的名义担保，"缮具保状，加盖该公司图章"。陈仲贤认为"颇与事实不符"，故此他向《申报》纠正说，李鸿纶的存款并非以中国兴业烟草公司的名义，而是完全以他个人名义为担保的，"所盖图章亦是鄙人私章"。[④] 陈仲贤之所以向《申报》做出纠正，很可能是强调担保主体责任的关键问题。

方金义曾将一笔存款存放在慎昌鱼行内，勤昌煤号主孙连生为中人，且负担保责任。1922 年，方金义前去慎昌鱼行

---

① 佚名：《不还存款案辩论终结》，《申报》1917 年 6 月 15 日。
② 佚名：《变卖已闭碾米厂财产》，《申报》1919 年 3 月 3 日。
③ 佚名：《米厂倒后之同业会议》，《申报》1918 年 12 月 12 日。
④ 佚名：《陈仲贤来函》，《申报》1921 年 7 月 17 日。

提取存款，慎昌鱼行主逃避不还。于是方金义将孙连生控告至公共公廨。在法庭上，被告孙连生承认其对方金义存放在慎昌鱼行的存款负有担保责任。于是，法庭判决孙连生"应照保单赔洋三百元并堂费，被告存款之洋，即交原告具领"。[①]

本节详细分析了中人在近代中国企业吸收、清偿存款中的角色。研究表明，中人制度作为中国传统信用制度的重要组成部分，在近代中国社会经济生活中依然发挥着重要的作用。中人制度不仅最大限度地撮合各方交易与借贷关系，还在各方发生纠纷时发挥着说和、劝解与调解的功能。中人的担保功能，甚至可以认为是信用维护的最后保障。当然，中人在纠纷中的证明功能，是"求真"的一种有效途径，成为解决纠纷的重要依据。

三　传统经济因素的优势基因

本书较为深入地分析了近代中国企业吸收、运用社会存款的方式，并重点考察了私人信用、无限责任在企业吸收、偿还存款中的作用与机制。在上述工作的基础上，我们有以下几点结论。

（一）传统经济因素的延续与创新

企业吸收社会存款在我国有着悠久的历史传统，并形成了一些约定俗成的被社会普遍认同的不成文规则。早在明清时期，吸收与经营"存款"这种现象，就在中国社会普遍存在。不仅典当行、票号和钱庄等金融机构经营存款业务，一

---

① 佚名：《公共公廨讯案汇录》，《申报》1922 年 4 月 27 日。

般的米店、布店、杂货店等普通商店也兼营之。存款者不仅有各级官府，还有诸如会社、宗祠等各类社会团体，更多的则是私人家庭与个人。至道光年间，在江苏的溧阳、无锡、常熟等一些地方，已经形成了成熟的存款市场。在存款市场中，存款利率水平的高低与银钱兑换率之间有着紧密的关系。

近代中国企业吸收社会存款并加以灵活运用，充分吸收与继承了中国传统社会中固有的经济因素，即使那些学习和引进现代股份制的中国企业也不例外。从这个角度来讲，从采用现代股份制的中国企业成立开始，它们本身就带有浓厚的中国特点和传统经济要素的痕迹。换句话说，一些传统经济要素不仅在中国近代得到延续，而且具有强大的生命力。尽管南京国民政府三令五申禁止企业打广告吸收社会存款，但历史结果表明，企业会以另一种形式使吸收存款的传统延续。

1933 年，中国内衣公司在《上海宁波日报》上刊登广告，以安全投资、借用资金的说辞，招揽国人投资该厂。投资方式有四种。（1）红利派股：每份一百元，定期五年，周息一分，红利五成。（2）定期借款：自五元起，一年至五年，周息一分起至一分四厘。（3）按月支息：自一百元起，一年至五年，支息自九厘六至一分四厘四。（4）活期借款：自一元起，一年至五年，周息七厘，每半年结算。其目的与宗旨是"以借款扩展实业，即以实业保障借款，使投资者既无失败之忧，而收成功之利"。[①] 从该厂的广告词可见，这仍是打广告招揽存款的一种形式，只是说辞不同罢了。吸收社会存

---

① 记者：《安全投资借用借款：中国内衣织染厂有限公司》，《上海宁波日报》1933 年 8 月 15 日。

款的传统仍在延续。

传统经济因素在延续的同时，还随着经济环境的变化而有创新。20 世纪前三十年，企业设立储蓄部、打广告广泛招揽社会存款的做法，就是新变化的具体体现。在近代中国企业吸收社会存款的习惯中，甚至发展出一种叫作"附本"的存款方式。这种附本在某些行业中如钱庄业又被称为"副本"。下面，我们来看一个例子。

1873 年，湖州人徐养和（沈小塘尊称他为徐养翁）仰慕丝商沈小塘颇有家资，于是委托其友秉良将白银 4000 两存入沈小塘所开的商号之中。正如沈小塘所说的，"徐养翁确然，素未熟识，而其银系秉良交来。去年（1873 年）正月十九与我说云，徐养翁有银四千两托他存与我号，始养翁闻我开设谦泰、大源钱庄，又品股维新，兼有仁记丝号，以为我腰缠颇充，人亦朴厚，特托秉良存与我处，系去年十二月对日为期"。后来沈小塘所开的维新、大源钱庄倒闭，仁记丝号也亏本甚重。徐养和见沈小塘陷入困境，就派秉良前去提取存款。沈小塘无力偿还，就与徐养和磋商，将该项存款转为其所开的谦泰钱庄的附本，得到徐养和的同意。"即嘱秉良来说，要吊取长款，塘其时万分难过，亦欲同各财东理说，先托秉良与养翁言，而养翁云，刻下既然如此，四千两头作谦泰附本。"[1]

附本有时被看作一种长期存款，"遇有成本不敷时用之，其性质与股东之长期存款相似，故其利息亦预先定议，与庄中盈亏无关"[2]。有时也被看作企业的资本金。对此，日本

---

① 佚名：《声明》，《申报》1874 年 6 月 9 日。

② 施伯珩：《钱庄学》第 3 编，上海商业珠算学社 1931 年版，第 24 页。

人在上海调查之后也认为，这种附本在运用时甚至可以当成资本金来看待，"在计算合伙钱庄的资本金的时候，应该将本来的资本和被称为附本的资金合计计算"，因为这是"出资人在以定期存款相同条件下所出，而又附有一定利息、用来补充本来资本不足的资金"。[①]

由以上所论可见，企业吸收社会存款不仅长期存在于近代中国社会中，而且已经发展出某些适应近代中国社会的特殊方式。企业面向社会招揽存款，正是这种适应近代中国社会的特殊方式的延续。

在近代化过程中，中国企业在经营发展中普遍存在着"负债经营"的历史现象，并且形成了固定资产通过筹集资本解决、流动资本通过借贷资金解决的经营模式。在此种经营模式下，企业所负债务常常接近或超过它们的自有资本。[②]其中，吸收社会存款是近代中国企业"负债经营"的主要融资途径之一。我们在强调这种融资方式在企业发展中具有积极作用的同时，也要看到这种融资方式具有的重大弱点，那就是这种融资方式本身具有很大的风险性，一旦社会内外条件发生变化，这种发展模式就难以为继。

对此，黄组方在分析企业财务状况时也有着清醒的认识。他认为，企业流动资金不足的"先天的脆弱"，将会使陷入资金困境中的企业因存户的挤兑而陷入一个更加无法应付的境地。"存款依其本质而言，虽为短期债务之性质，但如欲收举债营业之利，则非视为长期债款利用之不可。在实

---

① 横滨正金银行上海支店编《上海金融事情讲话》，昭和18年（1943年）版，第156—157页；转引自朱荫贵《中国近代股份制企业的特点——以资金运行为中心的考察》，《中国社会科学》2006年第5期。

② 朱荫贵：《论近代中国企业的"负债经营"》，《安徽史学》2020年第3期。

务方面，企业之理财当局，虽以营业之性质，及经营周期之久暂，决定收受存款之最高限度，以防免存款过多，在经济不裕之时应付为难之患，但因其流动地位已有'先天的脆弱'，故倘若一旦发生挤提之现象，势必被迫陷于凄惨之境域。此种情形，在事实上，每常发生，尤以合伙等组织，因某以伙东之死亡退伙而发生者，更屡见不鲜。"[1]

尽管吸收与运用社会存款具有很大的弱点，但是我们要看到这种融资方式所具有的时代价值与历史意义，并加以肯定。在中国现代经济起飞前的阶段，很多中国企业是没有经历过原始资本积累的，在一个不能通过资本市场这个公共平台融资的社会环境中，吸收社会存款不仅有利于降低企业的融资成本，还优化了企业的资本结构。一些企业通过"调拨"的形式，提高了储蓄存款运用的价值与效率。这些都使储蓄存款最大限度上满足了企业发展的需要。

储蓄存款在企业发展中的具体作用，正如在本书第四章中所论，其性质介于短期借款与长期借款之间，它不仅以短期借款的形态解决了企业运行中流动资金不足的问题，而且企业通过长期化策略使它以长期资本的形态解决机器、厂房等固定资产投资的问题。我们可以试想一下，如果没有吸收社会存款这一融资方式，很多近代中国企业在经营的过程中，很可能难以维持正常的运行，更不要谈有所发展了。如果每家企业皆是这样，中国工业化的进程无疑会更加艰难、更加缓慢，工业化的水平更低。从这一角度而言，储蓄存款在近代中国企业发展中的作用是很大的，具有积极的时代价

---

[1]　黄组方：《工商业收受存款之检讨》，《信托季刊》第 6 卷第 1—2 期，1941年，第 110 页。

值与历史意义。对此，我们应该给予公正、客观的评价。

（二）熟人社会下的私人信用

私人信用，"为个人将来偿付的承诺，于现时取得某种有价物品的承诺"。[①] 具体而言，它是指一个人的社会声誉、信誉与资产状况值得他人与社会信赖，作为中国传统社会中的一种信用制度安排，它是镶嵌于中国固有的社会结构之中的。这是一种十分讲求熟人关系网络的社会结构。在此社会结构中，私人信用主要适用于熟人之间，维系着人们的经济和其他社会活动。

在私人信用关系之中，信任者对被信任者的信息，特别是难以量化的诸如声誉、才干、品德等软信息掌握得较为充分，因此敢于与被信任者建立信用关系。步入近代以后，随着社会经济活动的日益复杂与交易范围的扩大，中国传统信用制度的社会基础发生重大变化，如自然经济逐渐解体、熟人社会关系网络逐渐向陌生人社会扩展，一些传统信用制度不再适应新的经济关系。然而，新的信用制度的建设并非一蹴而就的。

在上述历史背景下，近代中国社会的信用日坠。为了减小被欺骗的概率，人们最大限度地将交易限定在熟人关系网络中。这就注定了私人信用这一中国传统信用制度仍然发挥着重要作用。近代中国银钱业的信用放款，"系以信用为保证之贷款制度也。例如有一商号与钱庄或银行往来，钱庄或银行营业员知其股东资力雄厚，经理人才能卓著，夙负盛名，并经调查该商号内容确属稳妥可靠，如得经理之许可，

---

① 乐天辑：《自修》1941 年第 184 期，第 7 页。

即得贷予相当款项，以补充该商号资本及流动金之不足"。①
在近代中国企业吸收社会存款的过程中，"谁招揽谁负责"
的原则也充分体现了私人信用在企业融资中的重要作用，这
种作用不仅彰显在私人信用所具有的号召力上，还体现在储
蓄存款清偿的保障机制上。

　　需要指出的是，虽然私人信用在近代中国社会经济中依
然发挥着重要作用，但是它的功能有逐渐弱化的趋势。正如
时评所言，"缘信用二字，本不必以财产为根据，当以高尚
之道德，敦厚之习俗，万秘之法律，以为根据。今人大抵以
为财产丰厚者，其信用必有可恃。其实此之所谓信用，并非
由道德上淬励而来。故虽有法律绳其后，要终不足以为根
据。盖当平普之时，一若其人之信用，足为一般人所仰慕，
倘一旦事业失败，其能否斥余资，以维持信用，殊在不可知
之列矣。故在昔日，民情朴厚，人心尚古，淳淳焉有轻财尚
义之风"。然而，由于时代的巨大变动，"今日世风日下，道
德沦亡，当其创业之时，恃以号召外方者，必曰某某为股
东，某某为股东固皆赫赫大富豪也"。但是当事业失败时，
"则向之所谓殷实股东，均推卸不顾，或竟掉首置之，徒使
一般无足轻重者为之清理，甚或改缮议单，变更簿据。其结
果债权人仅摊还少数之血本。即或涉讼公庭，亦鲜有良好之
效果"。②

　　近代中国社会对私人信用观念的改变，使原来与之相配
套的治理机制也发生了变化。其中，同业组织与商会的治理

---

① 葛成章：《改革信用放款问题》，《钱业月报》第 15 卷第 8 期，1935 年，第
35 页。
② 盛瘁螳：《维持信用贷款之管见》，《钱业月报》第 3 卷第 8 期，1923 年，
第 4—5 页。

功能开始发挥重要的作用，成为近代经济的显著特征之一。正如时人所期待的那样，"以为宜向各商帮、各公所建议，仿吾业（钱业）办法，编制入会同业录，将各股东、经理之姓名，宣之于众。由各业公所汇交商会备案。其有改组新创之局，则随时增删之，务期翔实靡遗。设遇有不测，即可由各业公所协同债权人根据同业录所载之股东，秉公处理。不则，再由商会出为主持，庶狡黠者无所施其技"。①

（三）让人信任的无限责任制度

人们一般认为，无限责任是落后于有限责任的企业制度形式。但是在近代中国特有的社会历史条件下，无限责任不仅作为一种企业制度形式而普遍存在，更是作为一种社会信用制度在社会经济生活中发挥着重要作用，有着充分的历史合理性。

资本是稀缺的资源，以有限资本负有限责任的西方有限责任制，并不为近代中国社会所信任。因此，以有限责任制为号召，如果不给予一定的"官利"，难以筹集到资本。相比有限责任制而言，无限责任制以债务人的企业财产、家产为还款保障，更能取信于资金拥有者。除此之外，无限责任制有利于克服道德风险，使欲借助道德风险谋利的行为失去了意义。因为无论谋了多少利，最终都要转化为家产，而家产对所负债务具有最后保障。同时，无限责任制有利于企业盈利的生产性积累，因为它不必像有限责任企业那样在没有盈利的情况下派发官利，这对无限责任企业的股东来说没有

意义。① 无限责任的这些优点，在近代中国社会，都是取信于债权人的主要原因。

　　本书对无限责任制的历史地位的考察，不是从企业的盈利分配有利于资本积累的角度给予论述，而是从一种信用制度安排有利于取信于社会以便筹集资金的角度给予论述。作为一种信用制度安排，企业以其股东之资产、所出之资本，以及企业的货物、房地产和素有声誉对其所负债务有无限偿还责任（按投资比例分摊责任）。一个社会在缺少防范风险的公共机构的历史条件下，无限责任不论作为企业制度还是信用制度，都可以在一定程度上降低风险。正是因为具有这种社会功能，社会公众对负有无限责任的企业充满信任。

　　当然，无限责任企业股东履行其责任，并不是仅仅凭借个人道德的自我约束，而且还靠行业协会和政府司法机关等外部力量的强制执行。

四　企业资本组织的历史惯性与发展

　　历史总是会以某种特定的方式与途径对当前与未来的社会产生特定的作用与影响。作为一个逐步向现代社会转型的发展中国家，中国几千年流传下来的文化传统、社会观念与行为习惯，中国人的思维方式、社会组织方式和行动逻辑等，不会在短期内消失，而是具有一定的历史惯性。② 本书中所涉及的一些重要问题，都反映出这种情况与现象。通过

①　杜恂诚：《近代中国无限责任企业的历史地位》，《社会科学》2006 年第 1 期。

②　汪火根：《中国传统信用治理何以可能——从社会基础与治理机制两个维度解读》，《长江论坛》2016 年第 4 期。

对近代中国企业吸收社会存款这一历史现象的研究，我们有以下几点反思与启示。

（一）社会历史条件决定企业融资方式

在中国近代，多有时人呼吁建立能够为企业直接筹集资本提供便利的公共平台——资本市场，中国社会各界也为此努力探索过、实践过。然而，中国资本市场却难有发展。之所以出现这个结果，主要是由以"转型"与"分割"为典型特征的近代中国社会历史禀赋决定的。社会转型充满了不确定性与巨大风险，市场分割使人力、资本、技术等经济要素流动成本高，信息更是难以公开。这样的社会历史禀赋决定了它不能够为长期金融品种的快速成长提供所需的必备条件，如人们对未来时局能否长期稳定难以预期，以致资本市场难有发展，这也从根本上决定了近代中国企业难以像西方发达国家的企业一样，在资本市场上实现筹集资本的目的。

在内外多种因素的共同作用下，近代中国开始了从农业经济向近代工业经济转型的艰难过程。但是，在艰难转型的过程中，国人对新式工商企业的认识是不足的，以致新式企业在创办时难以筹集到所需的资本。同时，传统商业习惯中分配制度，如"重分配轻积累"的分配习惯对新式企业的利润分配和经营造成了有形或无形的制约和限制。在华外资企业对华资企业形成的多种压力，也使得很多华资企业力图尽快成长形成规模，谋求规模效益，进而应对外资企业在资金、技术、市场等方面的优势，"多种因素的合力，使得近代中国企业在兴办和发展中不得不去适应和对抗内外环境形成的制约和压力"，"负债经营"就是在此背景下形成的一种生存方式或者说不得不采取的一种筹集与运用资金的策略。①

近代中国企业"负债营业"的模式，充分说明一个国家的社会历史条件从根本上决定着其企业融资的方式。这个方式不是人们通过臆想就能设计出来的，而是当时的社会条件、环境变化，乃至历史传统、商业习惯等因素共同形塑的，也是人们在既有的社会历史条件的约束下，能够做出的最佳选择。这种选择不仅体现了企业对融资成本与融资风险的控制以及融资途径的选择，而且凸显了企业在筹集资金及运用效率方面的追求。

通过本书的叙述与研究，我们可以看到，近代中国企业采用的以向银行、钱庄借款为主、以吸收社会存款为辅的融资方式，是要素和信息被分割的产物，也是转型社会中的金融机构对金融风险控制的结果。总之，企业的融资方式是由一个社会在特定时期的历史条件决定的，人们无法直接跨越既有的历史条件而选择臆想中的所谓的新模式或新方式。这是已经被历史证明了的客观存在。我们能做的，只有在充分重视既定的社会历史条件的前提下，结合实际所需，引导、规范已有的融资方式，并在此基础上有所创新。

（二）私人信用建设的渐次推进

私人信用，或者说个人信用作为一个社会信用制度的微观基础，无论是在传统中国，还是在近代中国乃至当下，都发挥着维系人们社会经济交往的重要职能，引导着人们之间的合作。因此，它不仅是一个国家的市场伦理、信用制度与

①　朱荫贵：《论近代中国企业的"负债经营"》，《安徽史学》2020 年第 3 期，第 17 页。

道德文化建设的基础，更是一个国家或地区经济发展的巨大资源。开发并利用这种资源，能有效地拉动消费，优化资源配置，促进经济发展。[①] 当然，一旦收受信用的个人行为失去约束，就会发生个人失信行为，进而出现集体失信。因此，私人信用体系建设具有极其重要的意义。

近现代中国是一个急剧转型的社会，私人信用原有的社会基础全面瓦解。正如学者汪火根总结的那样：在价值观念上，受利益价值观的驱使，诚信观念逐渐被遗弃；在交往范围上，封闭的熟人社会网络向开放的陌生人社会拓展，原有的个体内在诚信的观念无法契合流动的陌生人社会；在组织层面上，个体在利益导向的社会环境中几乎不受组织约束；在制度层面上，陌生人社会的来临使得闲言碎语和脸面道德这种非正式规范的约束力下降，而社会的个体化亦使得连带责任逐渐消失，制度的激励功能大大下降。[②]

在私人信用原有的社会基础被侵蚀的大背景下，诈伪、欺骗与不诚信的行为频繁发生，给人们的社会经济生活带来了严重的侵害。如何重建适合近现代社会的私人信用，使其发挥引导人们合作的基本功能，是一个迫切需要解决的问题。在探讨如何重建私人信用方面，近代中国社会也做出了一些探索，其中一个重要的措施就是信用的调查与公开，不过取得的成绩是非常有限的。我们对近代中国社会的探索进行经验总结，有利于为当下信用体系的建设提供一些启示。

20世纪20年代，调查之风开始在中国兴起，一些华资

---

① 楼马晶：《基于集成学习的混合模型在个人信用评估中的应用研究》，上海师范大学硕士论文，2017年，第2页。

② 汪火根：《传统信用的运行基础与现代信用制度的重建》，《求实》2012年第12期。

银行设立信用调查部。"我国各银行之信用调查事务，近数年来稍稍发达，过去如上海、中国、浙兴、浙实皆有调查科之设立，近来如金城、如四行，亦复注意及此，对于工商情况及市场趋势，均有各种调查报告，以供业务上之参考。"[①] 1932 年，"以提倡社会信义，便利工商发展为宗旨，以调查工厂商号暨个人身家事业之财产信用以及市场消息为职务"的中国征信所成立。这些曾一度被国人寄予厚望的调查机构，由于种种因素的制约，在调查市场主体信用方面的成绩非常有限。究其原因，主要有以下几个方面。

一是新式会计记账法鲜有运用。新式会计记账法之资产负债表、损益表等可使信用调查简单、易行。然而"吾国除少数大企业机关外，均尚固守旧习惯。不善用新式簿记账，致欲求一完全明白简单之营业状况报告及资产负债表暨总账而不可得"。

二是国人善守商业秘密，使调查资料稀缺。近代中国银钱业对于顾客信用调查的方式仍很落后，雇用若干跑街，与客户联络，借此打听客户之虚实。国人与"各项企业，每好保守秘密，凡应公开之事项亦不肯公开，是征询信用之最大来源已经断绝"。[②]

三是与信用调查相关的机构与制度不完善、不发达。实践证明，信用公开是维护私人信用的有效途径，注册会计师行业的发展则与之密切相关。正如著名会计师潘序伦所言，"能维系信用制度保障社会全体者，惟赖社会各企业厉行经济公开之法，而经济公开之实施，不必假手于与企业本身无

---

① 项冲：《谈谈信用调查》，《金融导报》第 3 卷第 1 期，1941 年，第 12 页。

② 唐庆永：《对于最近设立中国征信所之感想》，《银行周报》第 16 卷第 32 期，1932 年，第 22 页。

利害关系之第三者，第三者何？即十年来我国之新兴职业会计师而已"。[1] 然而，由于信用分割、资本市场发育水平低、交易费用高昂等，注册会计师行业发展空间狭窄，其评定、公开信用的功能也没有发挥应有的作用。[2]

概而言之，近代中国社会在私人信用调查与公开方面的探索，虽然鲜有成绩可言，但是我们从其中得到以下几点启示。

第一，私人信用的建设是一个渐次推进的过程。私人信用是所有近现代国家市场经济运行的基础，但它需要有一个发育或培育的过程，不会一蹴而就。私人信用的建设应该大致经历五个阶段：第一阶段，关注私人信用问题，并呼吁社会重视私人信用的建设；第二阶段，商业组织或公共组织对私人信用进行调查；第三阶段，同业组织对私人信用进行规范和约束；第四阶段，创设具有公共物品性质的信用机构和信用品种；第五阶段，国家信用引领私人信用的培育。梳理史料，近代中国社会对私人信用的建设，只进展到第三阶段。

第二，要设计富有激励性的信用调查机制。对市场主体信用及其所经营事业状况的调查，特别是对那些不可量化的信息、信用的调查，始终是一个困难的事情。毕竟被调查者有动机隐瞒对自己有利或不利的信息或秘密。要想让被调查者如实、主动告知自己的信息，要在信用调查的整个过程中，设立激励机制。设立怎样的激励机制，要视具体环境、具体行业与具体情况而定。

---

① 潘序伦：《会计师职业与信用制度之关系》，《经济汇报》第4卷第1期，1928年，第8页。

② 杜恂诚：《近代中国的注册会计师》，《史林》2008年第2期。

第三，要加强行业公会维护信用的功能。近代中国社会在此方面取得了一定的成绩。20世纪20年代，很多行业开始强化了同业公会维护成员信用的功能。

（三）维护私人信用的制度力量

仅实现信用调查与公开，尚不足以确保人们完全重视私人信用的维护，还需要外在的力量予以约束。其中，商会、同业公会和司法机关是维持私人信用的制度力量。在此方面，近代中国社会做出了一些努力与探索。

负无限责任的股东履行偿还债务责任，是近代中国企业"负债经营"的制度保障之一。而负无限责任股东履行还债责任的一个重要原因，则是来自商会、同业公会的干预。一些企业商号突然倒闭，易于引发社会恐慌和风险扩散。为了维护社会与同业的信用与稳定，商会、同业公会就会出面干预，主持清算。

1918年初，江苏海门商人杨善康致函通崇海泰总商会，声称其前与浙江鄞县商人鲍志翔、鲍志壮、鲍志□三人合开祥隆烟作，由于连年不利，债务急迫，数次函催鲍氏前来清理债务，鲍氏"终不出理"。其不得不请通崇海泰总商会出面清理祥隆烟作之负债（负债包括各存户存款在内的22000余元）。接到杨善康的请求后，通崇海泰总商会一面派人出面清理该烟作，一面致函鄞县公署及商会饬传鲍志翔等人前来通海清理债务。不料，鲍氏三人延宕半年之久，仍不前往通海清偿所负债务，"揆其心理未始非为日后纠缠地步，惟各债权人何能久待坐视该号与十写店日渐消灭，致贷予之资无着"。最后，通崇海泰总商会邀集该会董事核议，"佥以此事未便其久搁，拟再定限一月，如该股东仍置之不理，惟有声请缺席裁判，以保债权"。① 在此案例中，通崇海泰总商会不仅对债务人之间的纠纷进行"公断"，还督促债务人清偿债务，无疑有利于维护社会信用。

在维护信用方面，同业公会的作用同样显著。很多企业资不抵债时，同业公会就会出面主持清算，这样的案例有很多，主要体现了公平、公正和透明的办事宗旨，发挥"公断""惩戒"等职能。"公断"的职能犹如"行业法庭"，同业公会在行业习惯法的范围内，行使裁决权。这比诉讼至法庭要迅捷得多。② 同业公会的"公断"是一种仲裁，它正是为了寻求公正而避免纠纷的产生，这无疑有利于行业规范、行业信用与私人信用的维护。下面我们以上海钱业公会出面清理的一个案子为例，以窥其这方面的功能。

1924 年农历六月，商号傅子记用东和货栈签发的 1500捆菜饼栈单向上海信裕钱庄做往来透支押款。不想傅子记于该年十一月突然倒闭，无力偿还抵押透支贷款。按照上海钱庄业抵押借款规则，信裕钱庄正欲将抵押品拍卖以抵偿其透支借款。不想，被仁谷公所杂粮公会会员元和昌阻止，"并请官厅施行假扣押"。元和昌阻止的理由是，这 1500 捆菜饼是其卖给傅子记的，而傅子记并未将货款结清，按照杂粮业习惯，货款没有结清以前，货物仍为卖家所有，"凡收定银，先交栈单，然必俟货银清楚，双方到栈过磅，更换货名，方作已交论。否则货未转移，仍为原行所有。即已出者，亦得将货追扣"。

信裕钱庄致函上海钱业公会，"请同业核议前来"。经核

① 佚名：《函催烟作债权人赴通理账》，《申报》1918 年 6 月 15 日。
② 杜恂诚：《近代中国无限责任企业的历史地位》，《社会科学》2006 年第 1 期。

议，上海钱业公会认为信裕钱庄的"押款固属正当，手续亦甚完备"，其理由主要有以下两条：一是依据钱业营业规则，信裕钱庄放款手续正当；二是信裕向东和货栈过户的手续合理。为了结信裕钱庄与元和昌之间的纠葛，上海钱业公会致函仁谷公所杂粮公会，请该会转函给元和昌，希望元和昌"早日谅解，呈明官厅，取消假扣押"，"向傅子记追还货款，方为正当办法，勿再别生枝节，实为万幸"。[①] 由此案例可见，上海钱业公会依据同业规则与商业惯例对信裕钱庄与元和昌之纠葛做出"评估""公断"，并督促债务人傅子记负偿还债款责任，无疑有利于维护私人信用。

除了发挥商会、同业公会的制度力量之外，作为正式制度的法律对私人信用的维护同样重要。许多债务纠纷的当事人并不局限于同业公会的内部人，因此法律的介入是避免不了的。

---

① 佚名：《钱业公会调解押款纠葛之函》，《银行周报》第 9 卷第 33 期，1925 年，第 28 页。

参考文献

一 学术论文

陈文彬：《社会信用与近代上海银行业的发展——以上海商业储蓄银行为中心》，《学术月刊》2002年第11期。

杜恂诚：《近代中国金融业发展模式与社会转型》，《中国经济史研究》2015年第3期。

杜恂诚：《二十世纪二三十年代中国信用制度的演进》，《中国社会科学》2002年第4期。

杜恂诚：《中国近代的三次金融风潮及其启示》，《改革》1997年第2期。

杜恂诚：《近代中国无限责任企业的历史地位》，《社会科学》2006年第1期。

杜恂诚：《近代中国的注册会计师》，《史林》2008年第2期。

关博：《民国时期工人储蓄制度分析及检讨——基于社会保障学视角》，《广西大学学报》（哲学社会科学版）2011年第3期。

李耀华：《儒家文化与社会保险：以近代中国职工强制储蓄为例》，《财经研究》2013年第9期。

李祝环：《中国传统民事契约中的中人现象》，《法学研究》1997年第6期。

付娟：《中国近代荣氏企业发展资金渠道考察》，《河南科技大学学报》（社会科学版）2010年第1期。

葛吉霞：《外融内生：对民国时期大成纺织染集团的融资模式考察》，《上海经济研究》2015 年第 12 期。

卢忠民：《近代北京五金商铺的运营资金来源研究》，《近代史学刊》2019 年第 1 期。

宋美云：《近代天津企业家宋棐卿积聚股资的灵活策略》，《商场现代化》第 516 期，2007 年 9 月。

孙玉杰：《论近代民营企业的"资本市场"——以荣家企业为中心》，《全国商情（理论研究）》2011 年第 7 期。

姚清铁：《近代中国家族企业集团经营方式研究——以荣氏、永安企业为例》，《上海经济研究》2016 年第 1 期。

马长林：《旧中国征信机构始末》，《中国档案》2002 年第 4 期。

齐大之：《近代商业企业的资金来源》，《新理财》2004 年第 10 期。

孙利平：《试析中国近代企业的附属储蓄存款机构》，《福建师范大学学报》（哲学社会科学版）2005 年第 1 期。

施正康：《近代上海企业的自筹资金活动》，《上海经济研究》1999 年第 3 期。

汪华：《近代上海社会保障事业初探（1927—1937）》，《史林》2003 年第 6 期。

汪火根：《传统信用的运行基础与现代信用制度的重建》，《求实》2012 年第 12 期。

汪火根：《中国传统信用治理何以可能——从社会基础与治理机制两个维度解读》，《长江论坛》2016 年第 4 期。

万立明：《试论近代中国华商公司债的主要特点》，《中国经济史研究》2012 年第 4 期。

吴承明：《中国近代资本集成和工农业及交通运输业产值的

估计》，《中国经济史研究》1991 年第 4 期。

曾凡：《近代上海人力资本市场的分割与流动》，《经济研究
导刊》2013 年第 30 期。

张山新、杨河：《中西传统信用观念的几点差异》，《重庆社
会科学》2004 年第 1 期。

张秀莉：《上海外商企业中的华董研究（1895—1927）》，《史
林》2006 年第 6 期。

张跃：《近代中国企业的融资方式与历史作用——基于吸收
社会储蓄存款的研究》，《安徽史学》2020 年第 6 期。

赵津、李健英：《资本技术双密集型产业融资方式的探索：
以范旭东企业集团为例》，《中国经济史研究》2009 年
第 2 期。

朱荫贵：《论近代中国企业的"负债经营"》，《安徽史学》
2020 年第 3 期。

朱荫贵：《论研究中国近代资本市场的必要性》，《中国经济
史研究》2010 年第 1 期。

朱荫贵：《中国近代股份制企业的特点——以资金运行为中
心的考察》，《中国社会科学》2006 年第 5 期。

朱荫贵：《论近代中国企业商号吸收社会储蓄——1930 年南京
政府禁令颁布前后的分析》，《复旦学报（社会科学版）》
2007 年第 5 期。

朱荫贵：《论钱庄在近代中国资本市场上的地位与作用》，
《社会科学》2011 年第 8 期。

二　研究著作

（一）中文著作

陈真编《中国近代工业史资料》第四辑，生活·读书·新知

三联书店 1961 年版。

春杨：《晚清乡土社会民事纠纷调解制度研究》，北京大学出版社 2009 年版。

杜恂诚：《民族资本主义与旧中国政府（1840—1937）》，上海人民出版社 2014 年版。

杜恂诚：《中国的民族资本主义：1927—1937》，上海财经大学出版社 2019 年版。

窦季良编著《同乡组织之研究》，正中书局 1943 年版。

方显廷：《中国之棉纺织业》，商务印书馆 1934 年版。

方显廷：《中国工业资本问题》，商务印书馆 1938 年版。

黄组方：《决算表之分析》，立信会计图书用品社 1940 年版。

李存华：《明清晋商人力资源管理研究》，中国农业大学出版社 2018 年版。

刘秋根：《明清高利贷资本》，社会科学文献出版社 2000 年版。

刘秋根：《江西商人长途贩运研究——〈江西商人经营信范〉解读》，河北大学出版社 2017 年版。

刘小枫、林小伟：《经济理论与近现代中国社会》，香港中文大学出版社 1998 年版。

李学兰：《中国商人团体习惯法研究》，中国社会科学出版社 2010 年版。

千家驹编《旧中国公债史资料（1894—1949 年）》，财政经济出版社 1955 年版。

中国科学院上海经济研究所、上海社会科学院经济研究所编《南洋兄弟烟草公司史料》，上海人民出版社 1958 年版。

上海社会科学院经济研究所编《荣家企业史料》（上册），上海人民出版社 1980 年版。

上海社会科学院经济研究所编《刘鸿生企业史料（1911—
　　1931年）》（中册），上海人民出版社1981年版。

孙文娜、胡继成：《中国近代征信业研究》，人民出版社2018
　　年版。

汪敬虞编《中国近代工业史资料》第2辑下册，科学出版社
　　1957年版。

王承志：《中国金融资本论》，光明书局1936年版。

王业键：《中国近代货币与银行的演进》，台北，1981年版。

王志莘编《中国之储蓄银行史》，新华信托储蓄银行民国二
　　十三年（1934年）9月发行。

吴毅堂编《中国股票年鉴》，中国股票年鉴社1947年版。

吴承禧：《中国的银行》，商务印书馆1935年版。

叶孝信主编《中国民法史》，上海人民出版社1993年版。

张维迎：《产权、政府与信誉》，生活·读书·新知三联书店
　　2001年版。

张国辉：《洋务运动与中国近代企业》，中国社会科学出版社
　　1984年版。

赵津主编《范旭东企业集团历史资料汇编》（上、下册），天
　　津人民出版社2006年版。

中国银行总管理处经济研究室编辑《全国银行年鉴
　　（1934）》，中国银行总管理处经济研究室1934年版。

中国人民银行上海分行：《上海钱庄史料》，上海人民出版社
　　1960年版。

中国社会科学院经济研究所主编《上海民族机器工业》
　　（下），中华书局1979年版。

中国人民银行上海市分行金融研究所编《上海商业储蓄银行
　　史料》，上海人民出版社1990年版。

中国人民银行总行金融研究所金融历史研究室编《近代中国的金融市场》，中国金融出版社 1989 年版。

（二）译著

〔美〕《十九世纪的中国买办：东西间桥梁》，李荣昌、沈祖炜、杜恂诚译，上海社会科学院出版社 1988 年版。

〔英〕阿瑟·刘易斯：《经济增长理论》，周师铭、沈丙杰、沈伯根译，商务印书馆 1999 年版。

〔美〕阿维纳什·迪克西特：《法律缺失与经济学：可供选择的经济治理方式》，郑江淮等译，中国人民大学出版社 2007 年版。

〔美〕马克·格兰诺维特：《社会与经济：信任、权力与制度》，王水雄、罗家德译，中信出版社 2019 年版。

三　报刊

《潮梅商会联合会半月刊》

《崇实季刊》

《大公报》

《大陆银行季刊》

《大中华杂志》

《东方杂志》

《东吴》

《复兴月刊》

《工商半月刊》

《国立中央大学半月刊》

《工商经济月刊》

《国际贸易导报》

《贵州企业季刊》

《矿业周报》

《化育》

《华年》

《汉口商业月报》

《江苏省政府公报》

《交大月刊》

《家庭（上海 1937）》

《金融周报》

《金融知识》

《经济统计月志》

《经济学季刊》

《会计杂志》

《礼拜六》

《劳工月刊》

《立信会计季刊》

《南洋商务报》

《农赈月刊》

《平民》

《钱业月报》

《人事管理月刊》

《上海市通志馆期刊》

《上海市政府公报》

《商业杂志》

《商学研究》

《商务印书馆通信录》

《世纪评论》

《食货》

《社会经济月刊》

《社会月刊》

《申报》

《天津棉鉴》

《铁路公报》

《信托季刊》

《盐迷》

《银行周报》

《银钱界》

《银行周报汇编》

《新语》

《中国工业杂志》

《中行月刊》

《中华童子界》

《中外商业金融汇报》

《中华书局图书月刊》

《中央银行月刊》

《肇和月刊》

《自力旬刊》

四 档案

《交通银行业务部同上海金城银行等九行联合认购并代理发
行大通煤矿公司债结束事项的往来文书》，1942—1945
年，上海市档案馆藏，档案号：Q55-2-698。

《交通银行业务部、各同业关于上海闸北水电公司借款及发
行公司债有关函件》，1933—1936 年，上海市档案馆藏，
档案号：Q55-2-699。

《茂昌股份有限公司董事会会议决议录》，1935—1939 年，上海市档案馆藏，档案号：Q229-1-187。

《交通银行公司债发行手续说明及实例》，1936 年，上海市档案馆藏，档案号：Q55-2-237。

《交通银行关于闸北水电公司清偿公司债与有关方面来去函》，1945—1946 年，上海市档案馆藏，档案号：Q55-2-1287。

《交通银行经理民生实业公司债的往来文书》，1937 年 7 月 28 日，上海市档案馆藏，档案号：Q55-2-1334。

《宁波和丰纱厂董事会议事录》，1912 年 2 月 10 日，宁波市档案馆藏，档案号：314-001-001-140。

《张雄义、张竟记等求偿存款诉讼函件》，1940 年 12 月，上海市档案馆藏，档案号：Q193-1-548。

《上海申新第一棉纺织厂职工存款凭折及清单》，1940 年 5 月 2 日，上海档案馆藏，档案号：Q193-1-503。

《茂昌股份有限公司股东会议记录（一）》，1931—1951 年，上海市档案馆藏，档案号：Q229-1-186。

《华商电气公司、上海县地方款产管理处关于存款、股票、利息等往来函》，1923 年 10 月 30 日，上海市档案馆藏，档案号：Q578-1-193。

《上海申、茂、福新总公司三十周年纪念同仁储蓄部广告》，《同仁储蓄部致各地分部函稿留底》，1929 年 4 月 4 日，上海市档案馆藏，档案号：Q193-1-559。

《同仁储蓄部与各地分部往来函件及投资建筑出租市房的收租由》，1931—1937 年，上海市档案馆藏，档案号：Q193-1-558。

《上海四明商业储蓄银行营业章程》，1924 年，上海市档案馆藏，档案号：Y10 - 1 - 152 - 1。

《王海帆会计师事务所受理查核永安公司银业储蓄部账目一
　　案》，1931 年 3 月，上海市档案馆藏，档案号：Q93 -
　　1 - 72。

《储蓄存款各行利率比较表》，1935 年 1 月 20 日，上海市档
　　案馆藏，档案号：Q290 - 1 - 30 - 14。

《五洲药房股份有限公司职工储蓄简章》，1930—1935 年，上
　　海市档案馆藏，档案号：Q38 - 37 - 13。

《永安有限公司沪行定期存款分户帐》，1944 年，上海市档案
　　馆藏，档案号：Q225 - 4 - 447。

《华丰纺织印染厂股份有限公司会计科同仁存款缘起及规
　　则》，1937—1939 年，上海市档案馆藏，档案号：Q199
　　- 7 - 109。

《上川交通股份有限公司关于退休金、职工存款、抚恤金等与
　　各职工及有关单位往来文件》，上海市档案馆藏，档案
　　号：Q409 - 1 - 380。

《闸北水电公司关于公司存款讨付利息的往来函》，1936 年 8
　　月—1937 年 8 月，上海市档案馆藏，档案号：Q557 -
　　1 - 361。

《华商电气公司关于工人人寿储金储蓄部章程及五年储金
　　卡》，1931 年 6 月，上海市档案馆藏，档案号：Q578 - 1
　　- 334。

《友记同人储蓄会会簿》，1935—1936 年，上海市档案馆藏，
　　档案号：Q551 - 1 - 26。

《上海申新第一棉纺织厂职工存款凭折及清单》，1933 年 6 月
　　20 日，上海市档案馆藏，档案号：Q193 - 1 - 503。

《大业贸易股份有限公司同仁储蓄金简章》，1942 年 1 月 9

日，上海市档案馆藏，档案号：Q366 - 1 - 177 - 185。

《上海商业储蓄银行致上海银行公会函》，上海市档案馆藏，
　　档案号：S173 - 1 - 203。

《上海银行公会函电稿：致复上海银行》，上海市档案馆藏，
　　档案号：S173 - 1 - 203。

《上海市政府咨第一二四八号：为据社会局呈报奉令办理取
　　缔商号兼营储蓄案经过情形咨请察核见复由》，《上海市
　　政府公报》1931 年第 84 期，第 86 页，上海市档案馆
　　藏，档案号 Y2 - 1 - 417。

《上海市政府呈第 353 号：为据社会局呈报取缔擅营储蓄沥陈
　　疑义转呈鉴核示遵由》，《上海市政府公报》1931 年第 86
　　期，第 64—65 页，上海市档案馆藏，档案号：Y2 - 2
　　- 419。

《上海市政府咨第一四〇二号：据社会局呈以奉令取缔商店
　　收受存款案拟具变通办法三条转请查照见复由》，《上海
　　市政府公报》1931 年第 89 期，第 73 页，上海市档案馆
　　藏，档案号：Y2 - 2 - 422。

《交通银行业务部同上海商业银行总行联合承放大通煤矿公司
　　凿井贷款二百万元》，1936 年，上海市档案馆藏，档案
　　号：Q55 - 2 - 696。

《交通银行业务部、各同业关于上海闸北水电公司借款及发
　　行公司债有关函件》，1933—1936 年，上海市档案馆藏，
　　档案号：Q55 - 2 - 699。

《同仁储蓄部存户来信》，1931—1935 年，上海市档案馆藏，
　　档案号：Q193 - 1 - 557。

《永安有限公司沪行定期存款分户帐》，1944 年，上海市档案
　　馆藏，档案号：Q225 - 4 - 477。

《上南交通股份有限公司关于恒大存款改股致铁道部呈》，1937
年 5 月，上海市档案馆藏，档案号：Q410 - 1 - 40 - 29。

《上川交通股份有限公司关于退休金、职工存款、抚恤金等
与各职工及有关单位往来文件》，1946 年 9 月，上海市
档案馆藏，档案号：Q409 - 1 - 380。

《上海钱业公会内园年会议案录》，1927 年 2 月 14 日，上海
市档案馆藏，档案号：S174 - 1 - 2。

《友记同人储蓄会会簿》，1935—1939 年，上海市档案馆藏，档
案号：Q38 - 37 - 13。

《同仁储蓄部与各地分部往来函件及投资建筑出租市房的收
租由》，1931—1937 年，上海市档案馆藏，档案号：
Q193 - 1 - 558。

《闸北水电股份有限公司关于公司存款讨付利息的往来函》，
1936 年 8 月—1937 年 8 月，上海市档案馆藏，档案号：
Q557 - 1 - 361。

《宁波和丰纱厂董事会议事录》1933 年 8 月 5 日，宁波市档
案馆藏，档案号：314 - 001 - 004 - 001 - 103。

凹 阅 读

| 独到的视角·独立的思想 |

信 风

货币金字塔：从黄金、美元到比特币和央行数字货币 | 尼克·巴蒂亚

债务与国家的崛起：西方民主制度的金融起源 | 詹姆斯·麦克唐纳

不安的变革：数字时代的市场竞争与大众福利 | 阿希姆·瓦姆巴赫

解读国际贸易：得与失 | 方碧云 戴维·罗宾

现代金融创新史：从大萧条到美丽新世界 | 辛乔利

美国经济评论百年经典论文 | 美国经济学会

战略简史：引领企业竞争的思想进化论 | 沃尔特·基希勒三世

"卑贱者"最聪明 | 蔡昉

渐行渐远的红利：寻找中国新平衡 | 彭文生

真实繁荣 | 潘向东

癫狂与理智：你不得不知的世界金融史 | 张志前

石油之眼：洞察中国与世界经济新格局 | 冯煦明

新政经

中国奇迹背后 | 蔡昉

改革之路：我们的四十年 | 王小鲁

由是之路：我经历的五十年企业变革 | 朱焘

中国的经济转型：

　来自青年经济学家的观察 | 宋立刚 周伊晓 卢克·赫斯特

资本账户开放：战略、时机与路线图 | 陈 元　钱颖一

中国价值 | 高德步

现代经济学的危机和政治经济学的复兴 | 史正富　孟 捷

保卫《资本论》：经济形态社会理论大纲（修订版）| 许光伟

价值和积累理论 | 孟 捷

利润率的政治经济学 | 孟 捷

数理政治经济学：原理、方法与问题 | 张忠任

价值理论的现代分析 | 藤森赖明

跨越中等收入陷阱：基于政治经济学的路径 | 李梦凡

经济史·经济思想史

中日货币战争史（1906－945）| 燕红忠

货币常识：历史与逻辑 | 李义奇

量化经济史：统计的作用 | 乔舒亚·L. 罗森布卢姆

献给历史学家的量化方法 | 罗德里克·弗劳德

饥饿的爱尔兰：1800－1850 年历史解读 | 乔尔·莫克尔

经济史中的大数据：

　　研究方法和案例 | 马克·卡森　尼格尔·哈希姆扎德

寻找"瓦尔登湖"：借自然之利恢复经济弹性 | 鲍勃·威廉姆斯

点债成金：私人信用下的中国近代企业资本 | 张 跃

凹 阅读

| 独到的视角·独立的思想 |

近世中国租佃制度：地权逻辑下的博弈与制衡 | 彭　波

民国中产阶级账本：体面地用好每一文钱 | 黄英伟　袁为鹏

社会资本与近代企业发展：以中兴煤矿为中心 | 范矿生

近代中国传统经济思想现代化研究：

　　以民生经济学为例（1840－1949） | 熊金武

中国古代经济改革家：镜鉴兴衰三千年（修订本） | 吴　慧

明清海盗（海商）的兴衰：基于全球经济发展的视角 | 王　涛

朝贡贸易与仗剑经商：全球经济视角下的明清外贸政策 | 骆昭东

19 世纪槟城华商五大姓的崛起与没落 | 黄裕端

沉船、瓷器与海上丝绸之路 | 刘　淼　胡舒扬

从传统到现代：中国信贷风控的制度与文化 | 徐　华

英国金融组织变迁 | 马金华

近代日本在华交易所（1906－1945 年） | 孙建华

中苏（俄）银行体制演变史：从"大一统"到市场化 | 肖　翔

商镇兴衰：洪江的商业历史与地域社会建构 | 吴晓美

满族经济史 | 杨思远

图书在版编目（CIP）数据

点债成金：私人信用下的中国近代企业资本／张跃
著. -- 北京：社会科学文献出版社，2022.4
ISBN 978 - 7 - 5201 - 9722 - 9

Ⅰ.①点…　Ⅱ.①张…　Ⅲ.①企业管理 - 信贷管理 -
研究 - 中国 - 近代　Ⅳ.①F832.42

中国版本图书馆 CIP 数据核字（2022）第 019954 号

点债成金：私人信用下的中国近代企业资本

著　　者／张　跃

出 版 人／王利民
责任编辑／陈凤玲
文稿编辑／许文文
责任印制／王京美

出　　版／社会科学文献出版社·经济与管理分社（010）59367226
　　　　　地址：北京市北三环中路甲 29 号院华龙大厦　邮编：100029
　　　　　网址：www. ssap. com. cn
发　　行／社会科学文献出版社（010）59367028
印　　装／三河市东方印刷有限公司

规　　格／开　本：889mm × 1194mm　1/32
　　　　　印　张：10　字　数：231 千字
版　　次／2022 年 4 月第 1 版　2022 年 4 月第 1 次印刷
书　　号／ISBN 978 - 7 - 5201 - 9722 - 9
定　　价／98.00 元

读者服务电话：4008918866